経済学をまなぶための線形代数

田中康平・元山斉

実教出版

本書の活用にあたって

「経済学をまなぶための線形代数」は，経済系の学部に入学した学生を対象に，経済学・統計学等で用いられる数学，とりわけ行列を主体とした線形代数の理論と応用を，自ら興味を持って学習できるように編修された．なお，文系向け数学書で省略されがちな理論的な説明や証明を必要に応じて押さえ，単に定理を暗記して公式に代入するだけでなく，論理的に考えることを重視した．

大学での講義の進め方に留意して，全体を 15 章に分け，各章においては前半に数学上の理論，後半には関連する経済学・統計学等の知識を盛り込んだ．

高等学校で学習する範囲の知識も振り返られるように配慮したが，理解度や関心に応じて，ある章を省略，反対に講義時間を増やして扱う等の工夫も考えられる．たとえば，理論的な学習に重きを置く場合には主に各章の前半を学習する，または，経済学で学ぶ産業連関表を取り扱う場合は 8 ～ 9 章を，統計やデータ分析を重視する場合には 12 ～ 15 章を深く解説する等も考えられる．

本書には，講義演習・授業外学習での活用のため，練習問題や章末問題として問題を数多く掲載した．なお，本文中で用いられる要素は以下のとおりである．

- 定義………… 用語や記号の意味を示したもの．
- 定理………… 証明された重要な命題．
- 例…………… 本書で登場する一般的な概念を具体的に紹介したもの．
- 例題………… 解答を理解し，解き方を確実に身につけるべき問題．
- 練習問題…… 例題にならって自ら解くべき問題．

目次

第 9 章　行列の階数　125

第 10 章　ベクトルの 1 次独立・1 次従属　137

第 11 章　連立 1 次方程式の解と自由度　155

第 12 章　行列の固有値と固有ベクトル　168

第 13 章　行列の対角化　185

第 14 章　行列の三角化　195

第 15 章　2 次形式　212

■本書の問題に関する解答は，Web サイト（https://www.jikkyo.co.jp）の本書の紹介からダウンロードできます。

第1章 ベクトルとその演算

我々の身近で扱うデータの様式は，複数の数値がリスト化された形であることが多い．このように，複数の情報を一括して処理するのに便利な考えが，本章で学ぶベクトルや次章で扱う行列のアイデアである．

ID	年齢	体重	身長	脈拍	握力
01	24	67.2	172.1	72	46.32
02	39	72.3	165.9	84	41.21
03	58	58.4	162.3	71	36.21
04	14	41.2	153.4	85	29.76
…	…	…	…	…	…

本章では，ベクトルおよびそれらの演算，特に内積について紹介する．

1 ベクトル

平面ベクトル 平面ベクトルや空間ベクトルは，始点を原点 O に移動させたときの終点の座標を用いて $\vec{x}=(x_1,\ x_2)$ や $\vec{a}=(a_1,\ a_2,\ a_3)$ と実数を横に並べて表すことが多い．

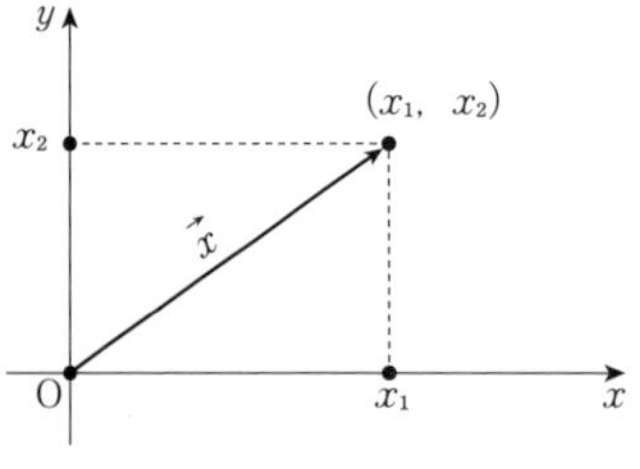

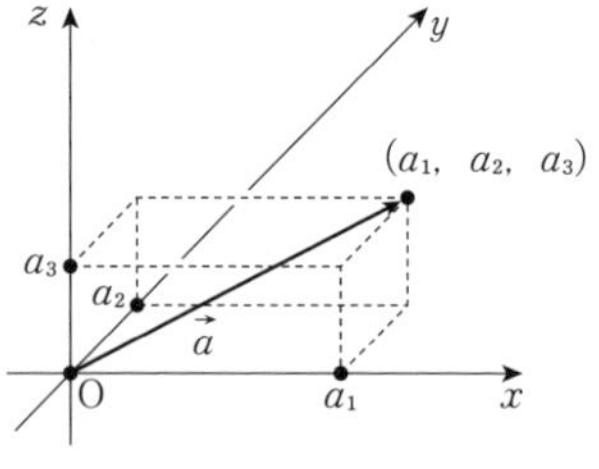

本書では表記の都合を考慮して，横ではなく縦に数値を並べたものを考える．また，ベクトル自身を表す記号も上付き矢印ではなく，太字のアルファベット $\boldsymbol{x}$, $\boldsymbol{y}$, $\boldsymbol{a}$, $\boldsymbol{b}$, …などを用いる．すなわち，

$$\boldsymbol{x}=\begin{pmatrix} x_1 \\ x_2 \end{pmatrix}, \quad \boldsymbol{a}=\begin{pmatrix} a_1 \\ a_2 \\ a_3 \end{pmatrix}$$

などの表記を用いる．本書ではこれらを $\boldsymbol{x}$，$\boldsymbol{a}$ の成分表示という．成分表示された2つの平面ベクトル

$$\boldsymbol{x}=\begin{pmatrix}x_1\\x_2\end{pmatrix},\qquad \boldsymbol{y}=\begin{pmatrix}y_1\\y_2\end{pmatrix}$$

に対し，ベクトルの和と定数倍は次のようになる．

$$\boldsymbol{x}+\boldsymbol{y}=\begin{pmatrix}x_1+y_1\\x_2+y_2\end{pmatrix}\qquad\qquad k\boldsymbol{x}=\begin{pmatrix}kx_1\\kx_2\end{pmatrix},\ \text{ただし}\ k\ \text{は実数.}$$

すべての成分が0である平面ベクトルは零ベクトルとよばれ，$\boldsymbol{0}$ で表す．

$$\boldsymbol{0}=\begin{pmatrix}0\\0\end{pmatrix}$$

上記の和と定数倍を考えれば，$\boldsymbol{x}+\boldsymbol{0}=\boldsymbol{x}$ であり，$k\boldsymbol{0}=\boldsymbol{0}$，$0\boldsymbol{x}=\boldsymbol{0}$ が成り立つ．

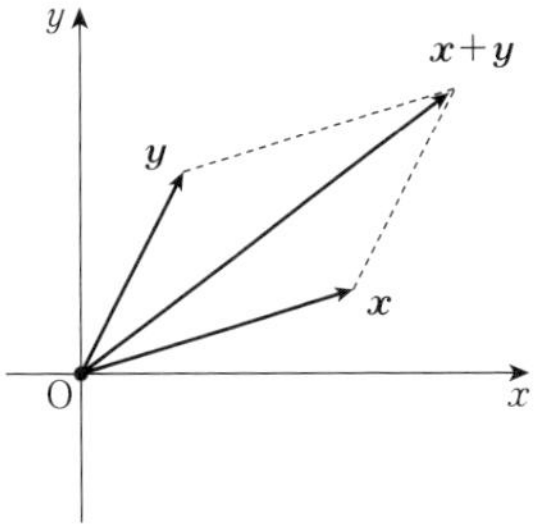

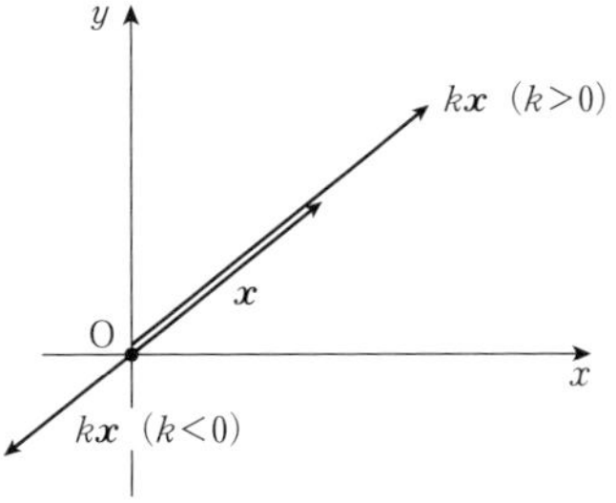

[例 1] $\begin{pmatrix}1\\2\end{pmatrix}+\begin{pmatrix}3\\4\end{pmatrix}=\begin{pmatrix}4\\6\end{pmatrix},$

$$3\begin{pmatrix}1\\-1\end{pmatrix}-2\begin{pmatrix}-2\\3\end{pmatrix}=\begin{pmatrix}3\\-3\end{pmatrix}+\begin{pmatrix}4\\-6\end{pmatrix}=\begin{pmatrix}7\\-9\end{pmatrix}$$

また，次の式の右辺の値をベクトル $\boldsymbol{x}$，$\boldsymbol{y}$ の内積というが，これを $\langle\boldsymbol{x},\ \boldsymbol{y}\rangle$ で表す．

$$\langle\boldsymbol{x},\ \boldsymbol{y}\rangle=x_1y_1+x_2y_2$$

以下は平面ベクトルにおける内積の性質である．証明は成分表示を用いて計算をすれば容易である．

定理 1.1. 平面ベクトル $\boldsymbol{x}$, $\boldsymbol{y}$, $\boldsymbol{z}$ と実数 k について，次が成り立つ．

(1) $\langle \boldsymbol{x},\ \boldsymbol{y}\rangle = \langle \boldsymbol{y},\ \boldsymbol{x}\rangle$

(2) $\langle \boldsymbol{x}+\boldsymbol{y},\ \boldsymbol{z}\rangle = \langle \boldsymbol{x},\ \boldsymbol{z}\rangle + \langle \boldsymbol{y},\ \boldsymbol{z}\rangle$, $\langle \boldsymbol{x},\ \boldsymbol{y}+\boldsymbol{z}\rangle = \langle \boldsymbol{x},\ \boldsymbol{y}\rangle + \langle \boldsymbol{x},\ \boldsymbol{z}\rangle$

(3) $\langle k\boldsymbol{x},\ \boldsymbol{y}\rangle = k\langle \boldsymbol{x},\ \boldsymbol{y}\rangle$, $\langle \boldsymbol{x},\ k\boldsymbol{y}\rangle = k\langle \boldsymbol{x},\ \boldsymbol{y}\rangle$

(4) $\langle \boldsymbol{x},\ \boldsymbol{x}\rangle \geqq 0$　ただし，等号成立は $\boldsymbol{x}=\boldsymbol{0}$ に限る．

上記の(4)の性質により，$\|\boldsymbol{x}\| = \sqrt{\langle \boldsymbol{x},\ \boldsymbol{x}\rangle} = \sqrt{x_1^2+x_2^2}$ をベクトル $\boldsymbol{x}$ の大きさとよぶ．

例題 1. 次のベクトル $\boldsymbol{x}$, $\boldsymbol{y}$ に対し，$\langle \boldsymbol{x},\ \boldsymbol{y}\rangle$ と $\|\boldsymbol{x}+\boldsymbol{y}\|$ を求めよ．

$$\boldsymbol{x} = \begin{pmatrix} 1 \\ 2 \end{pmatrix},\qquad \boldsymbol{y} = \begin{pmatrix} 3 \\ 4 \end{pmatrix}$$

解答

$$\langle \boldsymbol{x},\ \boldsymbol{y}\rangle = 1\cdot 3 + 2\cdot 4 = 11$$

である．また

$$\boldsymbol{x}+\boldsymbol{y} = \begin{pmatrix} 1 \\ 2 \end{pmatrix} + \begin{pmatrix} 3 \\ 4 \end{pmatrix} = \begin{pmatrix} 4 \\ 6 \end{pmatrix}$$

であるため，

$$\|\boldsymbol{x}+\boldsymbol{y}\| = \sqrt{\langle \boldsymbol{x}+\boldsymbol{y},\ \boldsymbol{x}+\boldsymbol{y}\rangle} = \sqrt{4^2+6^2} = \sqrt{52} = 2\sqrt{13}$$

ベクトル　平面ベクトルは2つの実数を成分に持つものであったが，ここからは一般に n 個の成分を持つベクトルを考えよう．

定義 1.1. n 個の実数[1] x_1, x_2, $\cdots$, x_n を縦に並べて括弧で括ったものを n 次の**列ベクトル**あるいは**縦ベクトル**とよぶ．

$$\boldsymbol{x} = \begin{pmatrix} x_1 \\ x_2 \\ \vdots \\ x_n \end{pmatrix}$$

1) ここでは実数を成分に持つ実ベクトルを考える．12章以降では，複素数を成分に持つ複素ベクトルも扱う．

列ベクトルの上から i 番目の実数 x_i を i **成分**とよぶ．i 成分を代表させて，列ベクトルを $\boldsymbol{x}=(x_i)$ と表記する場合もある．

一方で実数を横に並べたものは**行ベクトル**あるいは**横ベクトル**とよばれる．

$$\boldsymbol{y}=(y_1 \quad y_2 \quad \cdots \quad y_n)$$

あるいはカンマで区切って座標のように $(y_1,\ y_2,\ \cdots,\ y_n)$ と表記する場合もある．

ここでは列ベクトルを主に扱うため，単にベクトルと表記する場合には列ベクトルを指すことにする．また，単に n 次ベクトルと表記する場合には，成分数が n の列ベクトルを指すこととする．

ベクトルの和と定数倍　2 つの n 次ベクトル，

$$\boldsymbol{x}=(x_i)=\begin{pmatrix} x_1 \\ x_2 \\ \vdots \\ x_n \end{pmatrix}, \qquad \boldsymbol{y}=(y_i)=\begin{pmatrix} y_1 \\ y_2 \\ \vdots \\ y_n \end{pmatrix}$$

に対し，ベクトルの和 $\boldsymbol{x}+\boldsymbol{y}$ は次のように各成分ごとの和として定める．

$$\boldsymbol{x}+\boldsymbol{y}=(x_i+y_i)=\begin{pmatrix} x_1+y_1 \\ x_2+y_2 \\ \vdots \\ x_n+y_n \end{pmatrix}$$

また，実数 k に対し，ベクトルの定数倍 $k\boldsymbol{x}$ も各成分の k 倍として定める．

$$k\boldsymbol{x}=(kx_i)=\begin{pmatrix} kx_1 \\ kx_2 \\ \vdots \\ kx_n \end{pmatrix}$$

すべての成分が 0 であるベクトルは**零ベクトル**とよばれ，$\boldsymbol{0}$ で表す．

$$\boldsymbol{0}=\begin{pmatrix} 0 \\ 0 \\ \vdots \\ 0 \end{pmatrix}$$

上記の和と定数倍を考えれば，$\boldsymbol{x}+\boldsymbol{0}=\boldsymbol{x}$ であり，$k\boldsymbol{0}=\boldsymbol{0}$，$0\boldsymbol{x}=\boldsymbol{0}$ が成り立つ．

ベクトルの内積　2 つの n 次ベクトル，

$$\boldsymbol{x} = (x_i) = \begin{pmatrix} x_1 \\ x_2 \\ \vdots \\ x_n \end{pmatrix}, \qquad \boldsymbol{y} = (y_i) = \begin{pmatrix} y_1 \\ y_2 \\ \vdots \\ y_n \end{pmatrix}$$

に対し，これらの**内積**を次のように定義する．

$$\langle \boldsymbol{x},\ \boldsymbol{y} \rangle = \sum_{i=1}^{n} x_i y_i = x_1 y_1 + x_2 y_2 + \cdots + x_n y_n$$

》》》例題 2. 次のベクトル

$$\boldsymbol{x} = \begin{pmatrix} 1 \\ -2 \\ 3 \end{pmatrix}, \qquad \boldsymbol{y} = \begin{pmatrix} -1 \\ -2 \\ 1 \end{pmatrix}$$

に対し，内積 $\langle \boldsymbol{x},\ \boldsymbol{y} \rangle$ を求めよ．

《《《 解答

$$\langle \boldsymbol{x},\ \boldsymbol{y} \rangle = 1 \cdot (-1) + (-2) \cdot (-2) + 3 \cdot 1 = 6$$

内積の性質としては，以下の事柄が挙げられる．

定理 1.2. ベクトルの内積について，次が成り立つ．

(1) $\langle \boldsymbol{x},\ \boldsymbol{y} \rangle = \langle \boldsymbol{y},\ \boldsymbol{x} \rangle$

(2) $\langle \boldsymbol{x}+\boldsymbol{y},\ \boldsymbol{z} \rangle = \langle \boldsymbol{x},\ \boldsymbol{z} \rangle + \langle \boldsymbol{y},\ \boldsymbol{z} \rangle$, $\langle \boldsymbol{x},\ \boldsymbol{y}+\boldsymbol{z} \rangle = \langle \boldsymbol{x},\ \boldsymbol{y} \rangle + \langle \boldsymbol{x},\ \boldsymbol{z} \rangle$

(3) $\langle k\boldsymbol{x},\ \boldsymbol{y} \rangle = k\langle \boldsymbol{x},\ \boldsymbol{y} \rangle$, $\langle \boldsymbol{x},\ k\boldsymbol{y} \rangle = k\langle \boldsymbol{x},\ \boldsymbol{y} \rangle$（ただし，$k$ は定数）

(4) $\langle \boldsymbol{x},\ \boldsymbol{x} \rangle \geqq 0$　ただし，等号成立は $\boldsymbol{x}=\boldsymbol{0}$ に限る．

証明　(1)を示す．$\boldsymbol{x}=(x_i)$，$\boldsymbol{y}=(y_i)$ を n 次ベクトルとすると，

$$\langle \boldsymbol{y},\ \boldsymbol{x} \rangle = \sum_{i=1}^{n} y_i x_i = \sum_{i=1}^{n} x_i y_i = \langle \boldsymbol{x},\ \boldsymbol{y} \rangle$$

(2)，(3)は章末問題とする．(4)を示す．

$$\langle \boldsymbol{x},\ \boldsymbol{x} \rangle = \sum_{i=1}^{n} x_i x_i = \sum_{i=1}^{n} x_i^2 \geqq 0$$

となり，等号成立は各 i に対し，$x_i=0$ であることから，$\boldsymbol{x}=\boldsymbol{0}$ となる．□

上記の(4)は，同じベクトルの内積は非負の実数になることを意味している．これより，n 次ベクトル $\boldsymbol{x}$ の**大きさ**（あるいは**長さ**，**ノルム**）を次のように定義す

る．

$$\|\boldsymbol{x}\| = \sqrt{\langle \boldsymbol{x},\ \boldsymbol{x} \rangle}$$

例題 3. 例題 2 におけるベクトル $\boldsymbol{x}$, $\boldsymbol{y}$ に対し，$\|\boldsymbol{x}\|$ および $\|\boldsymbol{y}\|$ を求めよ．

解答 $\|\boldsymbol{x}\| = \sqrt{\langle \boldsymbol{x},\ \boldsymbol{x} \rangle} = \sqrt{1^2+(-2)^2+3^2} = \sqrt{14}$

また，$\|\boldsymbol{y}\| = \sqrt{\langle \boldsymbol{y},\ \boldsymbol{y} \rangle} = \sqrt{(-1)^2+(-2)^2+1^2} = \sqrt{6}$

練習問題 1 ベクトル

$$\boldsymbol{x} = \begin{pmatrix} 1 \\ 2 \\ 3 \end{pmatrix}, \quad \boldsymbol{y} = \begin{pmatrix} 4 \\ -1 \\ 2 \end{pmatrix}$$

に対し，次の値を求めよ．

(1) $\langle \boldsymbol{x},\ \boldsymbol{y} \rangle$　(2) $\langle \boldsymbol{y},\ \boldsymbol{x} \rangle$　(3) $\|\boldsymbol{x}\|$　(4) $\|\boldsymbol{x}+\boldsymbol{y}\|$

2 つのベクトル $\boldsymbol{x}$, $\boldsymbol{y}$ が，$\langle \boldsymbol{x},\ \boldsymbol{y} \rangle = 0$ を満たすとき，$\boldsymbol{x}$, $\boldsymbol{y}$ は**直交**するという．

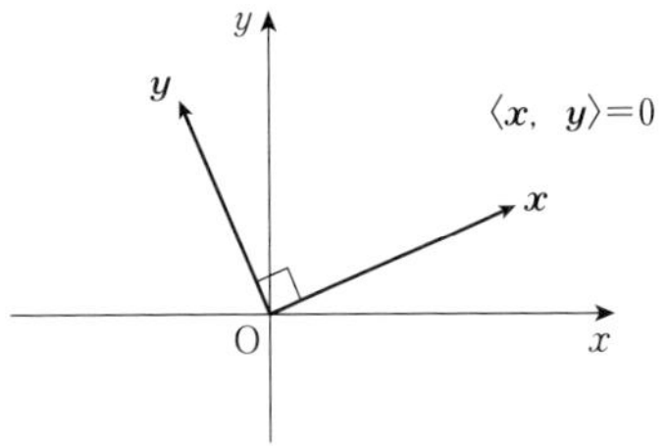

練習問題 2 次のベクトル $\boldsymbol{x}$, $\boldsymbol{y}$ が直交するように定数 k を定めよ．

$$\boldsymbol{x} = \begin{pmatrix} 3 \\ 0 \\ -1 \end{pmatrix}, \quad \boldsymbol{y} = \begin{pmatrix} 2 \\ -1 \\ k \end{pmatrix}$$

以下のベクトルの内積と大きさに関する不等式は，後に登場する標本相関係数の性質などを調べる際に有用である．

定理 1.3. (コーシー－シュワルツの不等式)．2 つの n 次ベクトル $\boldsymbol{x}$ と $\boldsymbol{y}$ について，次の不等式が成立する．

$$|\langle \boldsymbol{x},\ \boldsymbol{y} \rangle| \leqq \|\boldsymbol{x}\| \cdot \|\boldsymbol{y}\|$$

等号成立は，$\boldsymbol{x}$, $\boldsymbol{y}$ の一方が他方の定数倍になる場合に限る．

証明 tを実数として，

$$\|t\boldsymbol{x}+\boldsymbol{y}\|^2=\langle t\boldsymbol{x}+\boldsymbol{y},\ t\boldsymbol{x}+\boldsymbol{y}\rangle=\|\boldsymbol{x}\|^2t^2+2\langle\boldsymbol{x},\ \boldsymbol{y}\rangle t+\|\boldsymbol{y}\|^2\geqq 0$$

上記はtに関する2次不等式であり，判別式から

$$\frac{D}{4}=\langle\boldsymbol{x},\ \boldsymbol{y}\rangle^2-\|\boldsymbol{x}\|^2\|\boldsymbol{y}\|^2\leqq 0$$

が従う．よって，$\langle\boldsymbol{x},\ \boldsymbol{y}\rangle^2\leqq(\|\boldsymbol{x}\|\cdot\|\boldsymbol{y}\|)^2$であることから，

$$|\langle\boldsymbol{x},\ \boldsymbol{y}\rangle|\leqq\|\boldsymbol{x}\|\cdot\|\boldsymbol{y}\|$$

である．次に等号成立の場合を見よう．$\boldsymbol{y}=k\boldsymbol{x}$のとき，

$$|\langle\boldsymbol{x},\ \boldsymbol{y}\rangle|=|\langle\boldsymbol{x},\ k\boldsymbol{x}\rangle|=|k|\cdot\|\boldsymbol{x}\|^2=\|\boldsymbol{x}\|\cdot\|k\boldsymbol{x}\|=\|\boldsymbol{x}\|\cdot\|\boldsymbol{y}\|$$

である．同様に，$\boldsymbol{x}=k\boldsymbol{y}$のときも，$|\langle\boldsymbol{x},\ \boldsymbol{y}\rangle|=\|\boldsymbol{x}\|\cdot\|\boldsymbol{y}\|$が成り立つ．

逆に$|\langle\boldsymbol{x},\ \boldsymbol{y}\rangle|=\|\boldsymbol{x}\|\cdot\|\boldsymbol{y}\|$としよう．$\boldsymbol{x}=\boldsymbol{0}$，あるいは$\boldsymbol{y}=\boldsymbol{0}$の場合は，$k=0$として，$\boldsymbol{x}=k\boldsymbol{y}$，あるいは$\boldsymbol{y}=k\boldsymbol{x}$が成り立つため，$\boldsymbol{x}\neq\boldsymbol{0}$かつ$\boldsymbol{y}\neq\boldsymbol{0}$として考えよう．このとき，$\langle\boldsymbol{x},\ \boldsymbol{y}\rangle=0$とすると，

$$0=|\langle\boldsymbol{x},\ \boldsymbol{y}\rangle|\neq\|\boldsymbol{x}\|\cdot\|\boldsymbol{y}\|$$

となって，仮定に反するため，$\langle\boldsymbol{x},\ \boldsymbol{y}\rangle\neq 0$としてよい．

$$k=\frac{\|\boldsymbol{x}\|^2}{\langle\boldsymbol{x},\ \boldsymbol{y}\rangle}$$

とおくと，

$$\begin{aligned}\langle\boldsymbol{x}-k\boldsymbol{y},\ \boldsymbol{x}-k\boldsymbol{y}\rangle&=\|\boldsymbol{x}\|^2-2k\langle\boldsymbol{x},\ \boldsymbol{y}\rangle+k^2\|\boldsymbol{y}\|^2\\&=\|\boldsymbol{x}\|^2-2\|\boldsymbol{x}\|^2+\frac{\|\boldsymbol{x}\|^4}{|\langle\boldsymbol{x},\ \boldsymbol{y}\rangle|^2}\|\boldsymbol{y}\|^2\\&=-\|\boldsymbol{x}\|^2+\frac{\|\boldsymbol{x}\|^4}{(\|\boldsymbol{x}\|\cdot\|\boldsymbol{y}\|)^2}\|\boldsymbol{y}\|^2=0\end{aligned}$$

よって，$\boldsymbol{x}-k\boldsymbol{y}=\boldsymbol{0}$が従うため，$\boldsymbol{x}=k\boldsymbol{y}$となる． □

以下の三角不等式は，上記のコーシー－シュワルツの不等式から導かれる．

これは2つのベクトルの和の大きさと，それぞれの大きさの和を比較した不等式であるが，以下の図で見るように他の地点を経由するよりも直線的に繋ぐ方が距離が短くなるという意味である．

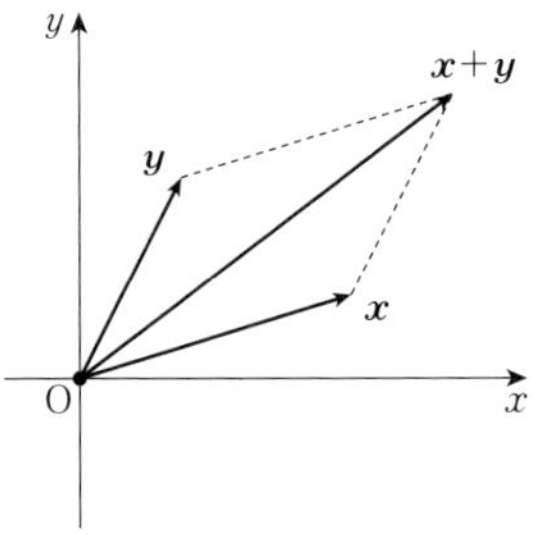

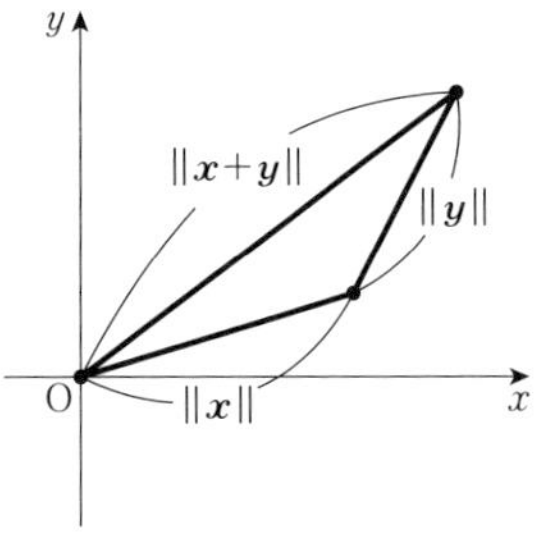

定理 1.4.（三角不等式）．ベクトルの大きさについて，次の不等式が成り立つ．

$$\|\boldsymbol{x}+\boldsymbol{y}\| \leqq \|\boldsymbol{x}\|+\|\boldsymbol{y}\|$$

証明 $\|\boldsymbol{x}+\boldsymbol{y}\|^2 = \langle \boldsymbol{x}+\boldsymbol{y},\ \boldsymbol{x}+\boldsymbol{y}\rangle = \|\boldsymbol{x}\|^2+2\langle \boldsymbol{x},\ \boldsymbol{y}\rangle+\|\boldsymbol{y}\|^2$

$$\leqq \|\boldsymbol{x}\|^2+2|\langle \boldsymbol{x},\ \boldsymbol{y}\rangle|+\|\boldsymbol{y}\|^2$$

コーシー－シュワルツの不等式（定理 1.3）により，

$$\|\boldsymbol{x}+\boldsymbol{y}\|^2 \leqq \|\boldsymbol{x}\|^2+2\|\boldsymbol{x}\|\cdot\|\boldsymbol{y}\|+\|\boldsymbol{y}\|^2 = (\|\boldsymbol{x}\|+\|\boldsymbol{y}\|)^2$$

よって，

$$\|\boldsymbol{x}+\boldsymbol{y}\| \leqq \|\boldsymbol{x}\|+\|\boldsymbol{y}\|$$

□

2 経済学や統計学で現れるベクトル

財ベクトル・価格ベクトル・予算制約線 経済学においては，さまざまな商品やサービスなどの複数の財の数量や（単位あたり）価格をベクトルで表示することが多い．

いま，n 種類の財があるとしよう．このとき，これらの財の量は，次のように n 成分の（非負の成分の）実ベクトルで表すことができる．

$$\boldsymbol{x} = \begin{pmatrix} x_1 \\ x_2 \\ \vdots \\ x_n \end{pmatrix}$$

ここで，ベクトルの第 i 成分（$i=1, \cdots, n$）は，第 i 財の量を表す．このようなベクトルを**財ベクトル**とよぶ．財ベクトルは，各財の量の組合せを表すことから，**財バスケット**や**財バンドル**ともよばれる．財ベクトルと同様に，第 i 成分（$i=1, \cdots, n$）を第 i 財の価格とした，非負（または正値）の成分の n 成分の実ベクトル

$$\boldsymbol{p}=\begin{pmatrix} p_1 \\ p_2 \\ \vdots \\ p_n \end{pmatrix}$$

を**価格ベクトル**とよぶ．

[例 2]　財として，りんご（単位：1 箱（10 kg））とミネラルウォーター（単位：ℓ）を考える．それぞれの財の数量が 2（箱）と 5（ℓ）であり，それぞれの単位当たりの価格が 5000 円と 180 円であるとする．

このとき，財ベクトルと価格ベクトルは，それぞれ

$$\boldsymbol{x}=\begin{pmatrix} x_1 \\ x_2 \end{pmatrix}=\begin{pmatrix} 2 \\ 5 \end{pmatrix}, \qquad \boldsymbol{p}=\begin{pmatrix} p_1 \\ p_2 \end{pmatrix}=\begin{pmatrix} 5000 \\ 180 \end{pmatrix}$$

となる．

財ベクトルと価格ベクトルの内積 2)

$$\langle \boldsymbol{p}, \ \boldsymbol{x} \rangle = \sum_{i=1}^{n} p_i x_i = p_1 x_1 + p_2 x_2 + \cdots + p_n x_n$$

は，価格 p_i の第 i 財を x_i 単位，購入したときの支出金額の合計を表す．

消費者の所得が I で与えられていたとき，消費者の支出金額は所得を超えないという制約 $\langle \boldsymbol{p}, \ \boldsymbol{x} \rangle \leqq I$ が成立する．この不等式制約を等号にした $\langle \boldsymbol{p}, \ \boldsymbol{x} \rangle = I$ は，所得に基づく消費量の制約を表現するもので**予算制約（線）**とよばれる．

》》》例題 4. 2 種類の財（商品やサービスなど）の数量をそれぞれ x, y ($\geqq 0$) で表す．これらの価格がそれぞれ 3, 4 であり，いま消費者の所得が 12 であるとき，予算制約線を式で表し，x を横軸，y を縦軸とした平面上に図示せよ．

《《《 解答　それぞれの財に対する支出金額は，価格に数量をかけることで得られ，

2) 内積 $\langle x, \ y \rangle$ をしばしば $\boldsymbol{x} \cdot \boldsymbol{y}$ と表し，経済学のテキストの多くは後者を採用しているが，本書では $\langle x, \ y \rangle$ に統一する．

それぞれ $3x$ と $4y$ となる．これらの合計 $\left\langle \begin{pmatrix} 3 \\ 4 \end{pmatrix}, \begin{pmatrix} x \\ y \end{pmatrix} \right\rangle = 3x+4y$ が支出総額となるが，所得の 12 を超えることができないので，予算制約線は $3x+4y=12$ となる．x，$y \geqq 0$ の範囲で図示すると次のようになる．

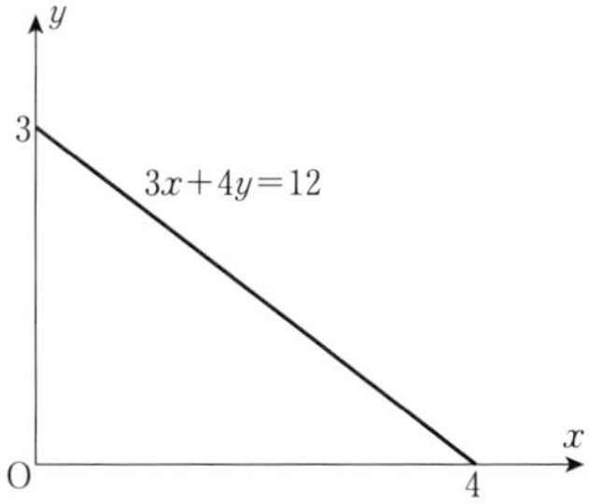

データを表現するベクトル　ベクトルを用いることで，データを表現し，統計学で使われるさまざまな値を計算することができる．たとえば，n 個の個体（個人，企業，地方自治体，国など）について，ある特定の実数の変数（所得，歳入・歳出，物価指数，完全失業率など）の値をベクトルの形で $\boldsymbol{x}=(x_i)$ と表せる．ここで，このベクトルの第 i 成分は i 番目の個体の変数の値を表すこととする．

標本平均　データ x_i $(i=1, 2, \cdots, n)$ を得たときに，データ全体を代表する値として次式の右辺の値がしばしば用いられる．これを $\boldsymbol{x}$ の**標本平均**といい $\bar{x}$ で表す．

$$\bar{x} = \frac{x_1 + \cdots + x_n}{n}$$

ここで，内積を用いて標本平均を計算するために

$$\boldsymbol{e} = \begin{pmatrix} 1 \\ 1 \\ \vdots \\ 1 \end{pmatrix}$$

というすべての成分が 1 である n 次ベクトルを用いると，標本平均 $\bar{x}$ は

$$\bar{x} = \frac{1}{n}\langle \boldsymbol{e},\ \boldsymbol{x} \rangle = \left\langle \frac{1}{n}\boldsymbol{e},\ \boldsymbol{x} \right\rangle$$

と内積の形で表すことができる．標本平均は，データ全体の大体の値を表す1つの尺度（**代表値**）である．また，データの値を数直線上で表したとき，中心的な位置を表す尺度の1つとしても捉えられる．

標本分散　データの姿を記述するためには，データの平均を中心とした広がり具合を評価することも大事である．そのようなデータの広がりを表す尺度について考えてみよう．

標本分散を定義するため，変数の値 x_i から標本平均 $\overline{x}$ を引いた値，すなわち $x_i-\overline{x}$ を**偏差**という．また，n 個の偏差を並べた次のベクトルを**偏差ベクトル**という．

$$\boldsymbol{d}_x=\begin{pmatrix} x_1-\overline{x} \\ \vdots \\ x_n-\overline{x} \end{pmatrix}$$

偏差は各データ x_i の標本平均 $\overline{x}$ との差を表しているので，それらの合計がデータ全体の広がり具合を表す尺度となるように思われる．しかし合計をとると

$$\sum_{i=1}^{n}(x_i-\overline{x})=\sum_{i=1}^{n}x_i-n\overline{x}=\sum_{i=1}^{n}x_i-\sum_{i=1}^{n}x_i=0$$

となってしまい，データ全体の広がりを評価することはできないとわかる．

そこで，偏差を2乗してすべて非負の値として足し合わせ，データ全体の広がり具合を評価することを考える．ただし，単純に偏差を2乗して足し合わせた形では，データの個数に依存する指標となってしまうため，これをデータの数 n で割った値を考える．これを標本分散といい s_x^2 で表す．

$$s_x^2=\frac{(x_1-\overline{x})^2+\cdots+(x_n-\overline{x})^2}{n}=\frac{1}{n}\langle \boldsymbol{d}_x,\ \boldsymbol{d}_x\rangle=\frac{1}{n}\|\boldsymbol{d}_x\|^2$$

である[3]．

ベクトルの大きさの非負性から，標本分散は非負の値をとることがわかる．また，0の値をとるのは偏差ベクトルが零ベクトル $\boldsymbol{0}$ の場合であり，変数のすべての値が同じ値であるときに限ることもわかる．よって，変数のすべての値が同じ値でないときは，標本分散は必ず正の値となる．

---

3) 標本分散として，n でなく $n-1$ で割る形の計算方法もあるので注意されたい．

標本共分散　次に，2つの変数間の関係を表す量を紹介しよう．

同じ n 個の個体について，x（可処分所得など）とは別の実数の変数 y（支出総額など）の値を並べたベクトル $\boldsymbol{y}=(y_i)$ を考える．また，y_i（$i=1, 2, \cdots, n$）の標本平均を $\bar{y}=(y_1+\cdots+y_n)/n$ として，偏差ベクトル

$$\boldsymbol{d}_y=\begin{pmatrix} y_1-\bar{y} \\ \vdots \\ y_n-\bar{y} \end{pmatrix}$$

を考える．ここで，x と y の**標本共分散** s_{xy} を次のように定義する[4]．

$$s_{xy}=\frac{(x_1-\bar{x})(y_1-\bar{y})+\cdots+(x_n-\bar{x})(y_n-\bar{y})}{n}=\frac{1}{n}\langle \boldsymbol{d}_x,\ \boldsymbol{d}_y\rangle$$

この定義から，標本分散 s_x^2 は x と x 自身との標本共分散と考えることもできる．

相関関係　ところで，2つの変数 x と y の関係として，x の値が大きくなるとき y の値も大きくなる傾向がある場合を**正の相関（順相関）**があるといい，逆に，x の値が大きくなるとき y の値は小さくなる傾向がある場合を**負の相関（逆相関）**があるという．また，正の相関や負の相関がみられない**無相関**の関係を合わせて**相関関係**という．

以下では，標本共分散が2つの変数の間の相関関係を調べるのに有用な指標であることをみてみよう．

変数 x を横軸，y を縦軸にとり，i 番目の個体の x の値 x_i と y の値 y_i を対にした $(x_i,\ y_i)$ を座標平面上に表して，2つの変数間の関係を図示したものを**散布図**という．

散布図は直線 $x=\bar{x}$ と $y=\bar{y}$ により，図1.1のように4つの領域に分割される．これら4つの領域において，積 $(x_i-\bar{x})(y_i-\bar{y})$ の符号は次のように定まる．右上の領域は $(x_i-\bar{x})>0$ かつ $(y_i-\bar{y})>0$ だから $(x_i-\bar{x})(y_i-\bar{y})>0$，左下の領域は $(x_i-\bar{x})<0$ かつ $(y_i-\bar{y})<0$ だから，やはり $(x_i-\bar{x})(y_i-\bar{y})>0$ となる．

4）標本共分散として，n でなく $n-1$ で割る形の計算方法もあるので注意されたい．

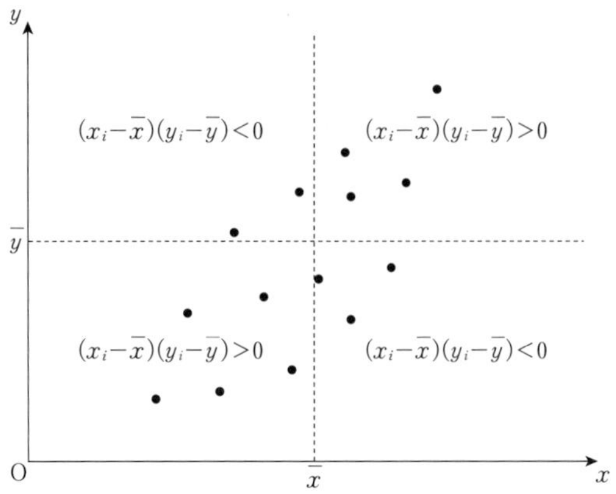

図 1.1：散布図と共分散の意味

右下と左上の領域では $(x_i-\bar{x})$ と $(y_i-\bar{y})$ の符号が逆になるため，その積は $(x_i-\bar{x})(y_i-\bar{y})<0$ となる．

ここで x と y に正の相関があるときは，散布図が右上がりの傾向を示し $(x_i-\bar{x})(y_i-\bar{y})>0$ となる点が多くなり，逆に x と y に負の相関があるときは，散布図が右下がりの傾向を示し $(x_i-\bar{x})(y_i-\bar{y})<0$ となる点が多くなる．標本共分散はそれらの平均となっており，標本共分散の値が正であるとき**正の相関（順相関）**があると判断され，値が負であるとき**負の相関（逆相関）**があると判断される．

標本共分散は，このように2つの変数の間の関係を調べるうえで有益な指標であるが，値の大小が観測値の計測単位に依存するという欠点がある．つまり，その大小の値が相関関係の強弱を表すわけではない．たとえば，x と y の単位が米国のドルであり，それらをセントの単位に変更したものをそれぞれ u，v とすると

$u=100x$，$v=100y$ であるが，以下でわかるように標本共分散の値は $100^2=10000$ 倍になる．

一般に，$u_i=a+bx_i$，$v_i=c+dy_i$ とする．このとき u の標本平均は，下記となる．

$$\bar{u}=\frac{1}{n}\sum_{i}^{n}u_i=\frac{1}{n}\sum_{i=1}^{n}(a+bx_i)$$

$$= \frac{1}{n}\sum_{i=1}^{n} a + b\frac{1}{n}\sum_{i=1}^{n} x_i = a + b\bar{x} \quad \left(\bar{x} = \frac{1}{n}\sum_{i=1}^{n} x_i\right)$$

同様に，v の標本平均は $\bar{v}=c+d\bar{y}$ となり，u_i，v_i それぞれについての偏差は

$$u_i - \bar{u} = (a+bx_i) - (a+b\bar{x}) = b(x_i - \bar{x}),$$
$$v_i - \bar{v} = (c+dy_i) - (c+d\bar{y}) = d(y_i - \bar{y})$$

となるから，ベクトルとして $\boldsymbol{d}_u = b\boldsymbol{d}_x$，$\boldsymbol{d}_v = d\boldsymbol{d}_y$ なので u と v の標本共分散は

$$s_{uv} = \frac{1}{n}\langle \boldsymbol{d}_u,\ \boldsymbol{d}_v\rangle = \frac{1}{n}\langle b\boldsymbol{d}_x,\ d\boldsymbol{d}_y\rangle = bd\frac{1}{n}\langle \boldsymbol{d}_x,\ \boldsymbol{d}_y\rangle = bds_{xy}$$

で与えられる．上のドルとセントの例では，$a=c=0$，$b=d=100$ である．また，s_{uv} の単位は（セント）^{2}，s_{xy} の単位は（ドル）^{2} である．

ただし，散布図においては両軸の目盛りが変わるだけで，点の分布の形状は変化しない．

標本相関係数　相関関係を表す量で，単位に依存しないように調整したものを紹介しよう．データ x_1，x_2，…，x_n の広がり具合を表す量として標本分散 s_x^2 を上で定義したが，それの正の平方根はもとのデータと同じ単位であり，データの広がり具合を表している．これを標本標準偏差とよび s_x で表す．つまり，

$$s_x = \sqrt{\frac{(x_1-\bar{x})^2+\cdots+(x_n-\bar{x})^2}{n}}$$

である．上の通貨の例では，s_x^2 の単位は（ドル）^{2} であるが，s_x の単位はドルである．同様にデータ y_1，y_2，…，y_n の標本標準偏差 s_y を定義する．

$$s_y = \sqrt{\frac{(y_1-\bar{y})^2+\cdots+(y_n-\bar{y})^2}{n}}$$

ここで x，y からそれぞれ標本平均を引き，標本標準偏差で割ることで，単位に依存しない形に変換した**標準化変量**を作成する．

$$z_{x_i} = \frac{x_i - \bar{x}}{s_x},\quad z_{y_i} = \frac{y_i - \bar{y}}{s_y} \quad (i=1,\ \cdots,\ n)$$

このように，データから標本平均を引いたうえで標準偏差で割り，データの値の水準や単位に依存しないように変換することを**標準化（基準化）**とよび，統計学の理論的な議論を行ううえでも，現実のデータを分析するうえでも非常に重要である．上の通貨の例でいえば，分母も分子も単位はドルであるので，標準化変

量には単位はない.

これらの標準化変量 z_{x_i} と z_{y_i} $(i=1, \cdots, n)$ の共分散を x と y の**標本相関係数**といい r_{xy} と表す. つまり, 次のように定義される.

$$r_{xy} = \frac{1}{n}\sum_{i=1}^{n}(z_{x_i}-\bar{z}_x)(z_{y_i}-\bar{z}_y)$$

ここで, $\bar{z}_x$, $\bar{z}_y$ は, それぞれ z_{x_i}, z_{y_i} $(i=1, \cdots, n)$ の標本平均であるが, 実は, それらが 0 であることが

$$z_{x_i} = \frac{x_i-\bar{x}}{s_x} = \left(\frac{1}{s_x}\right)x_i-\frac{\bar{x}}{s_x},\quad z_{y_i} = \frac{y_i-\bar{y}}{s_y} = \left(\frac{1}{s_y}\right)y_i-\frac{\bar{y}}{s_y} \quad (i=1, \cdots, n)$$

と先述の $u_i=a+bx_i$ $(i=1, \cdots, n)$ の標本平均に対する公式 $\bar{u}=a+b\bar{x}$ から容易に確かめられる (章末問題とする). また, 標本分散が 1 となることも示すことができる (章末問題とする).

よって,

$$r_{xy} = \frac{1}{n}\sum_{i=1}^{n}z_{x_i}z_{y_i}$$

と求めることができる. 標準化変量は単位に依存しない量であるので, それらの標本共分散である標本相関係数も単位に依存しない量となる.

また, r_{xy} はさらに x と y の標本共分散 s_{xy} を, x, y のそれぞれの標本標準偏差 s_x と s_y の標本標準偏差の積で割った形で表せることも示すことができる (章末問題とする).

$$r_{xy} = \frac{s_{xy}}{s_x s_y} = \frac{\dfrac{(x_1-\bar{x})(y_1-\bar{y})+\cdots+(x_n-\bar{x})(y_n-\bar{y})}{n}}{\sqrt{\dfrac{(x_1-\bar{x})^2+\cdots+(x_n-\bar{x})^2}{n}}\sqrt{\dfrac{(y_1-\bar{y})^2+\cdots+(y_n-\bar{y})^2}{n}}}$$

$$= \frac{\langle \boldsymbol{d}_x,\ \boldsymbol{d}_y\rangle}{\sqrt{\langle \boldsymbol{d}_x,\ \boldsymbol{d}_x\rangle}\sqrt{\langle \boldsymbol{d}_y,\ \boldsymbol{d}_y\rangle}} = \frac{\langle \boldsymbol{d}_x,\ \boldsymbol{d}_y\rangle}{\|\boldsymbol{d}_x\|\cdot\|\boldsymbol{d}_y\|}$$

先述と同様に通貨の例で考えると, 分母 s_{xy} の単位は (ドル)^2, 分母 $s_x s_y$ の単位は (ドル)×(ドル) であることから, r_{xy} は単位のない量となる. x_i と y_i $(i=1, \cdots, n)$ の標本相関係数と, 先述の $u_i=a+bx_i$ と $v_i=c+dy_i$ の標本相関係数は $bd>0$ のとき, すなわち b と d が 0 でなく符号が等しい場合 (ともに正, またはともに負の場合) に等しいことは容易に確かめることができる (章末問題とする). すなわち, 相関の正負が変わらない単位の変換に対して, 不変となる尺度となっ

ている.

標本相関係数は, -1 から 1 の間の値をとることが, コーシー - シュワルツの不等式（定理 1.3）から導かれる. また, コーシー - シュワルツの不等式の等号条件から, 標本相関係数の値が 1 のときは $(x_i-\overline{x})=c(y_i-\overline{y})$, $c>0$, $i=1, \cdots, n$ という関係が成立し, 観測値を表す点 (x_i, y_i) はすべて右上がりの直線上に並んでいる状況を表していること, 標本相関係数の値が -1 のときは $(x_i-\overline{x})=c(y_i-\overline{y})$, $c<0$, $i=1, \cdots, n$ という関係が成立し, 観測値を表す点 (x_i, y_i) はすべて右下がりの直線上に並んでいる状況を表していることがわかる.

このことから, 標本相関係数が 1 に近い値のときは強い正の相関があるといい, 実際に散布図も右上がりの傾向を強く示す. 逆に, -1 に近い値のときは強い負の相関があるといい, 散布図も右下がりの傾向を強く示す. 以下に, 相関係数の値と散布図の対応関係をいくつか例示する.

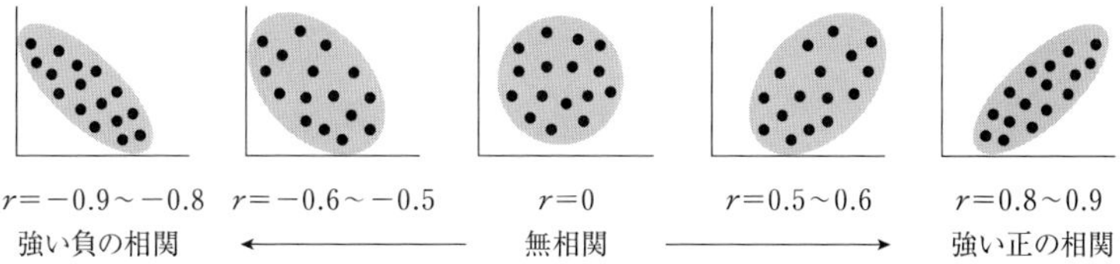

例題 5. 大学の語学が一緒のクラスの学生 5 人の英語と経済学の小テストの結果がそれぞれ (10, 6), (4, 2), (7, 7), (6, 4), (8, 6) であった. 英語と経済学のテストの結果を散布図に表したうえで, 標本共分散と標本相関係数を求めよ.

解答 英語の点数を x, 経済学の点数を y としたときの散布図は以下となる.

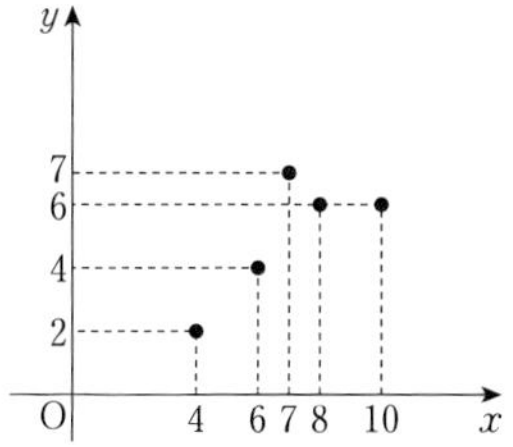

x の標本平均 $\bar{x}$ は　$\bar{x} = \dfrac{10+4+7+6+8}{5} = 7$

y の標本平均 $\bar{y}$ は　$\bar{y} = \dfrac{6+2+7+4+6}{5} = 5$

よって

$$\begin{aligned}\langle \boldsymbol{d}_x,\ \boldsymbol{d}_y \rangle &= (10-7)(6-5)+(4-7)(2-5)+(7-7)(7-5) \\ &\qquad +(6-7)(4-5)+(8-7)(6-5) = 14 \\ \|\boldsymbol{d}_x\| &= \sqrt{(10-7)^2+(4-7)^2+(7-7)^2+(6-7)^2+(8-7)^2} = \sqrt{20} \\ &= 4.4721 \\ \|\boldsymbol{d}_y\| &= \sqrt{(6-5)^2+(2-5)^2+(7-5)^2+(4-5)^2+(6-5)^2} = \sqrt{16} = 4\end{aligned}$$

したがって，標本共分散と標本相関係数はそれぞれ

$$s_{xy} = \frac{\langle \boldsymbol{d}_x,\ \boldsymbol{d}_y \rangle}{n} = \frac{14}{5} = 2.8$$

$$r_{xy} = \frac{s_{xy}}{s_x s_y} = \frac{2.8}{4.4721 \times 4} \simeq 0.78$$

となる[5)]．

5）記号 $\simeq$ は両辺がほぼ等しいことを意味する．$\fallingdotseq$ と表す場合もある．

章末問題 I

1．ベクトル

$$\boldsymbol{x} = \begin{pmatrix} 1 \\ -1 \\ 1 \end{pmatrix}, \quad \boldsymbol{y} = \begin{pmatrix} 2 \\ 1 \\ 0 \end{pmatrix}$$

に対し，次を求めよ．

(1) $\langle \boldsymbol{x}, \boldsymbol{y} \rangle$　(2) $\langle \boldsymbol{y}, \boldsymbol{x} \rangle$　(3) $\|\boldsymbol{x}\|$　(4) $\|\boldsymbol{x}-\boldsymbol{y}\|$

2．定理 1.2 の(2)，(3)を示せ．

3．三角不等式（定理 1.4）を用いて，次の不等式を示せ．

(1) $\|\boldsymbol{x}-\boldsymbol{y}\| \leqq \|\boldsymbol{x}\|+\|\boldsymbol{y}\|$　(2) $\|\boldsymbol{x}\|-\|\boldsymbol{y}\| \leqq \|\boldsymbol{x}-\boldsymbol{y}\|$

章末問題 II

1．大学の語学が一緒のクラスの学生 5 人の経済史と経済数学の小テストの結果がそれぞれ (6, 3)，(5, 4)，(3, 4)，(2, 5)，(4, 4) であった．経済史と経済数学のテストの結果を散布図に表したうえで，標本共分散と標本相関係数を求めよ．

2．x_i $(i=1, \cdots, n)$ の標準化変量

$$z_{x_i} = \frac{x_i - \bar{x}}{s_x} \quad (i=1, \cdots, n)$$

の標本平均が 0，標本分散が 1 となることを示せ．

3．x_i と y_i $(i=1, \cdots, n)$ の標本相関係数が x_i と y_i $(i=1, \cdots, n)$ の標本共分散 s_{xy} を，それぞれの変数の標本標準偏差 s_x，s_y の積で割った値で表されることを示せ．

4．x_i と y_i $(i=1, \cdots, n)$ の標本相関係数と，$u_i=a+bx_i$ と $v_i=c+dy_i$ の標本相関係数が，$bd>0$ のとき，すなわち b と d が 0 でなく符号が等しい場合（ともに正，またはともに負の場合）に等しいことを示せ．

第2章　行列とその演算

経済学や統計学では，さまざまな数量を行列で表現し，それらの演算により理論の表現やデータの計算を行う．本章では，行列の演算について学んでいこう．

1 行列

行列　前章の冒頭で見たデータ表を思い出そう．ここでは話を簡単にするため，4人分の5種類のデータが一覧で与えられているとする．

ID	年齢	体重	身長	脈拍	握力
01	24	67.2	172.1	72	46.32
02	39	72.3	165.9	84	41.21
03	58	58.4	162.3	71	36.21
04	14	41.2	153.4	85	29.76

前章で学んだベクトルは，各種類ごとの数値データを人数分だけ縦に並べたものと考えることができる．たとえば，体重の列に着目すれば，体重のデータからなる4次ベクトル

$$\begin{pmatrix} 67.2 \\ 72.3 \\ 58.4 \\ 41.2 \end{pmatrix}$$

が得られる．本章では，複数種類のデータを同時に扱うためにベクトルの一般化として行列を導入する．つまり，1列だけのデータではなく，

$$\begin{pmatrix} 24 & 67.2 & 172.1 & 72 & 46.32 \\ 39 & 72.3 & 165.9 & 84 & 41.21 \\ 58 & 58.4 & 162.3 & 71 & 36.21 \\ 14 & 41.2 & 153.4 & 85 & 29.76 \end{pmatrix}$$

のように複数のベクトルを並べて，長方形に実数が配置されたものを**行列**とよぶ．

一般の行列を扱う前に，2 次ベクトルが横に 2 つ並んだ

$$\begin{pmatrix} a & b \\ c & d \end{pmatrix}$$

という形の行列でその性質を学ぼう．行列を構成する実数 a，b，c，d はその行列の**成分**とよばれる．さらに詳しく配置を表すために，a を (1，1) 成分，b を (1，2) 成分，c を (2，1) 成分，d を (2，2) 成分とよぶ．また，最初の左縦一列を 1 列，2 番目を 2 列とよび，最初の上の横一行を 1 行，2 番目を 2 行とよぶ．

$$\begin{matrix} 1\text{行} \\ 2\text{行} \end{matrix}\begin{pmatrix} a & b \\ c & d \end{pmatrix} \qquad \begin{matrix} 1\text{列} & 2\text{列} \end{matrix} \begin{pmatrix} a & b \\ c & d \end{pmatrix}$$

ベクトルの和や定数倍と同様に，行列についても，和や定数倍が同じ場所の成分ごとの計算として定義される．

行列の和： $\begin{pmatrix} a & b \\ c & d \end{pmatrix}+\begin{pmatrix} x & y \\ z & w \end{pmatrix}=\begin{pmatrix} a+x & b+y \\ c+z & d+w \end{pmatrix}$

また，定数 k に対し，

行列の定数倍： $k\begin{pmatrix} a & b \\ c & d \end{pmatrix}=\begin{pmatrix} ka & kb \\ kc & kd \end{pmatrix}$

[例 1]

$$2\begin{pmatrix} 1 & 2 \\ 3 & 4 \end{pmatrix}+3\begin{pmatrix} 0 & -1 \\ -2 & -3 \end{pmatrix}=\begin{pmatrix} 2 & 4 \\ 6 & 8 \end{pmatrix}+\begin{pmatrix} 0 & -3 \\ -6 & -9 \end{pmatrix}=\begin{pmatrix} 2 & 1 \\ 0 & -1 \end{pmatrix}$$

練習問題 1 次の行列の計算をせよ．

(1) $\begin{pmatrix} -1 & 0 \\ 2 & 1 \end{pmatrix}+\begin{pmatrix} 2 & 3 \\ -1 & 4 \end{pmatrix}$

(2) $3\begin{pmatrix} 1 & -1 \\ -1 & 1 \end{pmatrix}-2\begin{pmatrix} 2 & 0 \\ -1 & 1 \end{pmatrix}$

次に，行列の積について考える．積については，同じ位置の成分ごとの積ではない点に注意が必要である．今，2 つの行列

$$A=\begin{pmatrix} a & b \\ c & d \end{pmatrix},\qquad X=\begin{pmatrix} x & y \\ z & w \end{pmatrix}$$

に対して，A と X の積を次で定義する．

$$AX=\begin{pmatrix} a & b \\ c & d \end{pmatrix}\begin{pmatrix} x & y \\ z & w \end{pmatrix}=\begin{pmatrix} ax+bz & ay+bw \\ cx+dz & cy+dw \end{pmatrix}$$

たとえば，右辺の行列の (1，1) 成分 $ax+bz$ は A の 1 行目 a，b と，X の 1 列目 x，z から計算されている．

$$\text{行列の積：}\quad \text{1行}\begin{pmatrix} a & b \\ c & d \end{pmatrix}\overset{\text{1列}}{\begin{pmatrix} x & y \\ z & w \end{pmatrix}} = \begin{pmatrix} ax+bz & ay+bw \\ cx+dz & cy+dw \end{pmatrix}$$

つまり，行列 AX の (1，1) 成分には，A の 1 行目の行ベクトルを列ベクトルになおしたものと，X の 1 列目の列ベクトルとの内積が現れる．

$$\left\langle \begin{pmatrix} a \\ b \end{pmatrix}, \begin{pmatrix} x \\ z \end{pmatrix} \right\rangle = ax+bz$$

同様にして，AX の (1，2) 成分 $ay+bw$ は A の 1 行目と X の 2 列目から計算される．

$$\begin{pmatrix} a & b \\ c & d \end{pmatrix}\begin{pmatrix} x & y \\ z & w \end{pmatrix} = \begin{pmatrix} ax+bz & ay+bw \\ cx+dz & cy+dw \end{pmatrix}$$

同様にして，AX の (2，1) 成分は A の 2 行目と X の 1 列目，(2，2) 成分は A の 2 行目と X の 2 列目から内積を用いて計算される．

[例 2]

$$\begin{pmatrix} 1 & 2 \\ 3 & 4 \end{pmatrix}\begin{pmatrix} 0 & -1 \\ -2 & -3 \end{pmatrix} = \begin{pmatrix} 1\cdot 0+2\cdot(-2) & 1\cdot(-1)+2\cdot(-3) \\ 3\cdot 0+4\cdot(-2) & 3\cdot(-1)+4\cdot(-3) \end{pmatrix}$$
$$= \begin{pmatrix} -4 & -7 \\ -8 & -15 \end{pmatrix}$$

練習問題 2 次の行列の計算をせよ．

(1) $\begin{pmatrix} 1 & 0 \\ 2 & 1 \end{pmatrix}\begin{pmatrix} 2 & 3 \\ 1 & 4 \end{pmatrix}$ (2) $\begin{pmatrix} 1 & -1 \\ 1 & 1 \end{pmatrix}\begin{pmatrix} 2 & 0 \\ -1 & 1 \end{pmatrix}$ (3) $\begin{pmatrix} a & b \\ c & d \end{pmatrix}\begin{pmatrix} 1 & 0 \\ 0 & 1 \end{pmatrix}$

行列 ここまでは 2 次ベクトルを 2 個並べた行列を考えてきたが，より一般の行列は，m 次ベクトルを n 個並べた形で表される．

> **定義 2.1**（行列）．縦に m 個，横に n 個の合計 mn 個の実数[1]を長方形に配置して括弧で括ったものを (m, n) 行列（あるいは $m\times n$ 行列）とよぶ．

1）ここでは，実数を成分にもつ実行列を考える．12 章以降では，複素数を成分にもつ複素行列も扱う．

$$A = \begin{pmatrix} a_{11} & a_{12} & \cdots & a_{1n} \\ a_{21} & a_{22} & \cdots & a_{2n} \\ \vdots & \vdots & \ddots & \vdots \\ a_{m1} & a_{m2} & \cdots & a_{mn} \end{pmatrix}$$

(m, n) は行列の大きさや形を表し，**型**とよばれる．行列を表す記号として，慣例的に大文字のアルファベット A, B, X, Y, …を用いる場合が多い．行列を構成する1つ1つの実数を**成分**とよび，上から i 番目，左から j 番目の成分 a_{ij} を (i, j) 成分とよぶ．行列の横一行を**行**とよび，縦一列を**列**とよぶ．また上から i 番目の行を i 行，左から j 番目の列を j 列とよぶ．それらの交差する成分が (i, j) 成分である．行列 A に対し，(i, j) 成分を代表させて $A = (a_{ij})$ と書く場合もある．

$$i\,行\ \begin{array}{c} {\scriptstyle j\,列} \\ \begin{pmatrix} a_{11} & a_{12} & \cdots & a_{1j} & \cdots & a_{1n} \\ a_{21} & a_{22} & \cdots & a_{2j} & \cdots & a_{2n} \\ \vdots & \vdots & \ddots & \vdots & \ddots & \vdots \\ a_{i1} & a_{i2} & \cdots & a_{ij} & \cdots & a_{in} \\ \vdots & \vdots & \ddots & \vdots & \ddots & \vdots \\ a_{m1} & a_{m2} & \cdots & a_{mj} & \cdots & a_{mn} \end{pmatrix} \end{array} \quad (i,\ j)\,成分$$

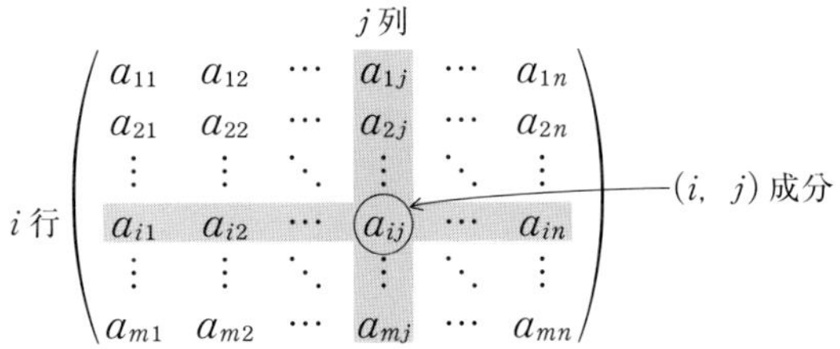

前章の n 次列ベクトルは $(n, 1)$ 行列であり，n 次行ベクトルは $(1, n)$ 行列である．

2つの行列 A, B が等しいとは，A, B の型が一致し，またすべての (i, j) 成分が一致する場合である．このとき，$A = B$ と書く．

(m, n) 行列において，特に $n = m$ の場合は，n 次の**正方行列**とよばれ，a_{ii} を**対角成分**とよぶ．また，n を正方行列の次数とよぶ．

[例3] 以下の行列を考えよう．

$$A = \begin{pmatrix} 1 & 2 \\ 3 & 4 \end{pmatrix},\ B = \begin{pmatrix} 2 & -5 & 3 \\ -1 & 4 & 0 \end{pmatrix},\ C = \begin{pmatrix} -1 & -2 \\ 2 & 0 \\ 3 & 1 \end{pmatrix}$$

A は2次の正方行列であり，$(1, 2)$ 成分は2である．また，対角成分は1と4である．B は $(2, 3)$ 行列であり，$(1, 3)$ 成分は3，$(2, 2)$ 成分は4である．C は $(3, 2)$ 行列であり，$(2, 1)$ 成分は2，$(3, 2)$ 成分は1である．

[例4] 次の2つの行列 E_n および $O_{m,n}$ は，最も基本的な行列であり，今後も頻繁に登場する．

(1) n 次正方行列であって，対角成分が1，それ以外はすべて0であるような行列を**単位行列**とよび，E_n で表す．

$$E_n = \begin{pmatrix} 1 & 0 & \cdots & 0 \\ 0 & 1 & \cdots & 0 \\ \vdots & \vdots & \ddots & \vdots \\ 0 & 0 & \cdots & 1 \end{pmatrix}$$

E_n を表すのに $(i,\ j)$ 成分を代表して書くならば，

$$E_n=(e_{ij}), \qquad ただし，e_{ii}=1,\ e_{ij}=0\ (i \neq j)$$

となる．次数を省略して，単に E と表す場合もある．

(2) すべての成分が0であるような $(m,\ n)$ 行列 $O_{m,n}$ を**零行列**とよぶ．

$$O_{m,n} = \begin{pmatrix} 0 & 0 & \cdots & 0 \\ 0 & 0 & \cdots & 0 \\ \vdots & \vdots & \ddots & \vdots \\ 0 & 0 & \cdots & 0 \end{pmatrix}$$

行列の型を省略して，単に O と表す場合もある．

2 行列の演算

行列の定数倍　$(m,\ n)$ 行列 $A=(a_{ij})$ と実数 k に対し，行列の定数倍 kA は，すべての成分が k 倍された $(m,\ n)$ 行列として定義する．

$$kA = (ka_{ij}) = \begin{pmatrix} ka_{11} & ka_{12} & \cdots & ka_{1n} \\ ka_{12} & ka_{22} & \cdots & ka_{2n} \\ \vdots & \vdots & \ddots & \vdots \\ ka_{m1} & ka_{m2} & \cdots & ka_{mn} \end{pmatrix}$$

特に $k=1$ のとき，$1A=A$ と表記し，$k=-1$ のとき，$(-1)A=-A$ と表記する．$k=0$ のとき，任意の行列 A に対し，$0A=O$ である．

行列の和　同じ型の2つの行列 $A=(a_{ij})$，$B=(b_{ij})$ に対して，それらの和（差）は単純に各成分ごとの和（差）によって与えられる．2つの行列の型が違う場合には，和（差）は定義されない．

$$A+B = (a_{ij}+b_{ij}) = \begin{pmatrix} a_{11}+b_{11} & a_{12}+b_{12} & \cdots & a_{1n}+b_{1n} \\ a_{21}+b_{21} & a_{22}+b_{22} & \cdots & a_{2n}+b_{2n} \\ \vdots & \vdots & \ddots & \vdots \\ a_{m1}+b_{m1} & a_{m2}+b_{m2} & \cdots & a_{mn}+b_{mn} \end{pmatrix}$$

また，2つの $(m,\ n)$ 行列 $A=(a_{ij})$ と $B=(b_{ij})$ に対して，それらの差は

$$A-B=A+(-B)$$

によって与えられる．つまり，各成分ごとの差を考えるため，$(i,\ j)$ 成分で表示すると，$A-B=(a_{ij}-b_{ij})$ となる．

》》例題 1. 次の行列に対し，$2A+B$ を求めよ．

$$A=\begin{pmatrix}1&2&3\\4&5&6\end{pmatrix},\quad B=\begin{pmatrix}-1&1&0\\-3&-2&-4\end{pmatrix}$$

《《 解答

$$2\begin{pmatrix}1&2&3\\4&5&6\end{pmatrix}+\begin{pmatrix}-1&1&0\\-3&-2&-4\end{pmatrix}=\begin{pmatrix}2&4&6\\8&10&12\end{pmatrix}+\begin{pmatrix}-1&1&0\\-3&-2&-4\end{pmatrix}=\begin{pmatrix}1&5&6\\5&8&8\end{pmatrix}$$

練習問題 3 行列

$$A=\begin{pmatrix}1&2\\-1&3\\0&1\end{pmatrix},\quad B=\begin{pmatrix}-1&0\\3&1\\1&2\end{pmatrix}$$

に対し，次の行列を求めよ．

(1) $A+B$　　(2) $2A-3B$　　(3) $-A+2B$

定理 2.1. A，B，C を $(m,\ n)$ 行列，k，ℓ を実数とすると，次が成り立つ．

(1) $(A+B)+C=A+(B+C)$　　(2) $A+B=B+A$

(3) $A+O=O+A=A$　　(4) $A-A=O$　　(5) $k(A+B)=kA+kB$

(6) $(k+\ell)A=kA+\ell A$　　(7) $(k\ell)A=k(\ell A)$

証明　$(i,\ j)$ 成分に着目して，成分ごと確かめれば容易に示せる．　□

2次正方行列の積にならって，一般の行列の積を考えよう．行列の積は $\sum$（シグマ）記号を使って表すのが有効であるので，下の計算でどの行とどの列の式なのかを確認して $\sum$ の表している式に慣れてほしい．たとえば，$(2,\ 3)$ 行列 $A=(a_{ij})$ と $(3,\ 2)$ 行列 $B=(b_{ij})$ の積 AB は以下のような $(2,\ 2)$ 行列として定義される．

$$\begin{pmatrix} a_{11} & a_{12} & a_{13} \\ a_{21} & a_{22} & a_{23} \end{pmatrix}\begin{pmatrix} b_{11} & b_{12} \\ b_{21} & b_{22} \\ b_{31} & b_{32} \end{pmatrix} = \begin{pmatrix} a_{11}b_{11}+a_{12}b_{21}+a_{13}b_{31} & a_{11}b_{12}+a_{12}b_{22}+a_{13}b_{32} \\ a_{21}b_{11}+a_{22}b_{21}+a_{23}b_{31} & a_{21}b_{12}+a_{22}b_{22}+a_{23}b_{32} \end{pmatrix}$$

$$= \begin{pmatrix} \sum_{k=1}^{3} a_{1k}b_{k1} & \sum_{k=1}^{3} a_{1k}b_{k2} \\ \sum_{k=1}^{3} a_{2k}b_{k1} & \sum_{k=1}^{3} a_{2k}b_{k2} \end{pmatrix}$$

上記の計算で，積 AB の $(1,\ 1)$ 成分は，A の1行目と B の1列目の各成分どうしの積の総和である．同様に，AB の $(i,\ j)$ 成分は，A の i 行と B の j 列の成分どうしの積の総和として表される．

この計算を一般の行列で表すと次のようになる．

行列の積　$A=(a_{ij})$ を $(\ell,\ m)$ 行列，$B=(b_{ij})$ を $(m,\ n)$ 行列とする．A の列数と B の行数が一致している場合，積 AB は次のように $(\ell,\ n)$ 行列として定義される．

$$AB = \left(\sum_{k=1}^{m} a_{ik}b_{kj}\right) = \begin{pmatrix} \sum_{k=1}^{m} a_{1k}b_{k1} & \sum_{k=1}^{m} a_{1k}b_{k2} & \cdots & \sum_{k=1}^{m} a_{1k}b_{kn} \\ \sum_{k=1}^{m} a_{2k}b_{k1} & \sum_{k=1}^{m} a_{2k}b_{k2} & \cdots & \sum_{k=1}^{m} a_{2k}b_{kn} \\ \vdots & \vdots & \ddots & \vdots \\ \sum_{k=1}^{m} a_{\ell k}b_{k1} & \sum_{k=1}^{m} a_{\ell k}b_{k2} & \cdots & \sum_{k=1}^{m} a_{\ell k}b_{kn} \end{pmatrix}$$

ただし，$\sum_{k=1}^{m} a_{ik}b_{kj} = a_{i1}b_{1j}+a_{i2}b_{2j}+\cdots+a_{im}b_{mj}$

である．すなわち，A の i 行の成分 a_{i1}，a_{i2}，$\cdots$，a_{im} と B の j 列の成分 b_{1j}，b_{2j}，$\cdots$，b_{mj} をそれぞれ並びの順が同じものどうしをかけて総和をとったものが AB の $(i,\ j)$ 成分となる．したがって，行列の積 AB が定義できるためには，A の列数と B の行数が一致している必要がある．これ以外の場合には，行列の積は定義されない．

》》》例題 2. 次の行列に対し，AB を求めよ．

$$A = \begin{pmatrix} 1 & 2 \\ 3 & 4 \\ 5 & 6 \end{pmatrix}, \quad B = \begin{pmatrix} 1 & 2 & 3 & 4 \\ 5 & 6 & 7 & 8 \end{pmatrix}$$

⟪⟪ **解答** A が $(3,\ 2)$ 行列，B が $(2,\ 4)$ 行列であり，A の列数と B の行数がともに 2 で一致しているため，積は定義され，AB は次の $(3,\ 4)$ 行列となる．

$$\begin{pmatrix}1&2\\3&4\\5&6\end{pmatrix}\begin{pmatrix}1&2&3&4\\5&6&7&8\end{pmatrix}=\begin{pmatrix}1\cdot1+2\cdot5&1\cdot2+2\cdot6&1\cdot3+2\cdot7&1\cdot4+2\cdot8\\3\cdot1+4\cdot5&3\cdot2+4\cdot6&3\cdot3+4\cdot7&3\cdot4+4\cdot8\\5\cdot1+6\cdot5&5\cdot2+6\cdot6&5\cdot3+6\cdot7&5\cdot4+6\cdot8\end{pmatrix}$$
$$=\begin{pmatrix}11&14&17&20\\23&30&37&44\\35&46&57&68\end{pmatrix}$$

たとえば，A の第 2 行 $a_{21}=3$，$a_{22}=4$ と B の第 3 列 $b_{13}=3$，$b_{23}=7$ について，1 番目の成分どうしをかけて $3\cdot3$，2 番目の成分どうしをかけて $4\cdot7$ とし，それらの和をとったもの $3\cdot3+4\cdot7$ が AB の $(2,\ 3)$ 成分である．

練習問題 4 行列

$$A=\begin{pmatrix}2&-1&0\\-2&0&1\end{pmatrix},\ B=\begin{pmatrix}1&-1\\0&2\\3&0\end{pmatrix},\ C=\begin{pmatrix}1&2\\3&1\end{pmatrix},\ D=\begin{pmatrix}4\\-3\end{pmatrix}$$

に対し，次の行列の積を求めよ．また積が定義できないものについてはその理由をいえ．

(1) AB　(2) BA　(3) BC　(4) CD　(5) AD

以下は行列の積に関する基本的な性質である．

定理 2.2. 以下で登場する行列は和や積が定義できる型であるとする．

(1) $(AB)C=A(BC)$　(2) $AE=EA=A$

(3) $(A+B)C=AC+BC$　(4) $A(B+C)=AB+AC$

(5) $AO=OA=O$　(6) $k(AB)=(kA)B=A(kB)$

ただし k は定数．

証明 すべて成分に着目して示せばよい．ここでは(1)および(2)を見てみよう．他は章末問題とする．

(1) $A=(a_{ij})$ を $(m,\ n)$ 行列，$B=(b_{ij})$ を $(n,\ p)$ 行列，$C=(c_{ij})$ を $(p,\ q)$ 行列として，$(i,\ j)$ 成分で表示しよう．さらに，

$$AB = (d_{ij}) = \left(\sum_{k=1}^{n} a_{ik} b_{kj}\right)$$

とすると，

$$(AB)C = \left(\sum_{\ell=1}^{p} d_{i\ell} c_{\ell j}\right) = \left(\sum_{\ell=1}^{p}\left(\sum_{k=1}^{n} a_{ik} b_{k\ell}\right) c_{\ell j}\right) = \left(\sum_{\ell=1}^{p}\sum_{k=1}^{n} a_{ik} b_{k\ell} c_{\ell j}\right)$$

となる．同様に $A(BC)$ も，BC から計算を行えば，

$$A(BC) = \left(\sum_{k=1}^{n}\sum_{\ell=1}^{p} a_{ik} b_{k\ell} c_{\ell j}\right) = \left(\sum_{\ell=1}^{p}\sum_{k=1}^{n} a_{ik} b_{k\ell} c_{\ell j}\right) = (AB)C$$

が導かれる．

(2) $A=(a_{ij})$ を $(m,\ n)$ 行列，$E=(e_{ij})$ を n 次の単位行列とすると，$e_{jj}=1$ $(j=1, 2, \cdots, n)$ であり，$e_{ij}=0$ $(i \neq j)$ なので，

$$AE = \left(\sum_{k=1}^{n} a_{ik} e_{kj}\right) = (a_{ij} e_{jj}) = (a_{ij}) = A$$

である．同様に，E を m 次の単位行列として，$EA=A$ も導かれる． □

上記の定理 2.2 の(1)により，複数の行列の積については，隣接するどの 2 つから積をとっても計算結果は変わらない．これより，$(AB)C=A(BC)=ABC$ と括弧をつけずに表記する場合も多い．

しかしながら，行列の積で特に注意しなければならないのが，積の順番である．実数や複素数において当然のように成り立っていた積の交換法則「$ab=ba$」は，行列では成り立つとは限らない．

[例 5]

$$A = \begin{pmatrix} 1 & 0 \\ 0 & 0 \end{pmatrix},\quad B = \begin{pmatrix} 1 & 2 \\ 1 & 0 \end{pmatrix}$$

に対し，

$$AB = \begin{pmatrix} 1 & 0 \\ 0 & 0 \end{pmatrix}\begin{pmatrix} 1 & 2 \\ 1 & 0 \end{pmatrix} = \begin{pmatrix} 1 & 2 \\ 0 & 0 \end{pmatrix}$$

一方，

$$BA = \begin{pmatrix} 1 & 2 \\ 1 & 0 \end{pmatrix}\begin{pmatrix} 1 & 0 \\ 0 & 0 \end{pmatrix} = \begin{pmatrix} 1 & 0 \\ 1 & 0 \end{pmatrix}$$

となるため，$AB \neq BA$ である．

正方行列 A において，積 AA は順序に関係ないので，これを A^2 と書く．より一般に，A の n 個の積を A^n と書くことにする．

行列の積が一般には交換できないことから，多項式における展開公式は成り立たないものが多い．たとえば，A，B が n 次の正方行列であったとすると，

$$(A+B)^2 = A^2+AB+BA+B^2$$

は正しいが，$AB=BA$ とは限らないことから，これは $A^2+2AB+B^2$ と等しいとは限らない．他にも，

$$(A+B)(A-B) = A^2-AB+BA-B^2$$

は，$AB \neq BA$ のとき，A^2-B^2 とは異なる．

練習問題 5 行列

$$A=\begin{pmatrix}1 & 2\\ 3 & 4\end{pmatrix},\qquad B=\begin{pmatrix}2 & -1\\ 0 & 3\end{pmatrix}$$

に対し，次の行列を求めよ．

(1) AB　(2) BA　(3) $(A+B)^2$　(4) $(A+B)(A-B)$　(5) A^2-B^2

ある行列が与えられたとき，その行列と積が交換可能な行列にはどのようなものがあるかを調べてみよう．

》》例題 3. 次の 2 次の正方行列と積が交換可能な行列を求めよ．

$$A=\begin{pmatrix}0 & 1\\ 1 & 0\end{pmatrix}$$

《《解答　2 次正方行列と左右から積を考えられる行列は 2 次正方行列なので，

$$B=\begin{pmatrix}a & b\\ c & d\end{pmatrix}$$

として，$AB=BA$ を満たすとする．

$$AB=\begin{pmatrix}0 & 1\\ 1 & 0\end{pmatrix}\begin{pmatrix}a & b\\ c & d\end{pmatrix}=\begin{pmatrix}c & d\\ a & b\end{pmatrix}$$

一方で，

$$BA=\begin{pmatrix}a & b\\ c & d\end{pmatrix}\begin{pmatrix}0 & 1\\ 1 & 0\end{pmatrix}=\begin{pmatrix}b & a\\ d & c\end{pmatrix}$$

$AB=BA$ より，成分を比較して，$a=d$，$b=c$ が言える．よって，A と積が交換可能な行列 B は，

$$B=\begin{pmatrix} a & b \\ b & a \end{pmatrix}$$

という形をしている．ただし，a，b は任意である．

行列のブロック分割　行列をいくつかの縦線と横線で分割した表示はさまざまな計算で便利である．

たとえば，次のように線を引いて4次正方行列を分割しよう．

$$A=\left(\begin{array}{ccc|c} 1 & 2 & 3 & 4 \\ 2 & 3 & 4 & 5 \\ 3 & 4 & 5 & 6 \\ \hline 4 & 5 & 6 & 7 \end{array}\right)$$

このとき，

$$A_{11}=\begin{pmatrix} 1 & 2 & 3 \\ 2 & 3 & 4 \\ 3 & 4 & 5 \end{pmatrix},\ A_{12}=\begin{pmatrix} 4 \\ 5 \\ 6 \end{pmatrix},\ A_{21}=\begin{pmatrix} 4 & 5 & 6 \end{pmatrix},\ A_{22}=\begin{pmatrix} 7 \end{pmatrix}$$

という行列を考えると，

$$A=\begin{pmatrix} A_{11} & A_{12} \\ A_{21} & A_{22} \end{pmatrix}$$

という行列を成分に持つ行列として A を表示できる．一般に，$(m,\ n)$ 行列 A を $p-1$ 本の横線と，$q-1$ 本の縦線によって，pq 個の小さな行列に分割する．このとき，上から s 番目，左から t 番目の小さな行列を A_{st} と書き，$(s,\ t)$ **ブロック**とよぶ．また，

$$A=\begin{pmatrix} A_{11} & A_{12} & \cdots & A_{1q} \\ A_{21} & A_{22} & \cdots & A_{2q} \\ \vdots & \vdots & \ddots & \vdots \\ A_{p1} & A_{p2} & \cdots & A_{pq} \end{pmatrix}$$

と表し，A の**ブロック分割**とよぶ．

A を $(\ell,\ m)$ 行列，B を $(m,\ n)$ 行列として，それぞれのブロック分割を考える．

$$A=\begin{pmatrix} A_{11} & A_{12} & \cdots & A_{1q} \\ A_{21} & A_{22} & \cdots & A_{2q} \\ \vdots & \vdots & \ddots & \vdots \\ A_{p1} & A_{p2} & \cdots & A_{pq} \end{pmatrix},\qquad B=\begin{pmatrix} B_{11} & B_{12} & \cdots & B_{1r} \\ B_{21} & B_{22} & \cdots & B_{2r} \\ \vdots & \vdots & \ddots & \vdots \\ B_{q1} & B_{q2} & \cdots & B_{qr} \end{pmatrix}$$

このとき，これらの積 AB のブロック分割について考えよう．

たとえば，次のような 4 次正方行列を考える．

$$A=\begin{pmatrix} a_{11} & a_{12} & 0 & 0 \\ a_{21} & a_{22} & 0 & 0 \\ 0 & 0 & a_{33} & a_{34} \\ 0 & 0 & a_{43} & a_{44} \end{pmatrix}, \quad B=\begin{pmatrix} b_{11} & b_{12} & 0 & 0 \\ b_{21} & b_{22} & 0 & 0 \\ 0 & 0 & b_{33} & b_{34} \\ 0 & 0 & b_{43} & b_{44} \end{pmatrix}$$

これらの積を定義通りに計算すれば，

$$AB=\begin{pmatrix} a_{11}b_{11}+a_{12}b_{21} & a_{11}b_{12}+a_{12}b_{22} & 0 & 0 \\ a_{21}b_{11}+a_{22}b_{21} & a_{21}b_{12}+a_{22}b_{22} & 0 & 0 \\ 0 & 0 & a_{33}b_{33}+a_{34}b_{43} & a_{33}b_{34}+a_{34}b_{44} \\ 0 & 0 & a_{43}b_{33}+a_{44}b_{43} & a_{43}b_{34}+a_{44}b_{44} \end{pmatrix}$$

であるが，A と B を 2 次正方行列によって 2×2 のブロック分割を考える．

$$A=\begin{pmatrix} A_1 & O \\ O & A_2 \end{pmatrix}, \quad B=\begin{pmatrix} B_1 & O \\ O & B_2 \end{pmatrix}$$

このとき，積 AB はブロックの積で以下のように表される．

$$AB=\begin{pmatrix} A_1 & O \\ O & A_2 \end{pmatrix}\begin{pmatrix} B_1 & O \\ O & B_2 \end{pmatrix}=\begin{pmatrix} A_1B_1 & O \\ O & A_2B_2 \end{pmatrix}$$

上記はブロックに零行列が含まれた単純な場合であるが，一般にはブロック分割された行列どうしの積は，以下のように表される．

定理 2.3. 上記の A，B のブロック分割について，各 A_{ik} と B_{kj} の積が定義されれば，積 AB のブロック分割として次を得る 2)．

$$AB=\begin{pmatrix} \sum_{k=1}^{q} A_{1k}B_{k1} & \sum_{k=1}^{q} A_{1k}B_{k2} & \cdots & \sum_{k=1}^{q} A_{1k}B_{kr} \\ \sum_{k=1}^{q} A_{2k}B_{k1} & \sum_{k=1}^{q} A_{2k}B_{k2} & \cdots & \sum_{k=1}^{q} A_{2k}B_{kr} \\ \vdots & \vdots & \ddots & \vdots \\ \sum_{k=1}^{q} A_{pk}B_{k1} & \sum_{k=1}^{q} A_{pk}B_{k2} & \cdots & \sum_{k=1}^{q} A_{pk}B_{kr} \end{pmatrix}$$

証明　各行列の型を詳しく見ていけばよい．AB は $(\ell,\ n)$ 行列であるので，A_{st} を $(\ell_s,\ m_t)$ 行列，B_{tu} を $(m_t,\ n_u)$ 行列とすると，

2) 通常の行列の積の定義と同様であることに気づくであろう．つまり，積 AB を計算するときに，あたかも各ブロックが成分であるかのように計算すると，AB のブロック分割が得られる．

$$\sum_{t=1}^{q} A_{st}B_{tu}$$

は，各 $A_{st}B_{tu}$ が $(\ell_s,\ n_u)$ 行列なので，上記も $(\ell_s,\ n_u)$ 行列である．今，C_{su} を AB の一部からなる $(\ell_s,\ n_u)$ 行列とし，次のように AB を pr 個のブロックに分割する．

$$AB = \begin{pmatrix} C_{11} & C_{12} & \cdots & C_{1r} \\ C_{21} & C_{22} & \cdots & C_{2r} \\ \vdots & \vdots & \ddots & \vdots \\ C_{p1} & C_{p2} & \cdots & C_{pr} \end{pmatrix}$$

このとき，

$$C_{su} = \sum_{t=1}^{q} A_{st}B_{tu} \tag{2.1}$$

を示せばよい．$A=(a_{ij})$，$B=(b_{ij})$ として，上記の両辺の $(i,\ j)$ 成分を比較する．

$$\alpha = \ell_1+\ell_2+\cdots+\ell_{s-1}+i, \qquad \beta = n_1+n_2+\cdots+n_{u-1}+j$$

とおくと，

$$C_{su}\text{ の }(i,\ j)\text{ 成分} = AB\text{ の }(\alpha,\ \beta)\text{ 成分} = \sum_{k=1}^{m} a_{\alpha k}b_{k\beta} \tag{2.2}$$

一方で，$A_{st}B_{tu}$ の $(i,\ j)$ 成分は，$m_1+m_2+\cdots+m_{t-1}=T$ とすると

$$\sum_{k=T+1}^{T+m_t} a_{\alpha k}b_{k\beta}$$

であるため，

$$\sum_{t=1}^{q} A_{st}B_{tu}\text{ の }(i,\ j)\text{ 成分} = \sum_{t=1}^{q}\sum_{k=T+1}^{T+m_t} a_{\alpha k}b_{k\beta} \tag{2.3}$$

よって，等式（2.2）と（2.3）より，（2.1）が得られた． □

[例 6] 例題 2 の A，B について，$p=q=2$ として，$p-1=2-1=1$ 本の横線と，$q-1=2-1=1$ 本の縦線によって，次のように $pq=2\cdot2=4$ 個の小さな行列に分割する．

$$A = \left(\begin{array}{c|c} 1 & 2 \\ 3 & 4 \\ \hline 5 & 6 \end{array}\right) = \begin{pmatrix} A_{11} & A_{12} \\ A_{21} & A_{22} \end{pmatrix}, \quad B = \left(\begin{array}{cc|cc} 1 & 2 & 3 & 4 \\ \hline 5 & 6 & 7 & 8 \end{array}\right) = \begin{pmatrix} B_{11} & B_{12} \\ B_{21} & B_{22} \end{pmatrix}$$

このとき，AB のブロック分割は，定理 2.3 により，次のようになる．

$$AB=\begin{pmatrix} A_{11}B_{11}+A_{12}B_{21} & A_{11}B_{12}+A_{12}B_{22} \\ A_{21}B_{11}+A_{22}B_{21} & A_{21}B_{12}+A_{22}B_{22} \end{pmatrix}$$

ここで，たとえば AB の (1, 1) ブロックは，

$$A_{11}B_{11}+A_{12}B_{21}=\begin{pmatrix}1\\3\end{pmatrix}(1\quad 2)+\begin{pmatrix}2\\4\end{pmatrix}(5\quad 6)$$
$$=\begin{pmatrix}1\cdot1 & 1\cdot2\\ 3\cdot1 & 3\cdot2\end{pmatrix}+\begin{pmatrix}2\cdot5 & 2\cdot6\\ 4\cdot5 & 4\cdot6\end{pmatrix}=\begin{pmatrix}11 & 14\\ 23 & 30\end{pmatrix}$$

となり，行列の積の定義に従って計算した例題 2 と同じ結果を得ることがわかるであろう．

特に，今後頻繁に用いるブロック分割は，1 列ごとに区切り，各ブロックが $(m, 1)$ 行列，すなわち列ベクトルの形である．$A=(a_{ij})$ を (m, n) 行列としたとき，第 j 列のベクトルを

$$\boldsymbol{a}_j=\begin{pmatrix}a_{1j}\\a_{2j}\\\vdots\\a_{mj}\end{pmatrix}$$

とすると，A のブロック分割として，

$$A=(\boldsymbol{a}_1\quad \boldsymbol{a}_2\quad \cdots\quad \boldsymbol{a}_n)$$

が得られる．これを A の**列ベクトル表示**とよぶ．このとき A に左から (ℓ, m) 行列 B をかけると，定理 2.3 により，

$$BA=(B\boldsymbol{a}_1\quad B\boldsymbol{a}_2\quad \cdots\quad B\boldsymbol{a}_n)$$

という列ベクトル表示が得られる．

3 経済学や統計学で現れる行列

物価指数　世の中には多くの商品が存在している．それらの価格は時点や地域ごとに変動するのが一般的である．それら各種の商品の価格を統合して比較できるようにしたものが物価指数である[3]．

3) 本節の物価指数についての記述をするうえでは，特に中村隆英・新家健精・美添泰人・豊田敬『経済統計入門［第 2 版］』（東京大学出版会）の内容を参考にさせていただいた．

以下では，物価指数の考え方を紹介し，行列の積（ベクトルの内積）で物価指数を表現する．説明の便宜上，異なった時点間の比較を中心に記述するが，地域間の比較についても同様に考えることができる．

いま，対象とする商品の品目は n 種類とし，t 時点における第 i 品目の価格を p_{ti} と表す．また，物価を比較するうえでの比較の基準となる時点（**基準時点**）を $t=0$ とし，**比較時点**を $t=\pm1,\ \pm2,\ \cdots$とおく．

個別価格指数　物価の動きは，基準時点と比べてどの程度上昇（あるいは下落）したかを評価することで捉えられるが，価格の差ではそれぞれの財の価格の水準に依存するため，基準時点の価格に対する変化率や比率の形で評価するのが一般的である．ここで，第 i 品目のみに注目して基準時点との価格の変化を比率の形で表したものが**個別価格指数**とよばれるものであり，

$$\frac{p_{ti}}{p_{0i}}$$

と表される．個別価格指数から 1 を引くと，

$$\frac{p_{ti}}{p_{0i}}-1=\frac{p_{ti}-p_{0i}}{p_{0i}}$$

と価格の変化率を得ることができる．

もし，個別価格指数が 1.1（110 %）であれば，第 i 品目の価格が基準時点と比べて 10 %ポイント高いことを表している[4]．

個別価格指数は，文字通り，特定の商品の価格の変化を評価したものであるが，世の中には数多くの商品が存在するので，特定の商品のみの価格変化を評価しても経済全体の価格の比較としては適切ではないであろう．

そこで，n 種類の品目すべてについて個別価格指数を計算し，算術平均（相加平均）を計算することが考えられる．これを**カーリ物価指数**という．

$$\frac{1}{n}\sum_{i=1}^{n}\left(\frac{p_{ti}}{p_{0i}}\right)$$

しかしながら，このような単純な平均で計算される物価指数では，さまざまな日常的に購入される食料品や購入頻度の低い自動車などの品物が同等に扱われることになり，購入頻度が低い品物の価格の変化が購入頻度の高い品物と同じ影響

4）価格指数は 100 をかけてパーセント表示することが一般的であるが，以下の説明においては 100 をかけない形で記述する．

を与えるため，物価指数としては不十分である．

そこで，重要度が高い品物に高い重み（ウェイト）を付けた，加重平均の考え方を用いた物価指数を考えてみよう．ここで数 $a_1, \cdots, a_n$ の**加重平均**とは，各 a_i に重み w_i' をかけて足し合わせた値を重みの合計で割った

$$\frac{\sum_{i=1}^{n} w_i' a_i}{\sum_{i=1}^{n} w_i'}$$

である．重みを

$$w_i = \frac{w_i'}{\sum_{i=1}^{n} w_i'}$$

と書き直すことで，各 a_i に重み w_i をかけて足し合わせた値に表現し直すことができるものである．

ラスパイレス物価指数とパーシェ物価指数　経済学において，2 時点間の価格の変化を，同じ効用（満足度）をもたらす財（商品サービス）の購入に要する費用の比で表すという考え方がある．ここで効用は直接観測されないため，近似として同じ財の組合せの購入に要する費用で代替する．実は，この比の値が，個別価格指数の加重平均の形で表現されるということを以下で確かめてみよう．

n 品目のうちの第 i 品目の基準時点 $t=0$ での価格，比較時点での価格を，それぞれ p_{0i}，p_{ti} とし，購入量はどちらの時点でも q_i とする．基準時点 $t=0$，比較時点 t での購入総額はそれぞれ

$$p_{01}q_1 + \cdots + p_{0n}q_n = \sum_{i=1}^{n} p_{0i}q_i, \qquad p_{t1}q_1 + \cdots + p_{tn}q_n = \sum_{i=1}^{n} p_{ti}q_i$$

なので比の値は

$$\frac{\sum_{i=1}^{n} p_{ti}q_i}{\sum_{i=1}^{n} p_{0i}q_i}$$

となる．ここで，$w_i = \dfrac{p_{0i}q_i}{\sum_{i=1}^{n} p_{0i}q_i}$ とおくと

$$\frac{\sum_{i=1}^{n} p_{ti}q_i}{\sum_{i=1}^{n} p_{0i}q_i} = \frac{1}{\sum_{i=1}^{n} p_{0i}q_i}\sum_{i=1}^{n} p_{0i}q_i\left(\frac{p_{ti}}{p_{0i}}\right) = \sum_{i=1}^{n} w_i\left(\frac{p_{ti}}{p_{0i}}\right)$$

つまり各 i 品目の個別指数 $\dfrac{p_{ti}}{p_{0i}}$ に重み $\dfrac{t=0\ \text{での第}\ i\ \text{品目の購入額}}{t=0\ \text{での購入総額}}$ をかけて，すべての品目について足し合わせた加重平均の形で表すことができる．

ここで，第 i 品目の購入量 q_i の選び方として，基準時点（$t=0$）での購入量を用いたものが**ラスパイレス物価指数**とよばれる指数であり，比較時点での購入量を用いたものが**パーシェ物価指数**とよばれる指数である[5)]．

すなわち，q_{ti} を第 i 品目の t 時点における購入量とすると，それぞれ次のように表せる．

$$\frac{\sum_{i=1}^{n} p_{ti}q_{0i}}{\sum_{i=1}^{n} p_{0i}q_{0i}} : \text{ラスパイレス物価指数} \qquad \frac{\sum_{i=1}^{n} p_{ti}q_{ti}}{\sum_{i=1}^{n} p_{0i}q_{ti}} : \text{パーシェ物価指数}$$

と表すことができる．また，ラスパイレス指数とパーシェ指数の幾何平均（相乗平均）で表される**フィッシャー物価指数**という指数もある．ここで数 a_1，…，a_n の幾何平均（相乗平均）とは $(a_1a_2\cdots a_n)^{1/n}=\sqrt[n]{a_1a_2\cdots a_n}$ で定義されるものである．

ここで，時点 t（$t=0$，±1，±2，…）の各商品の価格ベクトルと数量ベクトル（購入ベクトル）を，それぞれ

$$\boldsymbol{p}_t = \begin{pmatrix} p_{t1} \\ p_{t2} \\ \vdots \\ p_{tn} \end{pmatrix}, \qquad \boldsymbol{q}_t = \begin{pmatrix} q_{t1} \\ q_{t2} \\ \vdots \\ q_{tn} \end{pmatrix}$$

とおくと，ラスパイレス物価指数，パーシェ物価指数，フィッシャー物価指数は，それぞれ

$$\frac{\langle \boldsymbol{p}_t,\ \boldsymbol{q}_0 \rangle}{\langle \boldsymbol{p}_0,\ \boldsymbol{q}_0 \rangle}, \qquad \frac{\langle \boldsymbol{p}_t,\ \boldsymbol{q}_t \rangle}{\langle \boldsymbol{p}_0,\ \boldsymbol{q}_t \rangle}, \qquad \sqrt{\frac{\langle \boldsymbol{p}_t,\ \boldsymbol{q}_0 \rangle}{\langle \boldsymbol{p}_0,\ \boldsymbol{q}_0 \rangle}\frac{\langle \boldsymbol{p}_t,\ \boldsymbol{q}_t \rangle}{\langle \boldsymbol{p}_0,\ \boldsymbol{q}_t \rangle}}$$

と表すことができる．

5）指数にはさまざまなものがあるが，物価指数であることが明らかな場合は，それぞれラスパイレス指数，パーシェ指数とよび，それらの幾何平均（相乗平均）（後述）で定義される指数をフィッシャー指数とよぶ．

消費者物価指数　ところで，実際の物価指数の計算については，ラスパイレス物価指数が用いられることが多い．それは，ラスパイレス物価指数は基準時点での購入数量がわかれば，あとは比較時点での価格を調べればよいのに対し，パーシェ物価指数を計算するには比較時点のそれぞれに対し購入数量を調べなければならないからである．価格の調査はいくつかの代表例を調べればよい．ところが，購入数量を高い精度で知るためには大規模な時間と費用がかかる調査が必要とされる．そのような理由で，現在，総務省統計局が公表している**消費者物価指数**や日本銀行が公表している**企業物価指数**もラスパイレス物価指数の計算式で計算されている．

パーシェ物価指数についても，同様に個別価格指数の加重（算術）平均となるように表すことも可能であるが，比較時点 t での支出金額の割合が現れるように変形すると，次のようになる．

$$\frac{\sum_{i=1}^{n} p_{ti}q_{ti}}{\sum_{i=1}^{n} p_{0i}q_{ti}} = \frac{\sum_{i=1}^{n} p_{ti}q_{ti}}{\sum_{i=1}^{n} p_{ti}q_{ti}\left(\dfrac{p_{0i}}{p_{ti}}\right)} = \frac{1}{\sum_{i=1}^{n} w_i\left(\dfrac{p_{ti}}{p_{0i}}\right)^{-1}},\ \text{ただし}\ w_i = \frac{p_{ti}q_{ti}}{\sum_{i=1}^{n} p_{ti}q_{ti}}$$

と個別価格指数 (p_{ti}/p_{0i}) の逆数を比較時点での支出金額の割合 w_i で重み付けした加重平均の，さらに逆数をとった形で表すことができる．このような形の平均を**加重調和平均**とよぶ．ここで数 $a_1, \cdots, a_n$ の**調和平均**とは，各 a_i 逆数 $1/a_i$ の算術平均の逆数 $\dfrac{1}{\dfrac{1}{n}\sum_{i=1}^{n}\dfrac{1}{a_1}}$ で定義される．このような平均は，日常では平均時速の計算などで用いられ，たとえば 120 km の道のりを，行きを時速 20 km，帰りを時速 30 km で行って戻ってきたとき，$120\times2=240$ km の距離を，$120/20+120/30=10$ 時間かけて移動したことになるので，平均時速は

$$\frac{240}{120/20+120/30} = \frac{1}{\dfrac{1/20+1/30}{2}}$$

と調和平均で計算される．加重調和平均とは重みを付けて計算された調和平均である．

》》例題 4. 以下の数値例に対し，比較時点（ここでは $t=1$ とする）のラスパイレ

ス物価指数とパーシェ物価指数を計算し，それぞれについて基準時点（$t=0$）からの物価の変化率を求めよ．自転車を第1品目，テレビを第2品目とする．

	自動車（$i=1$）		テレビ（$i=2$）	
	価格（万円/台）	数量（台）	価格（万円/台）	数量（台）
基準時点（$t=0$）	250	30	25	100
比較時点（$t=1$）	300	20	10	200

《《《 解答　基準時点と比較時点での価格ベクトルは，それぞれ $\boldsymbol{p}_0$，$\boldsymbol{p}_1$ と次のように表せる．

$$\boldsymbol{p}_0=\begin{pmatrix}p_{01}\\p_{02}\end{pmatrix}=\begin{pmatrix}250\\25\end{pmatrix},\qquad \boldsymbol{p}_1=\begin{pmatrix}p_{11}\\p_{12}\end{pmatrix}=\begin{pmatrix}300\\10\end{pmatrix}$$

また，基準時点と比較時点での数量ベクトルは，それぞれ $\boldsymbol{q}_1$，$\boldsymbol{q}_2$ と次のように表せる．

$$\boldsymbol{q}_0=\begin{pmatrix}q_{01}\\q_{02}\end{pmatrix}=\begin{pmatrix}30\\100\end{pmatrix},\qquad \boldsymbol{q}_1=\begin{pmatrix}q_{11}\\q_{12}\end{pmatrix}=\begin{pmatrix}20\\200\end{pmatrix}$$

(i)　ラスパイレス物価指数

$t=0$ での購入総額は　$p_{01}q_{01}+p_{02}q_{02}=\langle\boldsymbol{p}_0,\ \boldsymbol{q}_0\rangle$，

$t=1$ では　$p_{11}q_{01}+p_{12}q_{02}=\langle\boldsymbol{p}_1,\ \boldsymbol{q}_0\rangle$．

数量ベクトルはどちらも $\boldsymbol{q}_0=\begin{pmatrix}q_{01}\\q_{02}\end{pmatrix}$ であることに注意する．

行列で表現すると

$$\begin{pmatrix}\langle\boldsymbol{p}_0,\ \boldsymbol{q}_0\rangle\\\langle\boldsymbol{p}_1,\ \boldsymbol{q}_0\rangle\end{pmatrix}=\begin{pmatrix}p_{01}&p_{02}\\p_{11}&p_{12}\end{pmatrix}\begin{pmatrix}q_{01}\\q_{02}\end{pmatrix}=\begin{pmatrix}250&25\\300&10\end{pmatrix}\begin{pmatrix}30\\100\end{pmatrix}=\begin{pmatrix}250\times30+25\times100\\300\times30+10\times100\end{pmatrix}$$
$$=\begin{pmatrix}10000\\10000\end{pmatrix}$$

$\dfrac{\langle\boldsymbol{p}_1,\ \boldsymbol{q}_0\rangle}{\langle\boldsymbol{p}_0,\ \boldsymbol{q}_0\rangle}=\dfrac{10000}{10000}\times100$ つまり 100（%）であるから，価格の変化率は $100-100=0$ パーセントポイントとなる．

(ii)　パーシェ物価指数

(i)と同様に $t=1$ での購入総額は $\langle\boldsymbol{p}_1,\ \boldsymbol{q}_1\rangle$，$t=0$ では $\langle\boldsymbol{p}_0,\ \boldsymbol{q}_1\rangle$．数量ベクトルはどちらも $\boldsymbol{q}_1=\begin{pmatrix}q_{11}\\q_{12}\end{pmatrix}$ であることに注意する．このとき

$$\begin{pmatrix} \langle \boldsymbol{p}_0,\ \boldsymbol{q}_1 \rangle \\ \langle \boldsymbol{p}_1,\ \boldsymbol{q}_0 \rangle \end{pmatrix} = \begin{pmatrix} 250 & 25 \\ 300 & 10 \end{pmatrix} \begin{pmatrix} 20 \\ 200 \end{pmatrix} = \begin{pmatrix} 10000 \\ 8000 \end{pmatrix}$$

$\dfrac{\langle \boldsymbol{p}_1,\ \boldsymbol{q}_1 \rangle}{\langle \boldsymbol{p}_0,\ \boldsymbol{q}_1 \rangle} = \dfrac{8000}{10000}$ つまり 80（%）であるから，価格の変化率は $80-100=-20$ パーセントポイントとなる．

例題 4 の数値例のように，現実の多くの場合，ラスパイレス物価指数はパーシェ物価指数よりも大きな値となる．それは，多くの商品では価格が下落すると購入数量が増え，逆に価格が上昇すると購入数量が減る傾向にある．ラスパイレス指数は基準時点での商品の購入数量を固定した重みで計算をしているため，物価が下落して購入量が増えた場合でも，物価が上昇して購入量が減った場合でも，大きな値をとる傾向にあるのに対し，パーシェ指数は，物価が下落したことによる購入量の増加や物価が上昇したことによる購入量の減少が重みを計算する際に反映されるため，ラスパイレス指数よりも小さな値をとる傾向がみられる．

章末問題 I

1．行列

$$A = \begin{pmatrix} 0 & 1 & 2 \\ 3 & -2 & 1 \end{pmatrix},\ B = \begin{pmatrix} 1 & 3 \\ 2 & -1 \\ 4 & -2 \end{pmatrix},\ C = \begin{pmatrix} 1 & 1 \\ 0 & 1 \end{pmatrix},\ D = \begin{pmatrix} 1 & 2 \\ -2 & 1 \end{pmatrix}$$

に対し，次の行列を求めよ．

(1) AB　　(2) BA

(3) $CD-DC$　　(4) $(C+D)A$

2．定理 2.2 の(3)，(4)，(5)，(6)を示せ．

3．次の 2 次正方行列と積が交換可能な行列を一般的に求めよ．

$$\begin{pmatrix} 1 & 1 \\ 0 & 1 \end{pmatrix}$$

4．次の行列の累乗を求めよ．

$$\begin{pmatrix} 1 & 0 & 1 \\ 0 & 1 & 0 \\ 0 & 0 & 1 \end{pmatrix}^n$$

章末問題II

1．以下の数値例に対し，比較時点（ここでは $t=1$ とする）のラスパイレス物価指数とパーシェ物価指数を計算し，それぞれについて基準時点（$t=0$）からの物価の変化率を求めよ．

(1)

	米		りんご	
	価格(円/kg)	(kg)	価格(円/個)	数量(個)
基準時点($t=0$)	500	300000	200	150
比較時点($t=1$)	600	280000	180	200

(2)

	スーツ		ぶどう	
	価格(円/着)	(着)	価格(円/房)	数量(房)
基準時点($t=0$)	5	500	600	200
比較時点($t=1$)	6	400	800	150

第3章 さまざまな行列

本章では，対称行列・交代行列・直交行列について紹介する．これらは経済学や統計学で具体的に現れる以外にも，これらの行列による演算により，さまざまな操作が可能となる重要な行列である．

1 対称行列と交代行列

転置　表計算ソフトでデータを取り扱う際に，行と列を入れ替えたい場合があるだろう．

ID	年齢	体重	身長	脈拍	握力
01	24	67.2	172.1	72	46.32
02	39	72.3	165.9	84	41.21
03	58	58.4	162.3	71	36.21
04	14	41.2	153.4	85	29.76

たとえば，上記のようなデータは行ごとに各個人のデータが収まっているが，この行と列を入れ替えると，以下のように各列に個人のデータが並ぶようになる．

ID	01	02	03	04
年齢	24	39	58	14
体重	67.2	72.3	58.4	41.2
身長	172.1	165.9	162.3	153.4
脈拍	72	84	71	85
握力	46.32	41.21	36.21	29.76

このように行と列を入れ替える操作は行列においても頻繁に行われる．

定義 3.1. $A=(a_{ij})$ を $(m,\ n)$ 行列とする．A の各 i 行の成分 $a_{i1},\ a_{i2},\ \cdots,\ a_{in}$ をこの順に i 列の成分として並べて作られた $(n,\ m)$ 行列を A の**転置行列**あるいは単に**転置**とよび，${}^tA$ で表す．

$(i,\ j)$ 成分で表すならば，$A=(a_{ij})$ のとき，${}^tA=(b_{ij})$ と書くと，$b_{ij}=a_{ji}$ である．

[例1]

$$A=\begin{pmatrix}1 & 2 & 3\\ 4 & 5 & 6\end{pmatrix}$$

であるとき，

$${}^tA=\begin{pmatrix}1 & 4\\ 2 & 5\\ 3 & 6\end{pmatrix}$$

練習問題 1 行列

$$A=\begin{pmatrix}0 & 2\\ 1 & -3\\ -2 & 1\end{pmatrix},\qquad B=\begin{pmatrix}1 & 2\\ 3 & 1\end{pmatrix}$$

に対し，次の行列を求めよ．

(1) $A{}^tA$　　(2) ${}^tAA$　　(3) $B+{}^tB$　　(4) $B{}^tB+{}^tBB$

定理 3.1. 行列の転置に関して次のことが成り立つ．

(1) ${}^t({}^tA)=A$

(2) ${}^t(kA)=k{}^tA$，ただし，k は定数

(3) ${}^t(A+B)={}^tA+{}^tB$

(4) A を $(m,\ n)$ 行列，B を $(n,\ \ell)$ 行列とすると，${}^t(AB)={}^tB{}^tA$

証明 (1)，(2)，(3)は成分に着目すれば容易に示せる．(4)を示そう．$A=(a_{ij})$，$B=(b_{ij})$ をそれぞれ $(m,\ n)$ 行列と $(n,\ \ell)$ 行列とする．$AB=\left(\sum_{k=1}^{n}a_{ik}b_{kj}\right)$ であるため，${}^t(AB)$ の $(i,\ j)$ 成分は，$\sum_{k=1}^{n}a_{jk}b_{ki}$ となる．

一方で，${}^tA=(c_{ij})$，${}^tB=(d_{ij})$ と表すと，$c_{ij}=a_{ji}$，$d_{ij}=b_{ji}$ である．よって，${}^tB{}^tA$ の $(i,\ j)$ 成分は，

$$\sum_{k=1}^{n}d_{ik}c_{kj}=\sum_{k=1}^{n}b_{ki}a_{jk}=\sum_{k=1}^{n}a_{jk}b_{ki}$$

となり，${}^t(AB)={}^tB{}^tA$ である．□

上記の定理 3.1 (4)において，行列の積は一般には交換できないので，${}^t(AB)$ と

${}^tA{}^tB$ は一般的には異なることに注意しよう.

第1章で学んだベクトルの内積は, 転置を用いた行列の積として次のように表せる. 2つの n 次ベクトル $\boldsymbol{x}$, $\boldsymbol{y}$ を $(n, 1)$ 行列とみなすと,

$$\langle \boldsymbol{x}, \ \boldsymbol{y} \rangle = \sum_{i=1}^{n} x_i y_i = {}^t\boldsymbol{x}\boldsymbol{y}$$

となる. 転置行列と内積の関係として, 以下が知られている.

定理 3.2. A を n 次の正方行列, $\boldsymbol{x}$, $\boldsymbol{y}$ を n 次のベクトルとする. このとき, 次の等式が成り立つ.

$$\langle A\boldsymbol{x}, \ \boldsymbol{y} \rangle = \langle \boldsymbol{x}, \ {}^tA\boldsymbol{y} \rangle$$

証明 転置の性質 (定理 3.1) から導かれる.

$$\langle A\boldsymbol{x}, \ \boldsymbol{y} \rangle = {}^t(A\boldsymbol{x})\boldsymbol{y} = {}^t\boldsymbol{x}{}^tA\boldsymbol{y} = {}^t\boldsymbol{x}({}^tA\boldsymbol{y}) = \langle \boldsymbol{x}, \ {}^tA\boldsymbol{y} \rangle \qquad \square$$

対称行列・交代行列 正方行列の転置はその型を変えないが, 行列自身 (つまり成分) も変化しない行列は, 対角成分を軸として対称に成分が配置されている. このような対称性を持つ行列は, 応用上もよく扱う. また, 転置によって符号の変化が生じる行列も特徴的である.

定義 3.2. A を正方行列とする.

(1) ${}^tA = A$ となる行列を**対称行列**とよぶ.

(2) ${}^tA = -A$ となる行列を**交代行列**とよぶ.

》》》例題 1. 次の3次の正方行列の中から, 対称行列, 交代行列それぞれ選べ.

$$O = \begin{pmatrix} 0 & 0 & 0 \\ 0 & 0 & 0 \\ 0 & 0 & 0 \end{pmatrix}, \ A = \begin{pmatrix} 1 & 2 & 1 \\ 2 & 0 & 2 \\ 1 & 2 & 3 \end{pmatrix}, \ B = \begin{pmatrix} 1 & 1 & 1 \\ -1 & 1 & -1 \\ -1 & 1 & 1 \end{pmatrix}$$

$$C = \begin{pmatrix} 0 & 1 & -1 \\ -1 & 0 & 1 \\ 1 & -1 & 0 \end{pmatrix}, \ D = \begin{pmatrix} 1 & 4 & -2 \\ 4 & 2 & -1 \\ -2 & -1 & 3 \end{pmatrix}, \ E = \begin{pmatrix} 1 & 0 & 0 \\ 0 & 1 & 0 \\ 0 & 0 & 1 \end{pmatrix}$$

《《《 解答 対称行列は O, A, D, E, 交代行列は O, C である.

練習問題 2 交代行列の対角成分は0であることを示せ.

定理 3.3. A, B を n 次正方行列, k, ℓ を定数とする. このとき, 以下が成り立つ.

(1) A, B が対称行列ならば, $kA+\ell B$ も対称行列である.

(2) A, B が交代行列ならば, $kA+\ell B$ も交代行列である.

証明 (1)について, 定理 3.1 と仮定により,

$$ {}^t(kA+\ell B) = {}^t(kA)+{}^t(\ell B) = k{}^tA+\ell{}^tB = kA+\ell B $$

よって, $kA+\ell B$ は対称行列である. (2)は練習問題とする. □

練習問題 3 定理 3.3 の(2)を示せ.

2 直交行列

直交行列 直交行列は, 行列やベクトルとの積を考えた際にさまざまな性質を保つため重要である.

定義 3.3. A を正方行列とする. $A{}^tA={}^tAA=E$ を満たすとき, A を**直交行列**とよぶ.

[例 2] 次の行列は直交行列の例である.

$$ \begin{pmatrix} 0 & 1 \\ 1 & 0 \end{pmatrix}, \quad \frac{1}{\sqrt{2}}\begin{pmatrix} 1 & -1 \\ 1 & 1 \end{pmatrix}, \quad \frac{1}{2}\begin{pmatrix} 2 & 0 & 0 \\ 0 & 1 & \sqrt{3} \\ 0 & -\sqrt{3} & 1 \end{pmatrix} $$

また, 単位行列は直交行列である.

》》》例題 2. 以下の 2 次正方行列は直交行列であることを示せ.

$$ R(\theta) = \begin{pmatrix} \cos\theta & -\sin\theta \\ \sin\theta & \cos\theta \end{pmatrix} $$

《《《 解答

$$ {}^tR(\theta)R(\theta) = \begin{pmatrix} \cos\theta & \sin\theta \\ -\sin\theta & \cos\theta \end{pmatrix}\begin{pmatrix} \cos\theta & -\sin\theta \\ \sin\theta & \cos\theta \end{pmatrix} $$

$$=\begin{pmatrix}\cos^2\theta+\sin^2\theta & 0 \\ 0 & \sin^2\theta+\cos^2\theta\end{pmatrix}=E$$

同様に，$R(\theta)^tR(\theta)=E$ も示せるため，$R(\theta)$ は直交行列である．

定理 3.4. A，B が直交行列ならば，AB も直交行列である．

証明　示すべきことは，${}^t(AB)AB=AB{}^t(AB)=E$ である．定理 3.1 により，

$${}^t(AB)AB={}^tB{}^tAAB={}^tBEB={}^tBB=E$$

である．同様に，$AB{}^t(AB)=E$ も示せるため，AB は直交行列である．□

定理 3.5. A を n 次の正方行列としたとき，次の条件は同値である．

(1)　A は直交行列である．

(2)　任意の n 次のベクトル $\boldsymbol{x}$ に対し，$\|A\boldsymbol{x}\|=\|\boldsymbol{x}\|$

(3)　任意の n 次のベクトル $\boldsymbol{x}$，$\boldsymbol{y}$ に対し，$\langle A\boldsymbol{x}, A\boldsymbol{y}\rangle=\langle \boldsymbol{x}, \boldsymbol{y}\rangle$

(4)　$(\boldsymbol{a}_1\ \cdots\ \boldsymbol{a}_n)$ を A の列ベクトル表示としたとき，

$$\langle \boldsymbol{a}_i, \boldsymbol{a}_j\rangle=\begin{cases}1 & (i=j\text{ のとき})\\ 0 & (i\neq j\text{ のとき})\end{cases}$$

証明　(1)⇒(2)：A を直交行列とする．定理 3.2 により，

$$\|A\boldsymbol{x}\|^2=\langle A\boldsymbol{x}, A\boldsymbol{x}\rangle=\langle \boldsymbol{x}, {}^tAA\boldsymbol{x}\rangle=\langle \boldsymbol{x}, \boldsymbol{x}\rangle=\|\boldsymbol{x}\|^2$$

よって，$\|A\boldsymbol{x}\|=\|\boldsymbol{x}\|$ である．

(2)⇒(3)：仮定より

$$\|A(\boldsymbol{x}+\boldsymbol{y})\|^2-\|A(\boldsymbol{x}-\boldsymbol{y})\|^2=\|\boldsymbol{x}+\boldsymbol{y}\|^2-\|\boldsymbol{x}-\boldsymbol{y}\|^2$$

である．両辺を展開して整理すると，

$$4\langle A\boldsymbol{x}, A\boldsymbol{y}\rangle=4\langle \boldsymbol{x}, \boldsymbol{y}\rangle$$

となり，$\langle A\boldsymbol{x}, A\boldsymbol{y}\rangle=\langle \boldsymbol{x}, \boldsymbol{y}\rangle$ が得られる．

(3)⇒(4)：n 次の単位行列を $E=(\boldsymbol{e}_1\ \cdots\ \boldsymbol{e}_n)$ と列ベクトル表示すると，ブロック分割の積の性質から，$A\boldsymbol{e}_j=\boldsymbol{a}_j$ が各 j について成り立つ．よって，仮定より，

$$\langle \boldsymbol{a}_i, \boldsymbol{a}_j\rangle=\langle A\boldsymbol{e}_i, A\boldsymbol{e}_j\rangle=\langle \boldsymbol{e}_i, \boldsymbol{e}_j\rangle=\begin{cases}1 & (i=j\text{ のとき})\\ 0 & (i\neq j\text{ のとき})\end{cases}$$

(4) ⇒ (1)：$A=(a_{ij})=(\boldsymbol{a}_1 \ \cdots \ \boldsymbol{a}_n)$ に対し，

$$A^tA=\left(\sum_{k=1}^{n} a_{ik}a_{jk}\right)=(\langle \boldsymbol{a}_i,\ \boldsymbol{a}_j\rangle)$$

となる．よって仮定より，上記の $(i,\ j)$ 成分は，$i=j$ のとき 1，その他は 0 である．これより，$A^tA=E$ である．同様に $^tAA=E$ も示せるため，A は直交行列である． □

3 標本分散共分散行列

データを表現する行列　第 1 章で，データをベクトルの形で表し，標本平均や標本分散などの値を表す方法を学んだ．経済データの多くは，各個体（経済主体）ごとに複数の種類のデータが観測される．たとえば各世帯について，世帯人員数や所得，支出金額など，各企業については資本金額，従業員数，営業利益・経常利益などの，変数が観測される．

そのように各個体について複数の変数が観測されるときは，第 2 章の冒頭で学んだように下記の行列の形でデータを表現することができる．以下の $(n,\ m)$ 行列

$$X=\begin{pmatrix} x_{11} & x_{12} & \cdots & x_{1m} \\ x_{21} & x_{22} & \cdots & x_{2m} \\ \vdots & \vdots & \ddots & \vdots \\ x_{n1} & x_{n2} & \cdots & x_{nm} \end{pmatrix}$$

において，行番号は観測される個体に対応していて，列番号は観測された変数に対応していると考える．すなわち，この行列の $(i,\ j)$ 成分は，i 番目の個体の j 番目の変数の値を表すと考える．

この行列の各列から，各変数（各列）の標本平均を引いた次の行列を**偏差行列**といい，$\widetilde{X}$ で表す．

$$\widetilde{X}=\begin{pmatrix} x_{11}-\overline{x}_1 & x_{12}-\overline{x}_2 & \cdots & x_{1m}-\overline{x}_m \\ x_{21}-\overline{x}_1 & x_{22}-\overline{x}_2 & \cdots & x_{2m}-\overline{x}_m \\ \vdots & \vdots & \ddots & \vdots \\ x_{n1}-\overline{x}_1 & x_{n2}-\overline{x}_2 & \cdots & x_{nm}-\overline{x}_m \end{pmatrix}$$

ここで，各 $\overline{x}_j$ $(j=1, \cdots, m)$ は X の第 j 列ベクトルの n 個の成分の標本平均で

ある．この偏差行列 $\tilde{X}$ に，その転置 ${}^t\tilde{X}$ を左からかけて n で割った，$\frac{1}{n}{}^t\tilde{X}\tilde{X}$ は，

$$\begin{pmatrix} \frac{1}{n}\sum_{i=1}^{n}(x_{i1}-\bar{x}_1)^2 & \frac{1}{n}\sum_{i=1}^{n}(x_{i1}-\bar{x}_1)(x_{i2}-\bar{x}_2) & \cdots & \frac{1}{n}\sum_{i=1}^{n}(x_{i1}-\bar{x}_1)(x_{im}-\bar{x}_m) \\ \frac{1}{n}\sum_{i=1}^{n}(x_{i2}-\bar{x}_2)(x_{i1}-\bar{x}_1) & \frac{1}{n}\sum_{i=1}^{n}(x_{i2}-\bar{x}_2)^2 & \cdots & \frac{1}{n}\sum_{i=1}^{n}(x_{i2}-\bar{x}_2)(x_{im}-\bar{x}_m) \\ \vdots & \vdots & \ddots & \vdots \\ \frac{1}{n}\sum_{i=1}^{n}(x_{im}-\bar{x}_m)(x_{i1}-\bar{x}_1) & \frac{1}{n}\sum_{i=1}^{n}(x_{im}-\bar{x}_m)(x_{i2}-\bar{x}_2) & \cdots & \frac{1}{n}\sum_{i=1}^{n}(x_{im}-\bar{x}_m)^2 \end{pmatrix}$$

という m 次正方行列で対称行列となる．この行列の $(i,\ i)$ 成分は，i 番目の変数の標本分散が並んでいる．また，行列の $(i,\ j)$ 成分には，i 番目の変数と j 番目の変数の標本共分散が並んでいる．このような行列を X の**標本分散共分散行列**とよぶ．定理 3.5 より以下の定理を示すことができる．証明は章末問題とする．

定理 3.6. A を n 次の実直交行列としたとき，$\tilde{X}$ の標本分散共分散行列と $A\tilde{X}$ の標本分散共分散行列は一致する．

この定理より，データに直交行列をかけることにより，標本分散や標本共分散を変えない形で，データの変換をすることができる．

最後に，観測された変数

$$\boldsymbol{x}_1 = \begin{pmatrix} x_{11} \\ x_{21} \\ \vdots \\ x_{n1} \end{pmatrix},\quad \boldsymbol{x}_2 = \begin{pmatrix} x_{12} \\ x_{22} \\ \vdots \\ x_{n2} \end{pmatrix},\quad \cdots,\quad \boldsymbol{x}_m = \begin{pmatrix} x_{1m} \\ x_{2m} \\ \vdots \\ x_{nm} \end{pmatrix}$$

の定数倍の和

$$\boldsymbol{y} = \begin{pmatrix} y_1 \\ y_2 \\ \vdots \\ y_n \end{pmatrix} = a_1\boldsymbol{x}_1 + a_2\boldsymbol{x}_2 + \cdots + a_m\boldsymbol{x}_m$$

の成分 $y_1,\ y_2,\ \cdots,\ y_n$ の標本平均について考えてみよう．第 1 章で学んだように，このデータの標本平均はすべての成分が 1 である n 次ベクトル $\boldsymbol{e}$ を用いると

$$\bar{y} = \frac{y_1 + y_2 + \cdots + y_n}{n}$$

$$
\begin{aligned}
&= \frac{1}{n}\langle e,\ \boldsymbol{y}\rangle = \left\langle \frac{1}{n}\boldsymbol{e},\ \boldsymbol{y}\right\rangle \\
&= \left\langle \frac{1}{n}\boldsymbol{e},\ a_1\boldsymbol{x}_1 + a_2\boldsymbol{x}_2 + \cdots + a_m\boldsymbol{x}_m\right\rangle \\
&= a_1\left\langle \frac{1}{n}\boldsymbol{e},\ \boldsymbol{x}_1\right\rangle + a_2\left\langle \frac{1}{n}\boldsymbol{e},\ \boldsymbol{x}_2\right\rangle + \cdots + a_m\left\langle \frac{1}{n}\boldsymbol{e},\ \boldsymbol{x}_m\right\rangle \\
&= a_1\overline{x}_1 + a_2\overline{x}_2 + \cdots + a_m\overline{x}_m
\end{aligned}
$$

と表される．ここで，各 $\overline{x}_j$ $(j=1, \cdots, m)$ は，それぞれ列ベクトル $\boldsymbol{x}_j$ の m 個の成分の標本平均である．すなわち，$\boldsymbol{y} = a_1\boldsymbol{x}_1 + a_2\boldsymbol{x}_2 + \cdots + a_m\boldsymbol{x}_m$ の成分の標本平均は各 $\boldsymbol{x}_j$ の標本平均の定数倍の和で表される．

次に y_1，y_2，…，y_n の標本分散について考えよう．標本分散を求めるために，ベクトル $\boldsymbol{y} - \overline{y}\boldsymbol{e}$ を考える．これは，ベクトル $\boldsymbol{y}$ から，その標本平均の値を引いたもので偏差ベクトルという．

$$
\begin{aligned}
\boldsymbol{y} - \overline{y}\boldsymbol{e} &= a_1\boldsymbol{x}_1 + a_2\boldsymbol{x}_2 + \cdots + a_m\boldsymbol{x}_m - (a_1\overline{x}_1 + a_2\overline{x}_2 + \cdots + a_m\overline{x}_m)\boldsymbol{e} \\
&= a_1(\boldsymbol{x}_1 - \overline{x}_1\boldsymbol{e}) + a_2(\boldsymbol{x}_2 - \overline{x}_2\boldsymbol{e}) + a_m(\boldsymbol{x}_m - \overline{x}_m\boldsymbol{e})
\end{aligned}
$$

であるので，偏差ベクトルは，各列ベクトル $\boldsymbol{x}_j$ $(j=1, \cdots, n)$ の偏差ベクトルの定数倍の和として表される．ベクトル $\boldsymbol{y}$，$\boldsymbol{x}_1$，$\boldsymbol{x}_2$，…，$\boldsymbol{x}_m$ の偏差ベクトルを

$$
\boldsymbol{d}_y = \boldsymbol{y} - \overline{y}\boldsymbol{e},\ \boldsymbol{d}_{x1} = \boldsymbol{x}_1 - \overline{x}_1\boldsymbol{e},\ \boldsymbol{d}_{x2} = \boldsymbol{x}_2 - \overline{x}_2\boldsymbol{e},\ \cdots,\ \boldsymbol{d}_{xm} = \boldsymbol{x}_m - \overline{x}_m\boldsymbol{e}
$$

とし，定数 a_1，a_2，…，a_m を成分とする列ベクトルを $\boldsymbol{a} = (a_i)$ とおくと，

$$
\boldsymbol{d}_y = a_1\boldsymbol{d}_{x1} + a_2\boldsymbol{d}_{x2} + \cdots + a_m\boldsymbol{d}_{xm} = (\boldsymbol{d}_{x1}\quad \boldsymbol{d}_{x2}\quad \cdots\quad \boldsymbol{d}_{xm})\boldsymbol{a}
$$

と表される．ここで，

$$
X = (\boldsymbol{d}_{x1}\quad \boldsymbol{d}_{x2}\quad \cdots\quad \boldsymbol{d}_{xm})
$$

という $(n,\ m)$ 行列を考えると，y_1，y_2，…，y_n の標本分散は第1章で学んだように，

$$
\frac{(y_1 - \overline{y})^2 + \cdots + (y_n - \overline{y})^2}{n} = \frac{1}{n}\langle \boldsymbol{d}_y,\ \boldsymbol{d}_y\rangle
$$

$$
= \frac{1}{n}\|\boldsymbol{d}_y\|^2 = \frac{1}{n}\|X\boldsymbol{a}\|^2 = \frac{1}{n}{}^t\boldsymbol{a}^tXX\boldsymbol{a} = {}^t\boldsymbol{a}\frac{1}{n}{}^tXX\boldsymbol{a}
$$

となる．

すなわち，X の標本分散共分散行列に左から ${}^t\boldsymbol{a}$，右から $\boldsymbol{a}$ をかけた形になっている．このような形式を **2 次形式**といい，詳しくは第15章で取り扱う．

また，同様の計算を行うことで，

$$\boldsymbol{y} = a_1\boldsymbol{x}_1 + a_2\boldsymbol{x}_2 + \cdots + a_m\boldsymbol{x}_m \quad \text{と} \quad \boldsymbol{z} = b_1\boldsymbol{x}_1 + b_2\boldsymbol{x}_2 + \cdots + b_m\boldsymbol{x}_m$$

の標本共分散は

$$ {}^t\boldsymbol{a}\frac{1}{n}{}^t\widetilde{X}\widetilde{X}\boldsymbol{b} \tag{3.1}$$

であることを示すことができる（章末問題とする）．

章末問題 I

1．行列

$$A=\begin{pmatrix}0 & 1\\2 & 1\end{pmatrix},\quad B=\begin{pmatrix}1 & 2 & 3\\0 & 1 & 0\\1 & 0 & -1\end{pmatrix}$$

に対し，次の計算をせよ．

(1) $A+{}^tA$　　(2) $A\,{}^tA$　　(3) $B+{}^tB$　　(4) $B\,{}^tB$

2．任意の正方行列 A に対し，$A\,{}^tA$ 及び ${}^tAA$ は対称行列であることを示せ．

3．以下の行列が直交行列であることを示せ．

$$\begin{pmatrix}\cos\theta & \sin\theta\\ \sin\theta & -\cos\theta\end{pmatrix}$$

章末問題 II

1．定理 3.6 を証明せよ．

2．次の n 次正方行列が直交行列となることを示せ．

$$\begin{pmatrix}\frac{1}{\sqrt{n}} & \frac{1}{\sqrt{n}} & \frac{1}{\sqrt{n}} & \frac{1}{\sqrt{n}} & \cdots & \frac{1}{\sqrt{n}}\\ \frac{1}{\sqrt{2}} & -\frac{1}{\sqrt{2}} & 0 & 0 & \cdots & 0\\ \frac{1}{\sqrt{2\cdot3}} & \frac{1}{\sqrt{2\cdot3}} & -\frac{2}{\sqrt{2\cdot3}} & 0 & \cdots & 0\\ \vdots & \vdots & \ddots & \ddots & \ddots & \vdots\\ \frac{1}{\sqrt{n(n-1)}} & \frac{1}{\sqrt{n(n-1)}} & \frac{1}{\sqrt{n(n-1)}} & \frac{1}{\sqrt{n(n-1)}} & \cdots & \frac{n-1}{\sqrt{n(n-1)}}\end{pmatrix}$$

3．(3.1) を示せ．

4．5 人の学生の経済学と経済史と経済数学の小テストの結果がそれぞれ (6, 6, 3), (2, 5, 4), (7, 3, 4), (4, 2, 5), (6, 4, 4) であった．経済学と経済史と経済数学の点数の標本分散共分散行列を求めよ．

第4章　行列のトレース

本章では，行列の基本的な情報の1つであるトレースについて紹介しよう．行列のトレースを計算することは比較的簡単であるが，トレースを用いることで行列の持つさまざまな情報を表現できる．

1 行列のトレース

定義 4.1. n 次正方行列 A の対角成分の和を，A の**トレース**とよび，$\mathrm{tr}(A)$ と表す．

$$\mathrm{tr}(A)=\sum_{i=1}^{n}a_{ii}=a_{11}+a_{22}+\cdots+a_{nn}$$

[例 1]

$$\mathrm{tr}\begin{pmatrix}1 & 2\\ 3 & 4\end{pmatrix}=1+4=5,\qquad \mathrm{tr}\begin{pmatrix}-2 & 3 & 1\\ 4 & 3 & -1\\ 2 & 5 & 6\end{pmatrix}=-2+3+6=7$$

また，$\mathrm{tr}(O)=0$ であり，n 次の単位行列 E に対しては，$\mathrm{tr}(E)=n$ となる．

練習問題 1　次の行列のトレースを求めよ．

$$\mathrm{tr}\begin{pmatrix}1 & 2 & 3\\ 4 & 5 & 6\\ 7 & 8 & 9\end{pmatrix}$$

定理 4.1. 以下はトレースの満たす性質である．

(1)　$\mathrm{tr}(kA)=k\cdot\mathrm{tr}(A)$，ただし，$k$ は定数

(2)　$\mathrm{tr}(A+B)=\mathrm{tr}(A)+\mathrm{tr}(B)$

(3)　$\mathrm{tr}({}^{t}A)=\mathrm{tr}(A)$

(4)　A を $(m,\ n)$ 行列，B を $(n,\ m)$ 行列とすると，$\mathrm{tr}(AB)=\mathrm{tr}(BA)$

証明 (1), (2), (3)は対角成分を調べることで示すことができる. (4)について, $A=(a_{ij})$, $B=(b_{ij})$ とおく. $AB=(c_{ij})$ は m 次正方行列, $BA=(d_{ij})$ は n 次正方行列であることに注意すると,

$$\mathrm{tr}(AB)=\sum_{i=1}^{m}c_{ii}=\sum_{i=1}^{m}\sum_{k=1}^{n}a_{ik}b_{ki}=\sum_{k=1}^{n}\sum_{i=1}^{m}b_{ki}a_{ik}=\sum_{k=1}^{n}d_{kk}=\mathrm{tr}(BA) \qquad \square$$

定理 4.2. $A=(a_{ij})$ を (m, n) 行列とすると,

$$\mathrm{tr}(A{}^tA)=\mathrm{tr}({}^tAA)=\sum_{j=1}^{n}\sum_{i=1}^{m}a_{ij}^2$$

証明 最初の等号は, 定理 4.1 の(4)より成立. $A=(\boldsymbol{a}_1 \ \cdots \ \boldsymbol{a}_n)$ とすると, $A{}^tA=(\langle\boldsymbol{a}_i, \boldsymbol{a}_j\rangle)$ である. よって, 対角成分は

$$\langle\boldsymbol{a}_j, \boldsymbol{a}_j\rangle=\|\boldsymbol{a}_j\|^2=\sum_{i=1}^{m}a_{ij}a_{ij}=\sum_{i=1}^{m}a_{ij}^2$$

であるため, これらの和を考えれば,

$$\mathrm{tr}(A{}^tA)=\sum_{j=1}^{n}\sum_{i=1}^{m}a_{ij}^2 \qquad \square$$

練習問題 2 行列

$$A=\begin{pmatrix}-1 & 2\\ 0 & 3\end{pmatrix}, \quad B=\begin{pmatrix}1 & 3\\ 5 & 7\end{pmatrix}$$

に対し, 次の値を求めよ.

(1) $\mathrm{tr}(A)$ (2) $\mathrm{tr}(B)$ (3) $\mathrm{tr}(AB)$

(4) $\mathrm{tr}(A)\mathrm{tr}(B)$ (5) $\mathrm{tr}(A{}^tA)$ (6) $\mathrm{tr}({}^tBB)$

行列のトレースとベクトルの内積 第1章で学んだ n 次ベクトル $\boldsymbol{x}$, $\boldsymbol{y}$ の内積は, それぞれのベクトルを $(n, 1)$ 行列とみなし, 転置との積として考えることができた.

$$\langle\boldsymbol{x}, \boldsymbol{y}\rangle={}^t\boldsymbol{x}\boldsymbol{y}=\sum_{i=1}^{n}x_iy_i$$

一方で, $\boldsymbol{x}{}^t\boldsymbol{y}$ は n 次の正方行列になり, (i, j) 成分は x_iy_j である. このことから, ベクトルの内積は行列のトレースを用いて,

$$\langle \boldsymbol{x},\ \boldsymbol{y}\rangle = \mathrm{tr}(\boldsymbol{x}^t\boldsymbol{y})$$

と表せる.

逆に，行列のトレースをベクトルの内積を用いて表してみよう．n 次のベクトルで i 成分が 1，他の成分はすべて 0 であるものを $\boldsymbol{e}_i$ と書き，n 次の**基本ベクトル**とよぶ.

$$\boldsymbol{e}_1 = \begin{pmatrix} 1 \\ 0 \\ 0 \\ \vdots \\ 0 \end{pmatrix},\quad \boldsymbol{e}_2 = \begin{pmatrix} 0 \\ 1 \\ 0 \\ \vdots \\ 0 \end{pmatrix},\quad \cdots,\quad \boldsymbol{e}_n = \begin{pmatrix} 0 \\ 0 \\ \vdots \\ 0 \\ 1 \end{pmatrix}$$

これらを用いると，行列のトレースは以下の形になる．証明は章末問題とする.

定理 4.3. A を n 次正方行列とすると，

$$\mathrm{tr}(A) = \sum_{i=1}^{n}\langle A\boldsymbol{e}_i,\ \boldsymbol{e}_i\rangle = \sum_{i=1}^{n} {}^t\boldsymbol{e}_i A\boldsymbol{e}_i$$

2 統計学に現れるトレースの例

$(m,\ n)$ 行列 $A=(a_{ij})$ の各成分 a_{ij} の 2 乗和の正の平方根

$$\|A\|_E = \sqrt{\sum_{i=1}^{m}\sum_{j=1}^{n} a_{ij}^2}$$

を**ユークリッド・ノルム**（フロベニウス・ノルム）とよぶ．ユークリッド・ノルムは統計学の計算においてしばしば用いられる.

定理 4.2 により，トレースとユークリッド・ノルムの関係は

$$\|A\|_E^2 = \mathrm{tr}(A^tA) = \mathrm{tr}({}^tAA)$$

この定理を用いると，行列に直交行列をかけてもユークリッド・ノルムが不変であることを示すことができる.

定理 4.4. 実行列 A が $(m,\ n)$ 行列であるとき，n 次の直交行列 U に対して，次が成り立つ.

$$\|UA\|_E = \|A\|_E$$

証明 行列の転置の性質（定理3.1の(4)）と直交行列Uについて定義3.3より${}^tUU=E$となることに注意すると，

$$\|UA\|_E^2 = \mathrm{tr}({}^t(UA)UA) = \mathrm{tr}({}^tA{}^tUUA) = \mathrm{tr}({}^tAA) = \|A\|_E^2 \qquad \square$$

また，第15章で詳しく取り扱う2次形式${}^t\boldsymbol{x}A\boldsymbol{x}$と，そのトレースについての以下の関係は，しばしば用いられる．

定理 4.5. Aをn次の実対称行列とし，$\boldsymbol{x}$を実n次ベクトルとする．このとき

$${}^t\boldsymbol{x}A\boldsymbol{x} = \mathrm{tr}({}^t\boldsymbol{x}A\boldsymbol{x}) = \mathrm{tr}(A\boldsymbol{x}{}^t\boldsymbol{x})$$

証明 最初の等号は${}^t\boldsymbol{x}A\boldsymbol{x}$が定数（1次の正方行列）であることから成り立つ．2つ目の等号は，定理4.1の(4)から導かれる． □

第3章で学んだように行列の形で与えられたデータ$X=(x_{ij})$を考える．すなわち，この行列の$(i,\ j)$成分は，i番目の個体のj番目の変数の値である．$\bar{x}_j$ $(j=1,\cdots,m)$を，列ベクトル$\boldsymbol{x}_j$の全成分の標本平均とする．すなわち，

$$\bar{x}_j = \left\langle \frac{1}{n}\boldsymbol{e},\ \boldsymbol{x}_j \right\rangle = \frac{x_{1j}+x_{2j}+\cdots+x_{nj}}{n}$$

（$\boldsymbol{e}$はすべての成分が1であるベクトル）とし，これらからなるベクトルを$\boldsymbol{m}$とおく．

$$\boldsymbol{m} = \begin{pmatrix} \bar{x}_1 \\ \bar{x}_2 \\ \vdots \\ \bar{x}_m \end{pmatrix}$$

また，Xの分散共分散行列${}^t\tilde{X}\tilde{X}/n$をSとする．このとき，次の定理が成立する．

定理 4.6. Xの第i番目の行ベクトル（すなわち第i番目の個体の各変数のデータを成分とするベクトル）を$\boldsymbol{x}_i=(x_{i1},\ x_{i2},\ \cdots,\ x_{im})$とする．このとき，$\boldsymbol{x}_iA{}^t\boldsymbol{x}_i$ $(i=1,\cdots,n)$の標本平均$\overline{\boldsymbol{x}A{}^t\boldsymbol{x}}$は以下となる．

$$\overline{\boldsymbol{x}A{}^t\boldsymbol{x}} = \mathrm{tr}(AS)+{}^t\boldsymbol{m}A\boldsymbol{m}$$

証明 $\overline{\boldsymbol{x}A^t\boldsymbol{x}} = \frac{1}{n}\sum_{i=1}^{n}\boldsymbol{x}_iA^t\boldsymbol{x}_i = \frac{1}{n}\sum_{i=1}^{n}\mathrm{tr}(\boldsymbol{x}_iA^t\boldsymbol{x}_i) = \frac{1}{n}\sum_{i=1}^{n}\mathrm{tr}(A^t\boldsymbol{x}_i\boldsymbol{x}_i)$

$$= \mathrm{tr}\left(A\frac{1}{n}\sum_{i=1}^{n}{}^t\boldsymbol{x}_i\boldsymbol{x}_i\right) = \mathrm{tr}(A(S+\boldsymbol{m}^t\boldsymbol{m})) = \mathrm{tr}(AS)+{}^t\boldsymbol{m}A\boldsymbol{m} \qquad \square$$

本節の最初に行列のユークリッド・ノルムを紹介した．行列のノルムには，他にも成分の絶対値の列和の最大値を用いたノルム（最大列和行列ノルム $\|A\|_1 = \max_{1\leqq j\leqq n}\sum_{i=1}^{n}|a_{ij}|$）や成分の絶対値の行和の最大値を用いたノルム（最大行和行列ノルム $\|A\|_\infty = \max_{1\leqq i\leqq n}\sum_{j=1}^{n}|a_{ij}|$）などがある．他にも，作用素ノルムとよばれるノルムや，第 12 章で紹介する固有値を用いて定義されるスペクトル・ノルムなどさまざまなノルムがある．

ここでは，第 10 章で行列の級数の収束を証明する際に用いる，行列 $A=(a_{ij})$ の全成分の絶対値の最大値 ($\max_{ij}|a_{ij}|$) で表されるノルムと，ユークリッド・ノルムとの関係を紹介しよう．

定理 4.7. $A=(a_{ij})$ を n 次の正方行列とする．このとき次の不等式が成り立つ．

$$\frac{1}{n}\|A\|_E \leqq \max_{ij}|a_{ij}| \leqq \|A\|_E$$

証明 最初の不等式は，次の式の両辺を n で割ることで得られる．

$$\|A\|_E = \sqrt{\sum_{i=1}^{n}\sum_{j=1}^{n}a_{ij}^2} \leqq \sqrt{n^2\max_{ij}|a_{ij}|^2} = n\max_{ij}|a_{ij}|$$

2 番目の不等式は

$$\max_{ij}|a_{ij}| = (\max_{ij}|a_{ij}|^2)^{\frac{1}{2}} \leqq \sqrt{\sum_{i=1}^{n}\sum_{j=1}^{n}a_{ij}^2} = \|A\|_E$$

で示される． $\square$

章末問題 I

1．n 次正方行列 A に対し，次の等式が成り立つことを示せ．

$$\mathrm{tr}(A) = \sum_{i=1}^{n}\langle A\boldsymbol{e}_i,\ \boldsymbol{e}_i\rangle = \sum_{i=1}^{n}{}^t\boldsymbol{e}_i A\boldsymbol{e}_i$$

2．A を n 次正方行列，V を n 次の直交行列とする．このとき，次の等式が成り立つことを示せ．

$$\mathrm{tr}(A) = \mathrm{tr}({}^tVAV)$$

章末問題 II

1．コーシー－シュワルツの不等式（定理 1.3）を用いて，ユークリッド・ノルムについて次の不等式が成り立つことを証明せよ．

$$\|AB\|_E \leqq \|A\|_E \cdot \|B\|_E$$

2．定理 4.6 の証明の 4 番目の等式 $\dfrac{1}{n}\displaystyle\sum_{i=1}^{n}\mathrm{tr}(A{}^t\boldsymbol{x}_i\boldsymbol{x}_i) = \mathrm{tr}\left(A\dfrac{1}{n}\displaystyle\sum_{i=1}^{n}{}^t\boldsymbol{x}_i\boldsymbol{x}_i\right)$ が成り立つことを示せ．

3．定理 4.6 の証明の 5 番目の等式の中の $\dfrac{1}{n}\displaystyle\sum_{i=1}^{n}{}^t\boldsymbol{x}_i\boldsymbol{x}_i = S + \boldsymbol{m}{}^t\boldsymbol{m}$ が成り立つことを示せ．

4．次の行列のユークリッド・ノルム，最大列和行列ノルム，最大行和行列ノルム，全成分の絶対値の最大値で表されるノルムをそれぞれ求めよ．

(1) $\begin{pmatrix} 1 & 4 \\ -3 & 2 \end{pmatrix}$　(2) $\begin{pmatrix} 1 & -4 \\ 3 & 3 \\ 2 & 5 \end{pmatrix}$　(3) $\begin{pmatrix} 1 & 3 & -4 \\ -2 & 1 & -3 \end{pmatrix}$

第5章　逆行列

ベクトルや行列で与えられたデータに対し，他の行列との積を求めることで，別のデータに変換することができる．この操作が可逆，すなわち元のデータを復元することが可能かどうかというときに，逆行列の存在が重要になる．本章では，行列の積において逆元である逆行列の紹介とともに，逆行列を持つあるいは持たない例を考察しよう．

1 逆行列

2 次の正方行列

$$A=\begin{pmatrix} a & b \\ c & d \end{pmatrix}$$

に対し，2 次ベクトルとの積を考えると，

$$\begin{pmatrix} a & b \\ c & d \end{pmatrix}\begin{pmatrix} x \\ y \end{pmatrix}=\begin{pmatrix} ax+by \\ cx+dy \end{pmatrix}$$

となる．2 次ベクトルを平面座標 $(x,\ y)$ と同一視すると，行列 A は点 $(x,\ y)$ を $(ax+by,\ cx+dy)$ へ移す．わかりやすい座標として，$e_1=(1,\ 0)$ と $e_2=(0,\ 1)$ で考えると，これらは $(a,\ c)$ と $(b,\ d)$ にそれぞれ対応する．また，$e_1+e_2=(1,\ 1)$ は $(a+b,\ c+d)$ へ移る．よって，正方行列 A は平面上の以下のような正方形を平行四辺形に変換することがわかる．

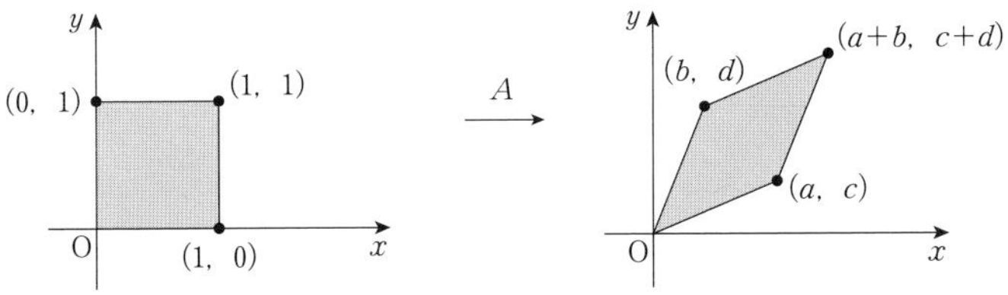

このように正方行列を図形の変形として捉えるのは，第 7 章の行列式において

も重要な考え方である．本章では行列 A によって変形された図形が，別の行列の変形によって元に戻せるかどうかという点に焦点を当てて話を進める．いまの 2 次正方行列の場合で言えば，たとえば点 $(a,\ c)$ と $(b,\ d)$ が原点を通る一直線上にある場合には，正方形を変形した平行四辺形がつぶれてしまい線分になってしまう．このような場合には，A の変形を元に戻すような行列は存在しないということになる．

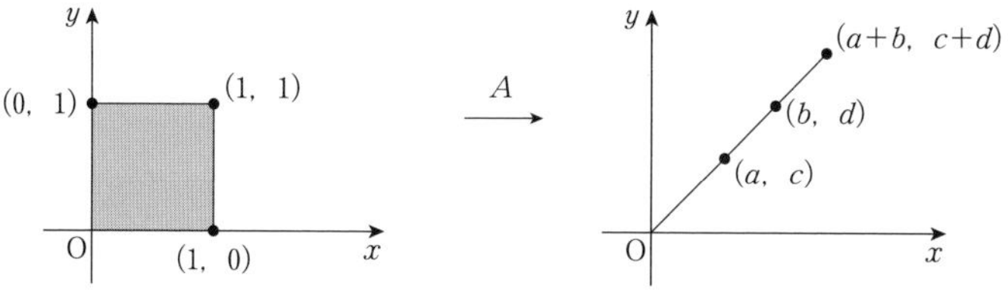

逆行列　実数 a $(a \neq 0)$ に関し，逆数とは，$ab=ba=1$ を満たす実数 b である．すなわち，$b=a^{-1}=\dfrac{1}{a}$ である．正方行列に関しても，同様の考え方で逆行列の概念が考えられる．

> **定義 5.1**（逆行列）．n 次正方行列 A の**逆行列**とは，$AX=XA=E$ を満たす n 次正方行列 X である．

実数についても，$a \neq 0$ という条件の下で逆数が存在していたように，逆行列は常に存在するとは限らない．逆行列が存在する行列を**正則行列**，あるいは単に**正則**とよぶ．

逆行列は存在すれば一意的である．つまり，A の逆行列が 2 つ $X,\ Y$ として存在したとすると，$AX=XA=E$ と $AY=YA=E$ より，

$$X = XE = X(AY) = (XA)Y = EY = Y$$

となる．

A から一意的に決まる A の逆行列を A^{-1} で表す．

注意 1. 前章で登場した直交行列は $A{}^tA={}^tAA=E$ となる行列であった．これは言い換えれば，$A^{-1}={}^tA$ となる行列である．

2 次の逆行列 一般の n 次正方行列の逆行列の計算は第 7 章で行うとして，ここでは次数の低い行列の逆行列を計算しよう．

まず $n=1$ の場合，1 次の正方行列 $A=(a)$ は，実数 a と同一視でき，行列の積も実数の積と一致する．a は，$a \neq 0$ のときに逆数 $a^{-1}=\dfrac{1}{a}$ を持ち，A の逆行列は $A^{-1}=(a^{-1})$ である．

次に $n=2$ の場合を見てみよう．第 7 章で，一般の n 次の逆行列の公式を扱うため，以下の定理の証明は省略する．

定理 5.1. 2 次の正方行列

$$A = \begin{pmatrix} a & b \\ c & d \end{pmatrix}$$

に対し，A が正則であるための必要十分条件は $ad-bc \neq 0$ であり，このとき

$$A^{-1} = \frac{1}{ad-bc}\begin{pmatrix} d & -b \\ -c & a \end{pmatrix}$$

である．

》》例題 1. 次の行列の逆行列を調べよ．

(1) $A = \begin{pmatrix} 1 & 2 \\ 3 & 4 \end{pmatrix}$ (2) $B = \begin{pmatrix} 2 & 3 \\ 4 & 6 \end{pmatrix}$

《《 解答 (1) $1 \cdot 4 - 2 \cdot 3 = 4 - 6 = -2$ であるため，

$$A^{-1} = -\frac{1}{2}\begin{pmatrix} 4 & -2 \\ -3 & 1 \end{pmatrix}$$

(2) $2 \cdot 6 - 3 \cdot 4 = 0$ なので B の逆行列は存在しない．

練習問題 1 次の逆行列を調べよ．

(1) $\begin{pmatrix} 3 & 2 \\ 1 & 1 \end{pmatrix}$ (2) $\begin{pmatrix} 3 & 6 \\ 4 & 8 \end{pmatrix}$ (3) $\begin{pmatrix} 4 & 2 \\ 1 & -1 \end{pmatrix}$ (4) $\begin{pmatrix} 1 & 0 \\ 1 & -1 \end{pmatrix}$

ブロック分割と逆行列 2×2 個にブロック分割された行列の逆行列を求めてみよう．

$$X = \begin{pmatrix} A & B \\ C & D \end{pmatrix}$$

ただし，A および D は正方行列とする．

たとえば，$B=C=O$ であり，A と D が正則であるとする．

$$\begin{pmatrix} A & O \\ O & D \end{pmatrix}$$

第2章のブロック分割の積の公式（定理 2.3）で見たように，

$$\begin{pmatrix} A & O \\ O & D \end{pmatrix}\begin{pmatrix} A^{-1} & O \\ O & D^{-1} \end{pmatrix}=\begin{pmatrix} AA^{-1} & O \\ O & DD^{-1} \end{pmatrix}=\begin{pmatrix} E & O \\ O & E \end{pmatrix}=E$$

であるため，

$$\begin{pmatrix} A & O \\ O & D \end{pmatrix}^{-1}=\begin{pmatrix} A^{-1} & O \\ O & D^{-1} \end{pmatrix}$$

というように，逆行列がブロックの逆行列を用いて表示できる．一般には以下の定理の形で表される．ブロック分割された行列の積の公式（定理 2.3）を用いれば示せるため，証明は章末問題とする．

定理 5.2. A および，$Y=D-CA^{-1}B$ が正則であるとき，X は正則で，

$$X^{-1}=\begin{pmatrix} A^{-1}+A^{-1}BY^{-1}CA^{-1} & -A^{-1}BY^{-1} \\ -Y^{-1}CA^{-1} & Y^{-1} \end{pmatrix}$$

上記の定理 5.2 で特に $B=O$，または $C=O$ であるときは，表記が簡潔になる．すなわち，

$$Z=\begin{pmatrix} A & B \\ O & D \end{pmatrix}, \quad W=\begin{pmatrix} A & O \\ C & D \end{pmatrix}$$

に対し，A かつ D が正則ならば，上記の定理より，

$$Z^{-1}=\begin{pmatrix} A^{-1} & -A^{-1}BD^{-1} \\ O & D^{-1} \end{pmatrix}, \quad W^{-1}=\begin{pmatrix} A^{-1} & O \\ -D^{-1}CA^{-1} & D^{-1} \end{pmatrix}$$

となる．

》》例題 2. 次の行列の逆行列を求めよ．

$$\begin{pmatrix} 1 & 1 & 2 \\ 1 & 2 & 1 \\ 0 & 0 & 1 \end{pmatrix}$$

《《 解答

$$A=\begin{pmatrix} 1 & 1 \\ 1 & 2 \end{pmatrix},\ B=\begin{pmatrix} 2 \\ 1 \end{pmatrix},\ C=O,\ D=(1)$$

とすると，

$$\begin{pmatrix}1&1&2\\1&2&1\\0&0&1\end{pmatrix}^{-1}=\begin{pmatrix}A&B\\O&D\end{pmatrix}^{-1}=\begin{pmatrix}A^{-1}&-A^{-1}BD^{-1}\\O&D^{-1}\end{pmatrix}=\begin{pmatrix}2&-1&-3\\-1&1&1\\0&0&1\end{pmatrix}$$

練習問題 2 次の行列の逆行列を求めよ．

(1) $\begin{pmatrix}2&5&1\\1&2&1\\0&0&2\end{pmatrix}$ (2) $\begin{pmatrix}1&2&-1\\0&3&2\\0&5&3\end{pmatrix}$ (3) $\begin{pmatrix}1&2&3&4\\2&3&4&5\\0&0&2&3\\0&0&3&4\end{pmatrix}$

次に一般の逆行列の性質を見てみよう．

定理 5.3. 行列 A，B はともに正則な n 次正方行列とする．このとき，次が成り立つ．

(1) 逆行列 A^{-1} も正則であり，$(A^{-1})^{-1}=A$

(2) 行列の積 AB も正則であり，$(AB)^{-1}=B^{-1}A^{-1}$

(3) 転置行列 ${}^tA$ も正則であり，$({}^tA)^{-1}={}^t(A^{-1})$

証明 (1) $AA^{-1}=A^{-1}A=E$ を A^{-1} を主体に見れば，A が A^{-1} の逆行列，つまり $(A^{-1})^{-1}=A$ であることがわかる．

(2) $(B^{-1}A^{-1})AB=B^{-1}(A^{-1}A)B=B^{-1}B=E$ となる．同様に $AB(B^{-1}A^{-1})=E$ も示せるため，$B^{-1}A^{-1}$ が AB の逆行列である．よって，$(AB)^{-1}=B^{-1}A^{-1}$ となる．

(3) 転置行列の性質（定理 3.1）により，

$${}^tA\,{}^t(A^{-1})={}^t(A^{-1}A)={}^tE=E$$

である．同様に，${}^t(A^{-1}){}^tA=E$ となるため，$({}^tA)^{-1}={}^t(A^{-1})$ である． □

定理 5.4. A が正則な対称行列であるとき，A^{-1} もまた対称行列である．

証明 定理 5.3 の(3)と仮定より

$${}^t(A^{-1})=({}^tA)^{-1}=A^{-1}$$

であるため，A^{-1} は対称行列である． □

練習問題 3 A が正則な交代行列であるとき，A^{-1} もまた交代行列であることを示せ．

ベキ零行列 正則でない（逆行列を持たない）行列は**非正則**とよばれる．非正則行列の例を見てみよう．

定理 5.5. 1つの行，あるいは1つの列の成分がすべて0である正方行列は非正則である．

証明 n 次正方行列 $A=(a_{ij})$ の第 i 行がすべて0であるとする．すなわち，

$$a_{i1}=a_{i2}=\cdots=a_{in}=0$$

とする．このとき，A が正則であると仮定すると，逆行列 $A^{-1}=(x_{ij})$ が存在し，$AA^{-1}=E$ となる．このとき，AA^{-1} の $(i,\ i)$ の成分は，

$$\sum_{k=1}^{n} a_{ik}x_{ki}=0$$

であるが，E の $(i,\ i)$ 成分は1なので矛盾する．よって，A は非正則である．また，A の第 j 列がすべて0であったとしても同様に示せる． □

上記の定理からもわかるように零行列は非正則である．零行列に似た性質を持つ行列として，累乗が零行列になるものを考えよう．

定義 5.2. A を正方行列とし，$A^m=O$ を満たす自然数 m が存在するとき，A を**ベキ零行列**とよぶ．

ベキ零行列 A が $A^m=O$ であった場合，$\ell>m$ についても常に $A^\ell=O$ となる．すなわち，ベキ零行列とは十分大きな回数累乗をとることで零行列となる正方行列である．

》》例題 3. 以下の行列がベキ零行列であることを示せ．

$$A=\begin{pmatrix}0&0&0\\2&0&0\\1&3&0\end{pmatrix}$$

《《《 解答

$$A^2 = \begin{pmatrix} 0 & 0 & 0 \\ 2 & 0 & 0 \\ 1 & 3 & 0 \end{pmatrix}\begin{pmatrix} 0 & 0 & 0 \\ 2 & 0 & 0 \\ 1 & 3 & 0 \end{pmatrix} = \begin{pmatrix} 0 & 0 & 0 \\ 0 & 0 & 0 \\ 6 & 0 & 0 \end{pmatrix}$$

さらに,

$$A^3 = A^2A = \begin{pmatrix} 0 & 0 & 0 \\ 0 & 0 & 0 \\ 6 & 0 & 0 \end{pmatrix}\begin{pmatrix} 0 & 0 & 0 \\ 2 & 0 & 0 \\ 1 & 3 & 0 \end{pmatrix} = \begin{pmatrix} 0 & 0 & 0 \\ 0 & 0 & 0 \\ 0 & 0 & 0 \end{pmatrix} = O$$

よって，A はベキ零行列である.

注意 2. ベキ零行列は 0 を成分に含まない場合もある．たとえば,

$$\begin{pmatrix} 1 & -1 \\ 1 & -1 \end{pmatrix}^2 = O$$

定理 5.6. ベキ零行列は非正則である.

証明　A をベキ零行列とする．仮定より，$A^m = O$ となる自然数 m が存在する．いま，A を正則と仮定すると，A の逆行列 X が存在し，$AX = E$ を満たす.

$$\begin{aligned} O &= OX^m = A^mX^m = A^{m-1}(AX)X^{m-1} = A^{m-1}EX^{m-1} = A^{m-1}X^{m-1} \\ &= \cdots = AX = E \end{aligned}$$

となるため，これは矛盾である．よって，A は非正則である. □

定理 5.7. A をベキ零行列とする．このとき，$E-A$ は正則である.

証明　A がベキ零行列なので，ある自然数 m に対し，$A^m = O$ を満たす．このとき,

$$(E-A)(E+A+A^2+\cdots+A^{m-1}) = E-A^m = E$$

$$(E+A+A^2+\cdots+A^{m-1})(E-A) = E-A^m = E$$

が成り立つので,

$$(E-A)^{-1} = E+A+A^2+\cdots+A^{m-1}$$

である. □

練習問題 4 A がベキ零行列であるとき，$E+A$ は正則であることを示せ．

ベキ等行列 累乗しても変わらない正方行列はベキ等行列とよばれる．

定義 5.3. $A^2=A$ を満たす正方行列 A を**ベキ等行列**とよぶ．

[**例 1**] 次の行列はベキ等行列である．

$$\begin{pmatrix} 4 & -1 \\ 12 & -3 \end{pmatrix}, \quad \begin{pmatrix} 1 & 0 & 0 \\ 0 & 1 & 0 \\ 0 & 0 & 0 \end{pmatrix}, \quad \begin{pmatrix} 2 & -2 & -4 \\ -1 & 3 & 4 \\ 1 & -2 & -3 \end{pmatrix}$$

また，n 次の単位行列 E，および零行列 O はベキ等行列である．

定理 5.8. A をベキ等行列としたとき，$E-A$ もまたベキ等行列である．

証明 A をベキ等行列とすると，

$$(E-A)^2 = E-A-A+A^2 = E-A-A+A = E-A$$

より，$E-A$ はベキ等行列である． □

定理 5.9. 正則なベキ等行列は，単位行列のみである．

証明 A を正則なベキ等行列とすると，$A^2=A$ である．A^{-1} を両辺にかけると，$A=E$ を得る． □

すなわち，単位行列以外のベキ等行列は非正則である．

2 最小2乗法：単回帰の場合

回帰直線 2つの変数 x と y があるときに，x によって y を説明する関係を数式で表現することを考えよう．本章では，最も簡単な場合として $y=a+bx$ という1次式で y を説明する場合を考える．$y=a+bx$ を単回帰式（単純回帰式），そのグラフを**回帰直線**とよび，x を**説明変数**（または独立変数），y を**被説明変数**（または従属変数）とよぶ[1]．x の係数 b は，説明変数 x が1単位大きいときに，

被説明変数 y が平均的に b だけ大きくなる傾向があることを示している．経済学では，これを x の y に対する**限界効果**という．

最初に，a と b を求めるための準備として，関数のベクトルによる微分を紹介しよう．

ベクトルによる微分　n 個の実数変数 $x_1, \cdots, x_n$ に対し 1 つの実数 $f(x_1, \cdots, x_n)$ を定める規則を n 変数関数とよぶ．変数をベクトル $\boldsymbol{x}=(x_i)$ とみなすと，n 次ベクトルの関数 $f(\boldsymbol{x})$ と考えられる．

ここで，$f(\boldsymbol{x})$ すなわち $f(x_1,\ x_2,\ \cdots,\ x_n)$ を各 x_i で偏微分した結果を，次の式の右辺のようにベクトルの形で表したものを**勾配ベクトル**とよび，$\dfrac{\partial f}{\partial \boldsymbol{x}}$ で表す．また，$f(\boldsymbol{x})$ の勾配を求めることを，$f(\boldsymbol{x})$ をベクトル $\boldsymbol{x}$ で微分するという．

$$\frac{\partial f}{\partial \boldsymbol{x}} = \left(\frac{\partial f}{\partial x_i}\right) = \begin{pmatrix} \dfrac{\partial f}{\partial x_1} \\ \vdots \\ \dfrac{\partial f}{\partial x_n} \end{pmatrix}$$

》》》例題 4. n 次ベクトル $\boldsymbol{c}=(c_i)$ と対称行列 $A=(a_{ij})$ に対し，以下の関数のベクトル $\boldsymbol{x}=(x_i)$ による微分を行え．

(1)　${}^t\boldsymbol{x}\boldsymbol{c}$　　　　(2)　${}^t\boldsymbol{x}A\boldsymbol{x}$

《《《 解答　(1)　${}^t\boldsymbol{x}\boldsymbol{c}=\sum_{i=1}^{n} x_i c_i = c_1x_1+\cdots+c_nx_n$ より，

$$\frac{\partial({}^t\boldsymbol{x}\boldsymbol{c})}{\partial \boldsymbol{x}} = \left(\frac{\partial \sum_{j=1}^{n} x_j c_j}{\partial x_i}\right) = (c_i) = \boldsymbol{c}$$

(2)　${}^t\boldsymbol{x}A\boldsymbol{x} = \sum_{i=1}^{n}\sum_{j=1}^{n} a_{ij}x_ix_j$ より，

1）1 つの説明変数 x で y を $y=a+bx$ という x の 1 次式で説明するとき，これを**単回帰式**（単純回帰式）という．また，説明変数が $x_1,\ \cdots,\ x_k$ と複数存在して y を $y=b_0+b_1x_1+\cdots+b_kx_k$ と説明するとき，これを**重回帰式**（多重回帰式）という．

$$\frac{\partial({}^t\boldsymbol{x}A\boldsymbol{x})}{\partial\boldsymbol{x}}\left(=\frac{\partial\sum_{k=1}^{n}\sum_{j=1}^{n}a_{jk}x_jx_k}{\partial x_i}\right)=\left(2\sum_{j=1}^{n}a_{ij}x_j\right)=2A\boldsymbol{x}$$

最小2乗法　それでは，具体的なデータ $(x_i,\ y_i)$ $(i=1,\cdots,n)$ が与えられたとき，どのように単回帰式 $y=a+bx$ を求めればよいかを考えよう．望ましい回帰直線とはデータ $(x_i,\ y_i)$ を xy 平面上の点 $(x_i,\ y_i)$ で表したとき，点全体が表す x と y の間の関係をよく表す直線である．ここで，実際の観測値 y_i と回帰式から予測される y_i の**予測値**（または**理論値**）の値 $\hat{y}_i=a+bx_i$ との差を**残差**とよび，u_i で表す．つまり $u_i=y_i-\hat{y}_i=y_i-(a+bx_i)$ である．以下では，残差を利用して回帰直線として望ましいものを求めてみよう．

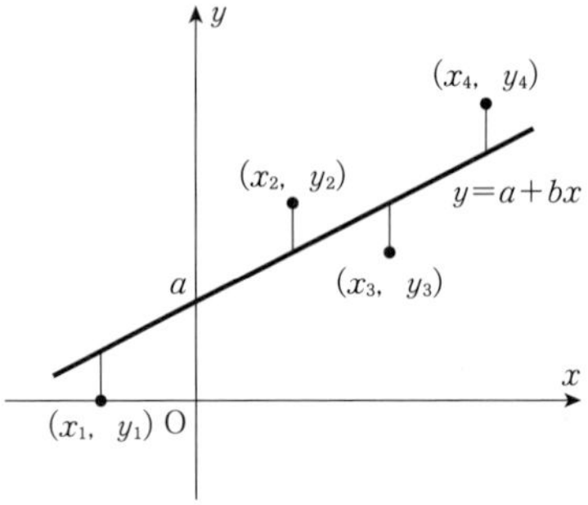

1つの考えは残差の合計が0となる $y=a+bx$ を決めればよいという考えである．しかし，残差の合計 $\sum_{i=1}^{n}u_i=\sum_{i=1}^{n}(y_i-\hat{y}_i)=\sum_{i=1}^{n}\{y_i-(a+bx_i)\}$ は，0となる a と b の数が無数にあり，この条件1つだけでは $y=a+bx$ を決めることができない．もう1つの考えは，残差の絶対値の合計 $\sum_{i=1}^{n}|\{y_i-(a+bx_i)\}|$ が最小になるように a と b を求める方法である．これを**最小絶対偏差法**という．しかしながら，絶対値は煩雑な場合分けの計算もあり，原点で微分できないなどの数学的な取り扱いが難しいこともあるため，残差 $u_i=y_i-\hat{y}_i$ の2乗の合計（**残差平方和**）

$$\sum_{i=1}^{n}u_i^2=\sum_{i=1}^{n}(y_i-\hat{y}_i)^2=\sum_{i=1}^{n}\{y_i-(a+bx_i)\}^2$$

を最小にするように a と b を求める方法が広く用いられている．これを**最小２乗法**という．

定数項 a と x の係数 b は，次の式で与えられる．ここで b のことを x の**回帰係数**という．また，s_{xy} は x と y の標本共分散，s_x^2 は x の標本分散である．

$$a = \overline{y} - b\overline{x}, \qquad b = \frac{s_{xy}}{s_x^2} \tag{5.1}$$

(5.1) は以下のように示すことができる．データとして $(x_1,\ y_1),\ \cdots,\ (x_n,\ y_n)$ が与えられたときに**残差平方和**（残差を２乗して合計した値）を考え，これを $S(a,\ b)$ とおく．

$$S(a,\ b) = \sum_{i=1}^{n}(y_i - a - bx_i)^2 = (y_1 - a - bx_1)^2 + \cdots + (y_n - a - bx_n)^2$$

この値を最小にする a と b を求めよう．そのために，下記のベクトルと行列を導入する．

$$\boldsymbol{y} = \begin{pmatrix} y_1 \\ y_2 \\ \vdots \\ y_n \end{pmatrix}, \qquad \boldsymbol{b} = \begin{pmatrix} a \\ b \end{pmatrix}, \qquad X = \begin{pmatrix} 1 & x_1 \\ 1 & x_2 \\ \vdots & \vdots \\ 1 & x_n \end{pmatrix}$$

このとき残差 $u_i = y_i - \widehat{y}_i$ を成分とする，次のベクトルを考える．このベクトルを**残差ベクトル**という．

$$\boldsymbol{u} = \begin{pmatrix} u_1 \\ u_2 \\ \vdots \\ u_n \end{pmatrix} = \begin{pmatrix} y_1 - (a + bx_1) \\ y_2 - (a + bx_2) \\ \vdots \\ y_n - (a + bx_n) \end{pmatrix} = \boldsymbol{y} - X\boldsymbol{b}$$

と表される．このとき，残差平方和は，定理 3.1 より，

$$\sum_{i=1}^{n} u_i^2 = {}^t\boldsymbol{u}\boldsymbol{u} = {}^t(\boldsymbol{y} - X\boldsymbol{b})(\boldsymbol{y} - X\boldsymbol{b}) = ({}^t\boldsymbol{y} - {}^t\boldsymbol{b}\,{}^tX)(\boldsymbol{y} - X\boldsymbol{b})$$
$$= {}^t\boldsymbol{y}\boldsymbol{y} - {}^t\boldsymbol{y}X\boldsymbol{b} - {}^t\boldsymbol{b}\,{}^tX\boldsymbol{y} + {}^t\boldsymbol{b}\,{}^tXX\boldsymbol{b} \tag{5.2}$$

となる．残差平方和を最小にするための必要条件として，(5.2) の最終式をベクトル $\boldsymbol{b}$ で微分して $\boldsymbol{0}$ とおく．(5.2) の最終式は，$\boldsymbol{b}$ で微分すると，第２項の微分は第３項の微分と一致，第３項，第４項の微分は，それぞれ例題 4 (1)，(2)を用いると $-{}^tX\boldsymbol{y}$，$2\,{}^tXX\boldsymbol{b}$ となるので，次の等式が成り立つ．

$$-2\,{}^tX\boldsymbol{y} + 2\,{}^tXX\boldsymbol{b} = \boldsymbol{0}$$

上記の条件より次の方程式が得られる．これを**正規方程式**という．

$$ {}^tXX\boldsymbol{b} = {}^tX\boldsymbol{y} $$

よって，${}^tXX$ の逆行列が存在するとき，両辺に左から掛けることで正規方程式の解を得る．

$$ \boldsymbol{b} = ({}^tXX)^{-1}\,{}^tX\boldsymbol{y} $$

解 $\boldsymbol{b}$ を成分で表すと，

$$ \boldsymbol{b} = \begin{pmatrix} a \\ b \end{pmatrix} = \left[\begin{pmatrix} 1 & 1 & \cdots & 1 \\ x_1 & x_2 & \cdots & x_n \end{pmatrix}\begin{pmatrix} 1 & x_1 \\ 1 & x_2 \\ \vdots & \vdots \\ 1 & x_n \end{pmatrix}\right]^{-1}\begin{pmatrix} 1 & 1 & \cdots & 1 \\ x_1 & x_2 & \cdots & x_n \end{pmatrix}\begin{pmatrix} y_1 \\ \vdots \\ y_n \end{pmatrix} $$

$$ = \frac{1}{n\sum_{i=1}^{n}x_i^2-\left(\sum_{i=1}^{n}x_i\right)^2}\begin{pmatrix} \sum_{i=1}^{n}x_i^2\sum_{i=1}^{n}y_i-\sum_{i=1}^{n}x_i\sum_{i=1}^{n}x_iy_i \\ -\sum_{i=1}^{n}x_i\sum_{i=1}^{n}y_i+n\sum_{i=1}^{n}x_iy_i \end{pmatrix} \tag{5.3} $$

を得る．これらを整理することで，上述の a と b の表現 (5.1) を得ることができる（章末問題とする）．

ここで，求められた a と b による y_i の**予測値**（または**理論値**）$\hat{y}_i=a+bx_i$ のベクトル $\hat{\boldsymbol{y}}=(\hat{y}_i)$ は次のように表すことができる．

$$ \hat{\boldsymbol{y}} = \begin{pmatrix} a+bx_1 \\ a+bx_2 \\ \vdots \\ a+bx_n \end{pmatrix} = \begin{pmatrix} 1 & x_1 \\ 1 & x_2 \\ \vdots & \vdots \\ 1 & x_n \end{pmatrix}\boldsymbol{b} = X\boldsymbol{b} = X({}^tXX)^{-1}\,{}^tX\boldsymbol{y} $$

このことより，残差 $u_i=y_i-\hat{y}_i$ のベクトル $\boldsymbol{u}=(u_i)$ は，次のように表すことができる．

$$ \boldsymbol{u} = \begin{pmatrix} u_1 \\ u_2 \\ \vdots \\ u_n \end{pmatrix} = \begin{pmatrix} y_1-\hat{y}_1 \\ y_2-\hat{y}_2 \\ \vdots \\ y_n-\hat{y}_n \end{pmatrix} = \boldsymbol{y}-X({}^tXX)^{-1}\,{}^tX\boldsymbol{y} = (E-X({}^tXX)^{-1}\,{}^tX)\boldsymbol{y} $$

章末問題 I

1．次の 2 次正方行列の逆行列を求めよ．

(1) $\begin{pmatrix} 1 & 2 \\ 2 & 5 \end{pmatrix}$　　(2) $\begin{pmatrix} 8 & 5 \\ 5 & 3 \end{pmatrix}$　　(3) $\begin{pmatrix} 4 & 2 \\ 1 & 3 \end{pmatrix}$

2．A および，$Y=D-CA^{-1}B$ が正則であるとき，

$$\begin{pmatrix} A & B \\ C & D \end{pmatrix}^{-1} = \begin{pmatrix} A^{-1}+A^{-1}BY^{-1}CA^{-1} & -A^{-1}BY^{-1} \\ -Y^{-1}CA^{-1} & Y^{-1} \end{pmatrix}$$

であることを示せ．

3．ブロック分割を利用して，次の行列の逆行列を求めよ．

(1) $\begin{pmatrix} 1 & 3 & 1 \\ 1 & 2 & 2 \\ 0 & 0 & 1 \end{pmatrix}$　　(2) $\begin{pmatrix} 3 & 1 & 4 \\ 0 & 1 & 2 \\ 0 & 2 & 5 \end{pmatrix}$　　(3) $\begin{pmatrix} 1 & 0 & 1 & 2 \\ 2 & -1 & 0 & -1 \\ 0 & 0 & 2 & 1 \\ 0 & 0 & 1 & 0 \end{pmatrix}$

4．n 次正方行列 $A=(a_{ij})$ において，成分が $a_{ij}=0$ $(i \geqq j)$ であるとき，A はベキ零行列であることを示せ．

$$A = \begin{pmatrix} 0 & a_{12} & a_{13} & \cdots & a_{1n} \\ 0 & 0 & a_{23} & \cdots & a_{2n} \\ \vdots & \vdots & \vdots & \ddots & \vdots \\ 0 & 0 & 0 & \cdots & a_{n-1n} \\ 0 & 0 & 0 & \cdots & 0 \end{pmatrix}$$

章末問題 II

1．以下のデータに対して，回帰直線 $y=a+bx$ を最小 2 乗法で求めよ．

(1)

i	y_i	x_i
1	5	8
2	8	10
3	9	12
4	9	14

(2)

i	y_i	x_i
1	7	11
2	9	15
3	13	19
4	23	23

2．行列を用いた最小 2 乗法の解 (5.3) を整理して，a と b の表現 (5.1) を求めよ．

第6章 置換

ものの並べ替えを表す演算として，置換とよばれる操作がある．本章では，置換の演算やその表現について考察するとともに，次章以降で登場する行列式を定義するための準備として，置換の符号の概念を導入する．また，置換が現れる身近な例として，あみだくじを取り上げ，置換の演算との関係を探ろう．

1 置換

置換　n 次の**置換**とは，n 個のものの並べ替えを行う操作である．ここでは単純化して，自然数の列 1，2，…，n の並べ替えを考える．1 列目に 1，2，…，n を，そして 2 列目に 1，2，…，n を並べ替えた数字の列を記して $(2,\ n)$ 行列をつくり，この行列によって n 次の置換を表現する．

一般に，置換 σ による並べ替えによって，i 列目の数字 i が数字 $\sigma(i)$ に置き換えられたとして，σ を次のように表す[1)]．

$$\sigma=\begin{bmatrix} 1 & 2 & \cdots & i & \cdots & n \\ \sigma(1) & \sigma(2) & \cdots & \sigma(i) & \cdots & \sigma(n) \end{bmatrix}$$

[例 1]　2 次の置換は，2 つの数字 1，2 の並べ替えなので，以下の 2 つのみである．

$$\begin{bmatrix} 1 & 2 \\ 1 & 2 \end{bmatrix},\ \begin{bmatrix} 1 & 2 \\ 2 & 1 \end{bmatrix}$$

3 次の置換は，3 つの数字 1，2，3 の並べ替えなので，以下の 6 つのみである．

$$\begin{bmatrix} 1 & 2 & 3 \\ 1 & 2 & 3 \end{bmatrix},\ \begin{bmatrix} 1 & 2 & 3 \\ 2 & 3 & 1 \end{bmatrix},\ \begin{bmatrix} 1 & 2 & 3 \\ 3 & 1 & 2 \end{bmatrix},\ \begin{bmatrix} 1 & 2 & 3 \\ 1 & 3 & 2 \end{bmatrix},\ \begin{bmatrix} 1 & 2 & 3 \\ 2 & 1 & 3 \end{bmatrix},\ \begin{bmatrix} 1 & 2 & 3 \\ 3 & 2 & 1 \end{bmatrix}$$

一般に，n 次の置換は $n!$ 個ある．n 次の置換全体の集合を S_n で表し，σ が n 次の置換であるとき，$\sigma \in S_n$ と書く．

n 次の置換の中で，並べ替えをしない置換を**恒等置換**，または**単位置換**とよび，

1）本書では，置換を通常の行列と区別するため，置換は［　］で括る．

e_n あるいは単に e で表す.

$$e_n = \begin{bmatrix} 1 & 2 & \cdots & n \\ 1 & 2 & \cdots & n \end{bmatrix}$$

置換の積　σ, $\tau \in S_n$ について, 積 $\tau\sigma \in S_n$ を以下で定義する.

$$\tau\sigma = \begin{bmatrix} 1 & 2 & \cdots & n \\ \tau(\sigma(1)) & \tau(\sigma(2)) & \cdots & \tau(\sigma(n)) \end{bmatrix}$$

$\tau(\sigma(i))$ は, 置換 σ で置き換えられた数字 $\sigma(i)$ がさらに τ で置き換えられた数字を表している.

》》》例題 1. σ, $\tau \in S_4$ について, 積 $\tau\sigma$ および $\sigma\tau$ を計算せよ.

$$\sigma = \begin{bmatrix} 1 & 2 & 3 & 4 \\ 3 & 1 & 4 & 2 \end{bmatrix}, \quad \tau = \begin{bmatrix} 1 & 2 & 3 & 4 \\ 2 & 3 & 4 & 1 \end{bmatrix}$$

《《《 解答　$\sigma(1)=3$, $\tau(3)=4$ より, $\tau(\sigma(1))=4$ であるから, $\tau\sigma$ の 1 列目の 2 段目の数字は 4 である. 以下同様に求めると,

$$\tau\sigma = \begin{bmatrix} 1 & 2 & 3 & 4 \\ 2 & 3 & 4 & 1 \end{bmatrix}\begin{bmatrix} 1 & 2 & 3 & 4 \\ 3 & 1 & 4 & 2 \end{bmatrix} = \begin{bmatrix} 1 & 2 & 3 & 4 \\ 4 & 2 & 1 & 3 \end{bmatrix}$$

一方で,

$$\sigma\tau = \begin{bmatrix} 1 & 2 & 3 & 4 \\ 3 & 1 & 4 & 2 \end{bmatrix}\begin{bmatrix} 1 & 2 & 3 & 4 \\ 2 & 3 & 4 & 1 \end{bmatrix} = \begin{bmatrix} 1 & 2 & 3 & 4 \\ 1 & 4 & 2 & 3 \end{bmatrix}$$

上記の計算から, 置換の積は交換法則 $\tau\sigma = \sigma\tau$ は一般に成り立たない.

逆置換　置換 σ に対し, σ による並べ替えを元に戻す置換を考えよう. 置換 $\sigma \in S_n$ に対し, $\tau\sigma = \sigma\tau = e_n$ となる $\tau \in S_n$ がただ一つ存在する. この τ を σ の**逆置換**とよび, σ^{-1} と書く [2). 具体的には,

$$\sigma = \begin{bmatrix} 1 & 2 & \cdots & n \\ \sigma(1) & \sigma(2) & \cdots & \sigma(n) \end{bmatrix}$$

に対し, 下段の数字 i のすぐ上の数字を $\sigma^{-1}(i)$ と書くことにすると, 逆置換が構成できる.

---

2) 写像の言葉で言い換えると, n 次の置換は n 個の要素からなる有限集合 X 上の全単射 $X \to X$ であり, 積は写像の合成, 恒等置換は恒等写像, 逆置換は逆写像にそれぞれ対応する.

[例 2]

$$\sigma=\begin{bmatrix}1&2&3\\2&3&1\end{bmatrix}$$

に対し，$\sigma^{-1}(1)=3$，$\sigma^{-1}(2)=1$，$\sigma^{-1}(3)=2$ であるから，

$$\sigma^{-1}=\begin{bmatrix}1&2&3\\2&3&1\end{bmatrix}^{-1}=\begin{bmatrix}1&2&3\\3&1&2\end{bmatrix}$$

同様に考えて，

$$\begin{bmatrix}1&2&3&4\\3&1&4&2\end{bmatrix}^{-1}=\begin{bmatrix}1&2&3&4\\2&4&1&3\end{bmatrix}$$

練習問題 1 次の5次の置換

$$\sigma=\begin{bmatrix}1&2&3&4&5\\2&3&4&5&1\end{bmatrix},\quad \tau=\begin{bmatrix}1&2&3&4&5\\2&1&5&4&3\end{bmatrix}$$

に対し，以下を計算せよ．

(1) $\sigma\tau$　　(2) $\tau\sigma$　　(3) σ^{-1}　　(4) τ^{-1}

定理 6.1. σ，τ，$\rho\in S_n$ に対し，次が成り立つ．

(1) $\rho(\tau\sigma)=(\rho\tau)\sigma$　　(2) $\sigma e=e\sigma=\sigma$

(3) $(\tau\sigma)^{-1}=\sigma^{-1}\tau^{-1}$　　(4) $(\sigma^{-1})^{-1}=\sigma$

証明 (1)と(2)については，各数字 i がどんな数字に並べ替わるのかを見ていけば，容易に示せる．(3)については，(1)，(2)を用いると，

$$(\sigma^{-1}\tau^{-1})(\tau\sigma)=(\tau\sigma)(\sigma^{-1}\tau^{-1})=e$$

であることが従う．よって，$(\tau\sigma)^{-1}=\sigma^{-1}\tau^{-1}$ である．

(4)については，$\sigma^{-1}\sigma=\sigma\sigma^{-1}=e$ を σ^{-1} を主体に見ることで，$(\sigma^{-1})^{-1}=\sigma$ であることがわかる． □

巡回置換 $\sigma\in S_n$ が長さ r の**巡回置換**であるとは，r 個の異なる自然数

$$i_1,\ i_2,\ \cdots,\ i_r\ (1\leqq i_j\leqq n,\ j=1,2,\cdots,r)$$

に対し，数字 i を次のように並べ替える置換である．

$$\sigma(i)=\begin{cases} i_{k+1} & (i=i_k,\ k\leqq r-1\text{ のとき}) \\ i_1 & (i=i_r\text{ のとき}) \\ i & (\text{その他}) \end{cases}$$

つまり，i_1，i_2，…，i_{r-1}，i_r をそれぞれ，i_2，i_3，…，i_r，i_1 に並べ替え，それ以外の数字は並べ替えをしない置換である．上記の長さ r の巡回置換 σ を，

$$\sigma=[i_1,\ i_2,\ \cdots,\ i_r]$$

と書く．長さ r の巡回置換は i_1，i_2，…，i_r の r 個の数字をひとつずつずらし，r 回繰り返すことで元に戻るため，$[i_1,\ i_2,\ \cdots,\ i_r]^r=e$ となる．特に，長さ 2 の巡回置換は**互換**とよばれ，互換 $[i,\ j]$ は数字 i と j を入れ替える置換である．便宜上，長さ 1 の巡回置換は恒等置換と定める．

》》》例題 2. $\sigma=[1,\ 2]$，$\tau=[2,\ 3,\ 4]\in S_4$ について，以下を計算せよ．

(1) $\tau\sigma$　　(2) σ^{-1}　　(3) σ^n

《《《解答 (1) σ は 1 を 2，2 を 1 にそれぞれ並べ替え，3 と 4 は並べ替えをしない置換である．また，τ は 2 を 3，3 を 4，4 を 2 にそれぞれ置き換え，1 は並べ替えをしない置換である．よって，

$$\tau\sigma=[2,\ 3,\ 4][1,\ 2]=\begin{bmatrix}1&2&3&4\\1&3&4&2\end{bmatrix}\begin{bmatrix}1&2&3&4\\2&1&3&4\end{bmatrix}=\begin{bmatrix}1&2&3&4\\3&1&4&2\end{bmatrix}$$
$$=[1,\ 3,\ 4,\ 2]$$

(2)
$$\sigma^{-1}=[1,\ 2]^{-1}=\begin{bmatrix}1&2&3&4\\2&1&3&4\end{bmatrix}^{-1}=\begin{bmatrix}1&2&3&4\\2&1&3&4\end{bmatrix}=[1,\ 2]$$

(別解) 任意の互換 $[i,\ j]$ は $[i,\ j]^2=e$ である．よって，$[i,\ j]^{-1}=[i,\ j]$ より，$[1,\ 2]^{-1}=[1,\ 2]$ となる．

(3) $\sigma^2=e$ であるため，

$$\sigma^n=\begin{cases}\sigma & (n\text{ が奇数のとき})\\ e & (n\text{ が偶数のとき})\end{cases}$$

練習問題 2 $\sigma=[1,\ 2]$，$\tau=[2,\ 3,\ 4]\in S_4$ について，以下を計算せよ．

(1) $\sigma\tau$　　(2) τ^{-1}　　(3) $\sigma\tau\sigma$　　(4) $\tau\sigma\tau$　　(5) τ^n

定理 6.2. 任意の置換は巡回置換の積の形で表せる.

証明 $\sigma\in S_n$ に対し, $i_1=1$ として, $\sigma^r(1)=1$ となる $1\leqq r\leqq n$ が存在する. なぜなら, このような r が存在しないとすると,

$$1,\ \sigma(1),\ \sigma^2(1),\ \cdots,\ \sigma^n(1)$$

という $(n+1)$ 個の異なる数字が $1\sim n$ の中に存在してしまうため矛盾が生じるからである.

今, $\sigma^r(1)=1$ となる最小の r を r_1 とすると,

$$\sigma_1=[1,\ \sigma(1),\ \sigma^2(1),\ \cdots,\ \sigma^{r_1-1}(1)]$$

は r_1 次の巡回置換である. ただし, $r_1=1$ のときは, $\sigma_1=e$ とする.

次に, $1\sim n$ の数字の中で, $1,\ \sigma(1),\ \cdots,\ \sigma^{r_1-1}(1)$ 以外の最小の数字 i_2 に対して同様の手順で巡回置換

$$\sigma_2=[i_2,\ \sigma(i_2),\ \sigma^2(i_2),\ \cdots,\ \sigma^{r_2-1}(i_2)]$$

を得る. このとき, σ_1 と σ_2 の中には共通の数字がないことに注意したい. よってこの操作を繰り返すことにより, 増加列 $1=i_1<i_2<\cdots<i_k$ が得られ, 巡回置換 $\sigma_j=[i_j,\ \sigma(i_j),\ \cdots,\ \sigma^{r_j-1}(i_j)]$ により, σ は

$$\sigma=\sigma_k\cdots\sigma_2\sigma_1 \tag{6.1}$$

として表せる. □

上記の証明の中で, $\sigma_1,\ \cdots,\ \sigma_k$ に対し, $i\neq j$ であるような $i,\ j$ に対して, σ_i と σ_j は互いに異なる数字からなる巡回置換であった. よって, これらの巡回置換は互いに影響を及ぼさず, $\sigma_i\sigma_j=\sigma_j\sigma_i$ となることがわかる. よって, (6.1) における巡回置換の積は, 積の順番を交換しても等しい.

[例 3] $\begin{bmatrix}1&2&3&4&5\\3&5&1&2&4\end{bmatrix}=[2,\ 5,\ 4][1,\ 3]=[1,\ 3][2,\ 5,\ 4]$

定理 6.3. 任意の巡回置換は互換の積の形で表せる.

証明 長さ r の巡回置換 $\sigma=[i_1,\ i_2,\ \cdots,\ i_r]$ に対し,

$$[i_1,\ \cdots,\ i_r]=[i_1,\ i_r][i_1,\ \cdots,\ i_{r-1}]$$

となる．これは，

$$[i_1,\ i_r][i_1,\ \cdots,\ i_{r-1}](i_k)=\begin{cases}[i_1,\ i_r](i_{k+1})=i_{k+1} & (1\leqq k\leqq r-2)\\ [i_1,\ i_r](i_1)=i_r & (k=r-1)\\ [i_1,\ i_r](i_r)=i_1 & (k=r)\end{cases}$$

であることから確かめられる．よってこの操作を繰り返すことで，

$$\sigma=[i_1,\ i_r][i_1,\ i_{r-1}][i_1,\ i_{r-2}]\cdots[i_1,\ i_2]$$

と，互換の積で表せる． □

注意として，上記の互換の積での表示は，先の巡回置換での積の表示と異なり，積の順番を交換できるとは限らない．

定理 6.2 と 6.3 から，以下の定理が導かれる．

定理 6.4. 任意の置換は互換の積で表せる．

注意 1. 置換の互換の積での表し方は一意的ではない．たとえば，

$$[1,\ 2,\ 3,\ 4]=[1,\ 4][1,\ 3][1,\ 2]=[3,\ 4][2,\ 3][1,\ 3][3,\ 4][2,\ 3]$$

である．もっと単純な例として恒等置換を考えると，

$$e=[1,\ 2][1,\ 2]=[1,\ 2][1,\ 2][1,\ 2][1,\ 2]=\cdots=[1,\ 2]^{2n}$$

しかし，置換を互換の積で表した際に現れる互換の個数については，次のことが成り立つ．

定理 6.5. 置換を互換の積で表示したとき，互換の個数が偶数，あるいは奇数であるかは一意に決まる．

証明 次のような n の多項式

$$\varDelta=\prod_{1\leqq i<j\leqq n}(i-j)=(1-2)(1-3)\cdots(1-n)(2-3)(2-4)\cdots((n-1)-n)$$

を考える．このとき，$\sigma\in S_n$ に対し，

$$\begin{aligned}\sigma\varDelta&=\prod_{1\leqq i<j\leqq n}(\sigma(i)-\sigma(j))\\&=(\sigma(1)-\sigma(2))(\sigma(1)-\sigma(3))\cdots(\sigma(1)-\sigma(n))(\sigma(2)-\sigma(3))(\sigma(2)-\sigma(4))\\&\qquad\cdots(\sigma(n-1)-\sigma(n))\end{aligned}$$

とおく．このとき，$\sigma=[i,\ j]$ $(i<j)$ という互換と仮定して，$\varDelta$ と $\sigma\varDelta$ を比較しよう．$k<\ell$ である k，ℓ に対し，以下の場合を考え，$k-\ell$ と $\sigma(k)-\sigma(\ell)$ を比較する．

(1) k，ℓ のどちらも i，j ではない場合：

$$\sigma(k)-\sigma(\ell)=k-\ell$$

(2) k は i，j ではなく，$\ell=i$，j の場合：

$$\begin{cases}(\sigma(k)-\sigma(i))(\sigma(k)-\sigma(j))=(k-j)(k-i)=(k-i)(k-j) & k<i,\ (\ell=i,\ j)\\ (\sigma(i)-\sigma(k))(\sigma(k)-\sigma(j))=(j-k)(k-i)=(i-k)(k-j) & i<k<j=\ell\end{cases}$$

(3) ℓ は i，j ではなく，$k=i$，j の場合：

$$\begin{cases}(\sigma(i)-\sigma(\ell))(\sigma(j)-\sigma(\ell))=(j-\ell)(i-\ell)=(i-\ell)(j-\ell) & j<\ell,\ (k=i,\ j)\\ (\sigma(i)-\sigma(\ell))(\sigma(\ell)-\sigma(j))=(j-\ell)(\ell-i)=(i-\ell)(\ell-j) & k=i<\ell<j\end{cases}$$

(4) $k=i$，$\ell=j$ の場合：

$$\sigma(k)-\sigma(\ell)=\ell-k=-(k-\ell)$$

$\sigma=[i,\ j]$ の場合，上記の(1)から(4)の左辺のすべての積が $\sigma\varDelta$ であるため，符号の変化に注意すると

$$\sigma\varDelta=-\varDelta$$

である．いま，一般の置換 σ に対し，

$$\sigma=\sigma_1\sigma_2\cdots\sigma_r=\tau_1\tau_2\cdots\tau_s$$

のように，長さ r の互換の積と，長さ s の互換の積の2通りで表されたとする．

$$\sigma\varDelta=(-1)^r\varDelta=(-1)^s\varDelta$$

となるため，$(-1)^r=(-1)^s$ より，r と s の偶奇は一致している． □

置換の符号 置換 σ が偶数個の互換の積として表せるとき，**偶置換**とよび，奇数個の互換の積で表せるときは，**奇置換**とよぶ．また，置換 σ の符号 $\mathrm{sgn}(\sigma)$ を以下のように定める．

$$\mathrm{sgn}(\sigma)=\begin{cases}1 & (\sigma\text{ が偶置換})\\ -1 & (\sigma\text{ が奇置換})\end{cases}$$

長さ r の巡回置換 $[i_1,\ \cdots,\ i_r]$ は定理6.3の証明の中で $r-1$ 個の互換の積で表せたので，

$$\mathrm{sgn}[i_1,\ \cdots,\ i_r] = (-1)^{r-1}$$

である．特に互換自身は奇置換なので，$\mathrm{sgn}[i,\ j]=-1$ であり，恒等置換は $e=[i,\ j]^2$ より偶置換なので，$\mathrm{sgn}(e)=1$ である．

定理 6.6. $\sigma,\ \tau\in S_n$ に対し，以下が成り立つ．

(1) $\mathrm{sgn}(\tau\sigma) = \mathrm{sgn}(\tau)\mathrm{sgn}(\sigma)$

(2) $\mathrm{sgn}(\sigma^{-1}) = \mathrm{sgn}(\sigma)$

証明 (1) σ が r 個の互換，τ が s 個の互換の積で表せたとすると，$\tau\sigma$ は $r+s$ 個の互換の積で表せる．よって，

$$\mathrm{sgn}(\tau\sigma) = (-1)^{r+s} = (-1)^s(-1)^r = \mathrm{sgn}(\tau)\mathrm{sgn}(\sigma)$$

(2) $\sigma=\sigma_r\cdots\sigma_2\sigma_1$ と r 個の互換の積で表せたとき，

$$\sigma^{-1} = \sigma_1^{-1}\sigma_2^{-1}\cdots\sigma_r^{-1} = \sigma_1\sigma_2\cdots\sigma_r$$

となるため，σ^{-1} も r 個の互換の積で表せる．よって，$\mathrm{sgn}(\sigma^{-1})=\mathrm{sgn}(\sigma)$ □

[例 4]

$$\begin{aligned}\mathrm{sgn}\begin{bmatrix}1 & 2 & 3 & 4 & 5\\ 3 & 4 & 1 & 5 & 2\end{bmatrix} &= \mathrm{sgn}([1,\ 3][2,\ 4,\ 5])\\ &= \mathrm{sgn}[1,\ 3]\mathrm{sgn}[2,\ 4,\ 5] = -1\end{aligned}$$

練習問題 3 次の置換に対し，その符号を求めよ．

(1) $\mathrm{sgn}\begin{bmatrix}1 & 2\\ 2 & 1\end{bmatrix}$

(2) $\mathrm{sgn}\begin{bmatrix}1 & 2 & 3\\ 2 & 3 & 1\end{bmatrix}$

(3) $\mathrm{sgn}\begin{bmatrix}1 & 2 & 3 & 4\\ 2 & 1 & 4 & 3\end{bmatrix}$

(4) $\mathrm{sgn}\begin{bmatrix}1 & 2 & 3 & 4 & 5\\ 2 & 3 & 4 & 5 & 1\end{bmatrix}$

2 あみだくじ

ものの並べ替えを表す置換は，経済学における物々交換などの概念の根幹であるだけでなく，我々の日常生活にも無意識に溶け込んでいる．たとえば，あみだくじは景品の当選や，学校でのクラス委員の選出などさまざまな場面で利用されるが，その本質は置換そのものである．本節で用いるあみだくじは，話を単純に

するため，n 本の縦棒に加え，隣接する縦棒の間に横棒がいくつか引かれたものとして扱うこととする．また，2つの横棒はつながらないとする．

[例 5]

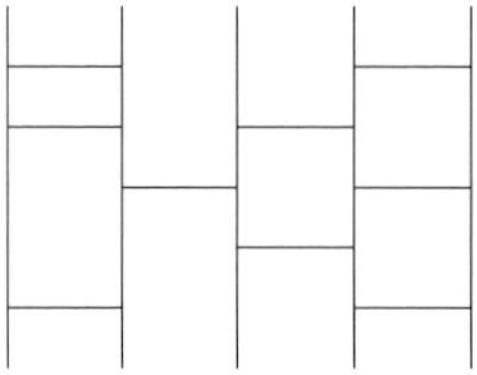

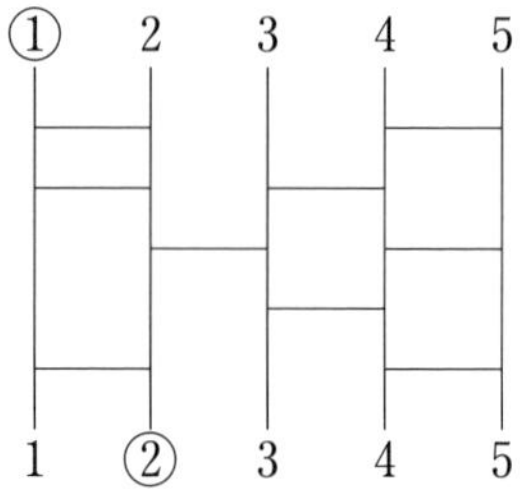

たとえば，上記の左図のあみだくじの場合，右図のように縦棒の上部と下部に左から数字 1，2，3，4，5 を記し，上部の数字が行きついた先の下部の数字に着目しよう．上記のあみだくじは，1 を 2 に置き換えたことを意味している．同様に，2 は 5，3 は 4，4 は 3，5 は 1 に置き替わるため，上記のあみだくじは

$$\begin{bmatrix} 1 & 2 & 3 & 4 & 5 \\ 2 & 5 & 4 & 3 & 1 \end{bmatrix}$$

という 5 次の置換に対応する．

練習問題 4 次のあみだくじに対応する置換を表せ．

(1)

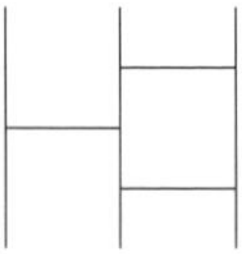

(2)

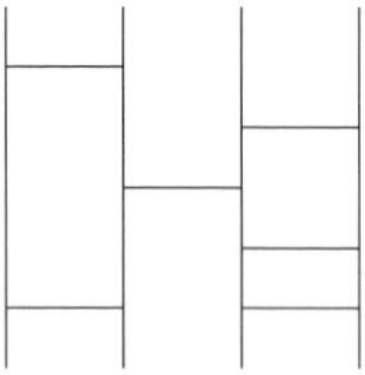

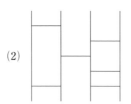

(3)

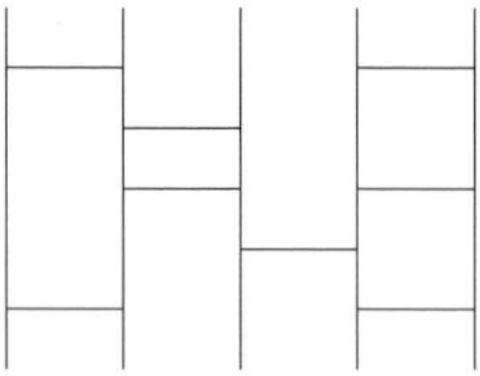

あみだくじの積　縦棒が n 本のあみだくじを n 次のあみだくじと呼ぶ．上記の対応で見るように，n 次のあみだくじは n 次の置換に対応する．置換の積をあみだくじで表してみよう．

2つの n 次の置換 σ，τ に対し，$\tau\sigma$ は置換 σ を行った後に，置換 τ を行う置換であった．あみだくじで考えれば，σ に対応するあみだくじの下に τ に対応するあみだくじを繋げるということに他ならない．

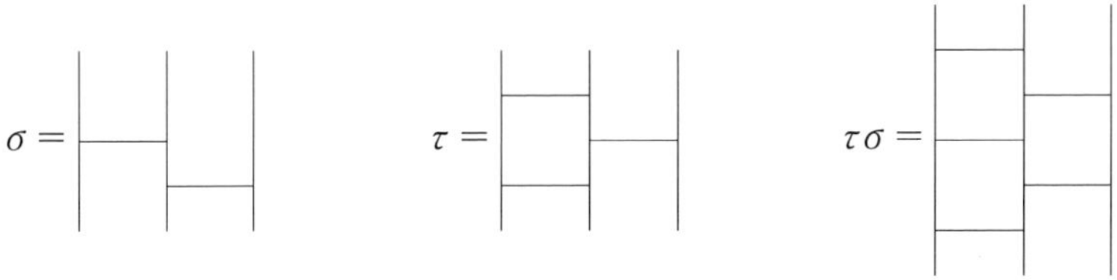

また，恒等置換は横棒のないあみだくじ，逆置換はもとのあみだくじの上下を逆転させたあみだくじである．ただし，ここではあみだくじの横棒の配置に関係なく，行きつく先が同じならばあみだくじ自身も同じと考えている．

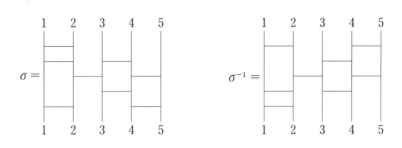

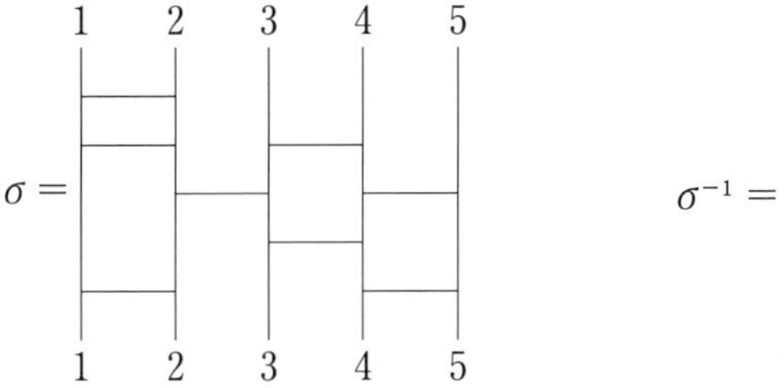

あみだくじと隣接互換　上記で考えたように，n 次のあみだくじに対しては，その行き先を見ることで n 次の置換が定まった．逆に，n 次の置換が与えられたときに，それに対応するあみだくじはどのように構成できるだろうか．たとえば，恒等置換に対応するあみだくじは，横棒が存在しないあみだくじや，隣接する縦棒に 2 本だけ横棒があるものなどいくらでも構成できる．

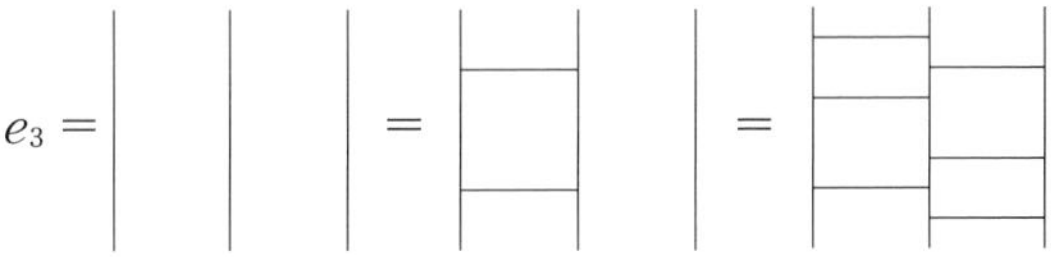

与えられた置換から，対応するあみだくじの横棒の配置まで決定しようと考えると，前節で学んだように置換の互換分解を選ぶ必要がある．本節の冒頭で述べたように，本節のあみだくじは隣接する縦棒の間にのみ横棒が引かれたものを考

えているため，互換の中でも特に隣接する数字の入れ替え $[i,\ i+1]$ が本質的である．このような互換を**隣接互換**とよぶ．

定理 6.7. 任意の互換は，隣接互換の積で表示できる．

証明 $i<j$ とし，その差 $j-i$ による帰納法を用いる．

$j-i=1$ のときは，$[i,\ j]=[i,\ i+1]$ であるため，それ自身が隣接互換になっている．次に $j-i=n-1$ である互換 $[i,\ j]$ が隣接互換の積に分解できると仮定したとき，$j-i=n$ の場合を考える．

$$[i,\ j]=[j-1,\ j][i,\ j-1][j-1,\ j]$$

である．仮定より $[i,\ j-1]$ が隣接互換の積で表せるため，$[i,\ j]$ もまた隣接互換の積で表せる． □

前節で示した定理 6.2 と 6.3 と併せれば，一般の置換に関して以下が導かれる．

定理 6.8. 任意の置換は，隣接互換の積で表示できる．

隣接互換 $[i,\ i+1]$ はあみだくじの i 番目と $(i+1)$ 番目の縦棒に横棒を 1 本引くことに対応している．前節でも見たように置換を互換の積で表示する方法は 1 通りではないため，隣接互換での表現を 1 つ定めれば，あみだくじの横棒の配置を与えることになる．

[例 6] 以下の 5 次の置換を考える．

$$\sigma=\begin{bmatrix}1&2&3&4&5\\2&5&4&3&1\end{bmatrix}$$

σ の隣接互換による表現として，たとえば，

$$\sigma=[4,\ 5][1,\ 2][3,\ 4][4,\ 5][2,\ 3][1,\ 2][3,\ 4][4,\ 5][1,\ 2]$$

が考えられる．右端の $[1,\ 2]$ から順にあみだくじの高い位置から低い位置へと横棒を引いていくと，次の左図のように例 5 のあみだくじがほぼ復元できる．

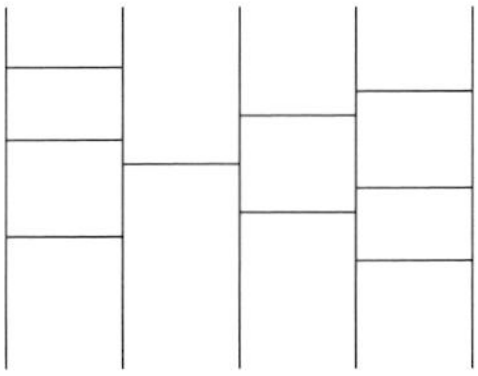

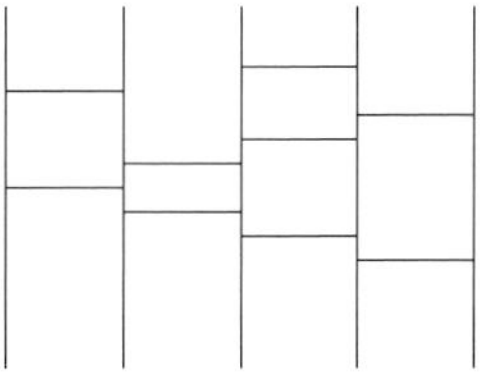

また別の隣接互換による表現として，

$$\sigma = [4,\ 5][3,\ 4][2,\ 3][1,\ 2][2,\ 3][3,\ 4][4,\ 5][1,\ 2][3,\ 4]$$

なども考えられるが，これは上記の右図のあみだくじになり，横棒の配置は先とは異なるが置換としては同じものを表していることに注意する．

練習問題 5 以下の置換を隣接互換の積で表示し，対応するあみだくじをかけ．

(1) $\begin{bmatrix} 1 & 2 & 3 \\ 3 & 1 & 2 \end{bmatrix}$　(2) $\begin{bmatrix} 1 & 2 & 3 & 4 \\ 3 & 4 & 1 & 2 \end{bmatrix}$　(3) $\begin{bmatrix} 1 & 2 & 3 & 4 & 5 \\ 4 & 5 & 1 & 2 & 3 \end{bmatrix}$

章末問題 I

1．次の4次の置換

$$\sigma = \begin{bmatrix} 1 & 2 & 3 & 4 \\ 2 & 3 & 4 & 1 \end{bmatrix}, \quad \tau = \begin{bmatrix} 1 & 2 & 3 & 4 \\ 4 & 3 & 2 & 1 \end{bmatrix}$$

に対し，次の置換を求めよ．

(1) $\sigma\tau$　(2) $\tau\sigma$　(3) σ^{-1}　(4) τ^{-1}　(5) $\sigma^{-1}\tau\sigma$

2．次の置換の符号を求めよ．

(1) $\operatorname{sgn}\begin{bmatrix} 1 & 2 & 3 \\ 3 & 2 & 1 \end{bmatrix}$　(2) $\operatorname{sgn}\begin{bmatrix} 1 & 2 & 3 & 4 \\ 3 & 4 & 1 & 2 \end{bmatrix}$　(3) $\operatorname{sgn}\begin{bmatrix} 1 & 2 & 3 & 4 & 5 \\ 5 & 4 & 3 & 2 & 1 \end{bmatrix}$

章末問題 II

1．次のあみだくじに対応する置換を求めよ．

(1) 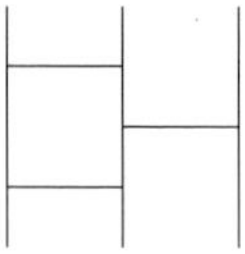　(2) 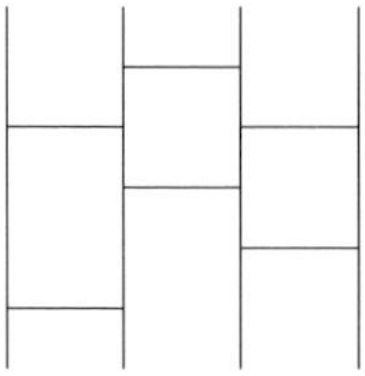　(3) 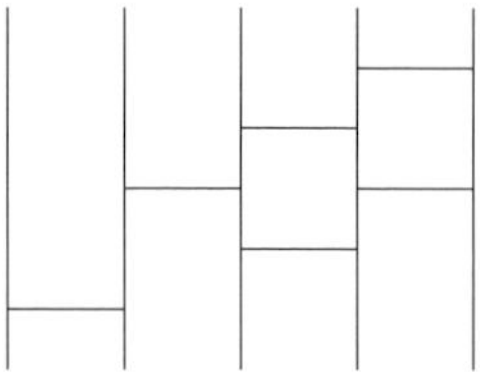

2．次の置換を隣接互換の積で表示し，対応するあみだくじをかけ．

(1) $\begin{bmatrix} 1 & 2 & 3 \\ 3 & 2 & 1 \end{bmatrix}$　(2) $\begin{bmatrix} 1 & 2 & 3 & 4 \\ 2 & 3 & 4 & 1 \end{bmatrix}$　(3) $\begin{bmatrix} 1 & 2 & 3 & 4 & 5 \\ 4 & 5 & 2 & 1 & 3 \end{bmatrix}$

3．n 次の隣接互換 $s_i=[i,\ i+1]$ $(1 \leqq i \leqq n-1)$ に対し，次の等式を示せ．

(1) $s_is_i = e$　(2) $s_is_j = s_js_i$ $(|i-j| \geqq 2)$　(3) $s_is_{i+1}s_i = s_{i+1}s_is_{i+1}$

第7章　行列式

前章で学んだ置換を利用して，正方行列の行列式を定式化しよう．行列式は，歴史的には連立方程式に解があるかを判定する指標として導入されたが，逆行列の存在判定にも用いられるほか，行列で表現される変数変換を行ったときのスケールの変化を表すことから，多変数関数の最大化・最小化問題，また重積分の変数変換にも重要な役割を果たす．

1 行列式

正方行列の行列式は，次の式で計算される実数である．

定義 7.1（行列式）．n 次の正方行列 $A=(a_{ij})$ に対し，行列式 $|A|$ を以下で定義する．

$$|A| = \sum_{\sigma \in S_n} \mathrm{sgn}(\sigma) a_{1\sigma(1)} a_{2\sigma(2)} \cdots a_{n\sigma(n)}$$

上記の行列式の定義で，$\sum_{\sigma \in S_n}$ は n 次の置換すべてを動いて和をとることを意味する．よって，n 次の行列式は，$n!$ 個の項からなり，次数 n が大きいほど計算量は膨大なものとなる．ここでは，n が小さい場合に，行列式がどのように書き表されるのかを見てみよう．

まず，$n=1$ の場合は，$A=(a)$ という1つの成分から成り，1次の置換は恒等置換のみからなるため，$|A|=a$ という成分が直接現れる．次に $n=2$ の場合を見てみよう．

$$A = \begin{pmatrix} a_{11} & a_{12} \\ a_{21} & a_{22} \end{pmatrix}$$

と行列が成分表示されている場合，その行列式は，

$$|A| = \begin{vmatrix} a_{11} & a_{12} \\ a_{21} & a_{22} \end{vmatrix}$$

と行列のカッコを省略して記述するのが一般的である．6章の例1により，2次の置換は，恒等置換 e と互換 $\sigma=[1,\ 2]$ の2つである．よって，

$$\begin{vmatrix} a_{11} & a_{12} \\ a_{21} & a_{22} \end{vmatrix} = \mathrm{sgn}(e)a_{1e(1)}a_{2e(2)} + \mathrm{sgn}(\sigma)a_{1\sigma(1)}a_{2\sigma(2)} = a_{11}a_{22} - a_{12}a_{21}$$

次に3次の行列式を考えてみよう．6章の例1により，3次の置換は6つあり，そのうち恒等置換 $e=\sigma_1$ と長さ3の巡回置換 $\sigma_2=[1,\ 2,\ 3]$，$\sigma_3=[1,\ 3,\ 2]$ が偶置換，互換 $\sigma_4=[2,\ 3]$，$\sigma_5=[1,\ 2]$，$\sigma_6=[1,\ 3]$ が奇置換である．これより，

$$\begin{vmatrix} a_{11} & a_{12} & a_{13} \\ a_{21} & a_{22} & a_{23} \\ a_{31} & a_{32} & a_{33} \end{vmatrix} = \sum_{\sigma \in S_n} \mathrm{sgn}(\sigma)a_{1\sigma(1)}a_{2\sigma(2)}a_{3\sigma(3)} = \sum_{i=1}^{6} \mathrm{sgn}(\sigma_i)a_{1\sigma_i(1)}a_{2\sigma_i(2)}a_{3\sigma_i(3)}$$

$$= a_{11}a_{22}a_{33} + a_{12}a_{23}a_{31} + a_{13}a_{21}a_{32} - a_{11}a_{23}a_{32} - a_{12}a_{21}a_{33} - a_{13}a_{22}a_{31}$$

これを左辺の行列式を計算する公式とみて，**サラスの公式**とよぶことがある．

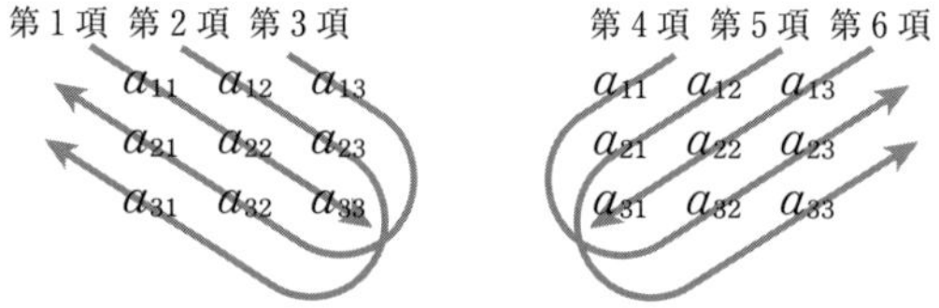

「左上から右下への積の総和」−「右上から左下への積の総和」

》》例題 1. 次の行列の行列式を計算せよ．

(1) $A=\begin{pmatrix} 1 & 2 \\ 3 & 4 \end{pmatrix}$　　(2) $B=\begin{pmatrix} 1 & 2 & 3 \\ 4 & 5 & 6 \\ 7 & 8 & 9 \end{pmatrix}$

《《 解答 (1) $|A|=1\cdot4-2\cdot3=-2$

(2) $|B|=1\cdot5\cdot9+2\cdot6\cdot7+3\cdot4\cdot8-1\cdot6\cdot8-2\cdot4\cdot9-3\cdot5\cdot7=0$

練習問題 1 次の行列式を計算せよ．

(1) $\begin{vmatrix} 3 & -1 \\ 4 & 2 \end{vmatrix}$　　(2) $\begin{vmatrix} 1 & 4 & 6 \\ 0 & 2 & 5 \\ 0 & 0 & 3 \end{vmatrix}$　　(3) $\begin{vmatrix} 1 & 0 & 2 \\ -1 & 2 & 1 \\ 2 & 3 & 0 \end{vmatrix}$

2 行列式の性質

行列式は行列の次数が大きくなるにつれ，計算が非常に煩雑になるため，行列式のさまざまな性質を用いて計算する必要がある．本節では行列 A は n 次正方行列とする．

行列の対称性　転置行列の行列式は，元の行列式と一致することを示そう．

たとえば，3 次の行列式で，サラスの公式を用いて転置の行列式と比較すると，たしかに一致していることに気づく．

$$\begin{vmatrix} a_{11} & a_{12} & a_{13} \\ a_{21} & a_{22} & a_{23} \\ a_{31} & a_{32} & a_{33} \end{vmatrix} = a_{11}a_{22}a_{33}+a_{12}a_{23}a_{31}+a_{13}a_{21}a_{32}-a_{11}a_{23}a_{32}-a_{12}a_{21}a_{33}-a_{13}a_{22}a_{31}$$

$$\begin{vmatrix} a_{11} & a_{21} & a_{31} \\ a_{12} & a_{22} & a_{32} \\ a_{13} & a_{23} & a_{33} \end{vmatrix} = a_{11}a_{22}a_{33}+a_{21}a_{32}a_{13}+a_{31}a_{32}a_{23}-a_{11}a_{32}a_{23}-a_{21}a_{12}a_{33}-a_{31}a_{22}a_{13}$$

定理 7.1.　$|{}^tA|=|A|$

証明　$A=(a_{ij})$，${}^tA=(b_{ij})$ とそれぞれ表すと，$b_{ij}=a_{ji}$ であった．よって，

$$|{}^tA| = \sum_{\sigma\in S_n} \mathrm{sgn}(\sigma) b_{1\sigma(1)} b_{2\sigma(2)} \cdots b_{n\sigma(n)} = \sum_{\sigma\in S_n} \mathrm{sgn}(\sigma) a_{\sigma(1)1} a_{\sigma(2)2} \cdots a_{\sigma(n)n}$$

ここで，$\tau=\sigma^{-1}$ とおくと，実数 $a_{\sigma(1)1}a_{\sigma(2)2}\cdots a_{\sigma(n)n}$ の積は交換可能なので，

$$a_{\sigma(1)1}a_{\sigma(2)2}\cdots a_{\sigma(n)n} = a_{1\tau(1)}a_{2\tau(2)}\cdots a_{n\tau(n)}$$

となる．定理 6.1 により，$\mathrm{sgn}(\sigma)=\mathrm{sgn}(\tau)$ であり，

$$|{}^tA| = \sum_{\sigma\in S_n} \mathrm{sgn}(\sigma) a_{\sigma(1)1}a_{\sigma(2)2}\cdots a_{\sigma(n)n} = \sum_{\tau\in S_n} \mathrm{sgn}(\tau) a_{1\tau(1)}a_{2\tau(2)}\cdots a_{n\tau(n)} = |A|$$

□

以下の行列式の性質（交代性および多重線形性）は列の操作によって行列式がどのように変わるかに着目しているが，上記の対称性により，行に対する操作としても同様の結果が得られる．

行列式の交代性 行列式は2つの列の入れ替えに関して，符号が反転する性質がある．より一般には，置換 σ による列の入れ替えによって，行列式は $\mathrm{sgn}(\sigma)$ により符号が変化する．

この事実を述べるため，第2章で学んだように，A を列ベクトル表示で表しておく．

$$A=(\boldsymbol{a}_1 \quad \boldsymbol{a}_2 \quad \cdots \quad \boldsymbol{a}_n)$$

定理 7.2. $\sigma\in S_n$ に対し，

$$|\boldsymbol{a}_{\sigma(1)} \quad \boldsymbol{a}_{\sigma(2)} \quad \cdots \quad \boldsymbol{a}_{\sigma(n)}|=\mathrm{sgn}(\sigma)|\boldsymbol{a}_1 \quad \boldsymbol{a}_2 \quad \cdots \quad \boldsymbol{a}_n|$$

証明 各 i に対し，

$$\boldsymbol{a}_{\sigma(i)}=\begin{pmatrix} a_{1\sigma(i)} \\ a_{2\sigma(i)} \\ \vdots \\ a_{n\sigma(i)} \end{pmatrix}$$

であるため，

$$|\boldsymbol{a}_{\sigma(1)} \quad \boldsymbol{a}_{\sigma(2)} \quad \cdots \quad \boldsymbol{a}_{\sigma(n)}|=\sum_{\tau\in S_n}\mathrm{sgn}(\tau)a_{1\tau\sigma(1)}a_{2\tau\sigma(2)}\cdots a_{n\tau\sigma(n)}$$

ここで，$\rho=\tau\sigma$ とおくと，

$$a_{1\tau\sigma(1)}a_{2\tau\sigma(2)}\cdots a_{n\tau\sigma(n)}=a_{1\rho(1)}a_{2\rho(2)}\cdots a_{n\rho(n)}$$

である．定理 6.6 により，

$$\mathrm{sgn}(\tau)=\mathrm{sgn}(\rho\sigma^{-1})=\mathrm{sgn}(\rho)\mathrm{sgn}(\sigma^{-1})=\mathrm{sgn}(\rho)\mathrm{sgn}(\sigma)$$

であり，

$$\begin{aligned}|\boldsymbol{a}_{\sigma(1)} \quad \boldsymbol{a}_{\sigma(2)} \quad \cdots \quad \boldsymbol{a}_{\sigma(n)}|&=\sum_{\rho\in S_n}\mathrm{sgn}(\sigma)\mathrm{sgn}\,(\rho)a_{1\rho(1)}a_{2\rho(2)}\cdots a_{n\rho(n)}\\&=\mathrm{sgn}(\sigma)\sum_{\rho\in S_n}\mathrm{sgn}(\rho)a_{1\rho(1)}a_{2\rho(2)}\cdots a_{n\rho(n)}\\&=\mathrm{sgn}(\sigma)|\boldsymbol{a}_1 \quad \boldsymbol{a}_2 \quad \cdots \quad \boldsymbol{a}_n|\end{aligned}$$

□

上記の定理において，特に $\sigma=[i,\ j]$ という互換の場合，$\mathrm{sgn}[i,\ j]=-1$ より，以下の定理が得られる．このように，行や列を入れかえた際に符号が変化する性質を行列式の交代性とよぶ．

定理 7.3.

$$|\boldsymbol{a}_1 \ \cdots \ \boldsymbol{a}_j \ \cdots \ \boldsymbol{a}_i \ \cdots \ \boldsymbol{a}_n| = -|\boldsymbol{a}_1 \ \cdots \ \boldsymbol{a}_i \ \cdots \ \boldsymbol{a}_j \ \cdots \ \boldsymbol{a}_n|$$

行列式の交代性から導かれる次の事実も，行列式を計算するうえで有用である．

定理 7.4. 同じ 2 つの列を含む行列 A に対し，$|A|=0$ である．

証明　行列 A は同じ 2 つの列 $\boldsymbol{a}_i=\boldsymbol{a}_j$ を含むとする．定理 7.3 により，i, j 列を入れ替えた行列式を考えると，

$$\begin{aligned}|A| &= |\boldsymbol{a}_1 \ \cdots \ \boldsymbol{a}_i \ \cdots \ \boldsymbol{a}_j \ \cdots \ \boldsymbol{a}_n| \\ &= -|\boldsymbol{a}_1 \ \cdots \ \boldsymbol{a}_j \ \cdots \ \boldsymbol{a}_i \ \cdots \ \boldsymbol{a}_n| = -|A|\end{aligned}$$

これより，$|A|=0$ である．□

行列式の多重線形性　行列式はトレースが持つような，行列の和と定数倍に関する線形性は一般には成り立たない．つまり，定数 k に対し，$|kA|$ と $k|A|$ は一致するとは限らず，また $|A+B|$ と $|A|+|B|$ も一致するとは限らない．

しかしながら，行列式は列あるいは行に関する線形性を持つ．このように各行や各列に対する行列式の線形性を，多重線形性とよぶ．

たとえば，3 次の行列式

$$\begin{vmatrix} a_{11} & a_{12} & a_{13} \\ a_{21} & a_{22} & a_{23} \\ a_{31} & a_{32} & a_{33} \end{vmatrix}$$

において，第 1 列を 2 倍した行列式を計算してみると，

$$\begin{aligned}\begin{vmatrix} 2a_{11} & a_{12} & a_{13} \\ 2a_{21} & a_{22} & a_{23} \\ 2a_{31} & a_{32} & a_{33} \end{vmatrix} &= 2a_{11}a_{22}a_{33}+2a_{12}a_{23}a_{31}+2a_{13}a_{32}a_{21}-2a_{11}a_{32}a_{23}-2a_{12}a_{21}a_{33} \\ &\qquad -2a_{13}a_{22}a_{31} \\ &= 2(a_{11}a_{22}a_{33}+a_{12}a_{23}a_{31}+a_{13}a_{32}a_{21}-a_{11}a_{32}a_{23}-a_{12}a_{21}a_{33} \\ &\qquad -a_{13}a_{22}a_{31}) \\ &= 2\begin{vmatrix} a_{11} & a_{12} & a_{13} \\ a_{21} & a_{22} & a_{23} \\ a_{31} & a_{32} & a_{33} \end{vmatrix}\end{aligned}$$

となる．これはどの列についても，あるいはどの行についても同様のことがわかる．つまり，行列式の列あるいは行を k 倍すると，元の行列式の k 倍になる．

また，

$$\begin{vmatrix} a_{11} & a_{12} & a_{13} \\ a_{21} & a_{22} & a_{23} \\ a_{31} & a_{32} & a_{33} \end{vmatrix} = \begin{vmatrix} a_{11} & a_{12} & b_{13}+c_{13} \\ a_{21} & a_{22} & b_{23}+c_{23} \\ a_{31} & a_{32} & b_{33}+c_{33} \end{vmatrix}$$

のように第3列を2つの列ベクトルの和に分解してみよう．このとき，

$$\begin{aligned} \begin{vmatrix} a_{11} & a_{12} & a_{13} \\ a_{21} & a_{22} & a_{23} \\ a_{31} & a_{32} & a_{33} \end{vmatrix} &= \begin{vmatrix} a_{11} & a_{12} & b_{13}+c_{13} \\ a_{21} & a_{22} & b_{23}+c_{23} \\ a_{31} & a_{32} & b_{33}+c_{33} \end{vmatrix} \\ &= a_{11}a_{22}(b_{33}+c_{33})+a_{12}(b_{23}+c_{23})a_{31}+(b_{13}+c_{13})a_{32}a_{21} \\ &\quad -a_{11}a_{32}(b_{23}+c_{23})-a_{12}a_{21}(b_{33}+c_{33})-(b_{13}+c_{13})a_{22}a_{31} \\ &= a_{11}a_{22}b_{33}+a_{12}b_{23}a_{31}+b_{13}a_{32}a_{21}-a_{11}a_{32}b_{23}-a_{12}a_{21}b_{33}-b_{13}a_{22}a_{31} \\ &\quad +a_{11}a_{22}c_{33}+a_{12}c_{23}a_{31}+c_{13}a_{32}a_{21}-a_{11}a_{32}c_{23}-a_{12}a_{21}c_{33}-c_{13}a_{22}a_{31} \\ &= \begin{vmatrix} a_{11} & a_{12} & b_{13} \\ a_{21} & a_{22} & b_{23} \\ a_{31} & a_{32} & b_{33} \end{vmatrix} + \begin{vmatrix} a_{11} & a_{12} & c_{13} \\ a_{21} & a_{22} & c_{23} \\ a_{31} & a_{32} & c_{33} \end{vmatrix} \end{aligned}$$

となる．これもどの列についても，あるいはどの行についても同様のことがわかる．一般的には以下の定理の形として書ける．

定理 7.5. 行列式は以下の性質を持つ．

(1) k を定数とすると，

$$|\boldsymbol{a}_1 \ \cdots \ k\boldsymbol{a}_i \ \cdots \ \boldsymbol{a}_n| = k|\boldsymbol{a}_1 \ \cdots \ \boldsymbol{a}_i \ \cdots \ \boldsymbol{a}_n|$$

(2) $|\boldsymbol{a}_1 \ \cdots \ \boldsymbol{a}_i+\boldsymbol{b}_i \ \cdots \ \boldsymbol{a}_n|$

$$=|\boldsymbol{a}_1 \ \cdots \ \boldsymbol{a}_i \ \cdots \ \boldsymbol{a}_n|+|\boldsymbol{a}_1 \ \cdots \ \boldsymbol{b}_i \ \cdots \ \boldsymbol{a}_n|$$

証明 (1)について，

$$\begin{aligned} |\boldsymbol{a}_1 \ \cdots \ k\boldsymbol{a}_i \ \cdots \ \boldsymbol{a}_n| &= \sum_{\sigma\in S_n} \mathrm{sgn}(\sigma) a_{1\sigma(1)}\cdots ka_{i\sigma(i)}\cdots a_{n\sigma(n)} \\ &= k\sum_{\sigma\in S_n} \mathrm{sgn}(\sigma) a_{1\sigma(1)}\cdots a_{i\sigma(i)}\cdots a_{n\sigma(n)} \\ &= k|\boldsymbol{a}_1 \ \cdots \ \boldsymbol{a}_i \ \cdots \ \boldsymbol{a}_n| \end{aligned}$$

(2)について，

$$|\boldsymbol{a}_1 \ \cdots \ \boldsymbol{a}_i+\boldsymbol{b}_i \ \cdots \ \boldsymbol{a}_n| = \sum_{\sigma\in S_n} \mathrm{sgn}(\sigma)a_{1\sigma(1)}\cdots(a_{i\sigma(i)}+b_{i\sigma(i)})\cdots a_{n\sigma(n)}$$
$$=\sum_{\sigma\in S_n}(\mathrm{sgn}(\sigma)a_{1\sigma(1)}\cdots a_{i\sigma(i)}\cdots a_{n\sigma(n)}+\mathrm{sgn}(\sigma)a_{1\sigma(1)}\cdots b_{i\sigma(i)}\cdots a_{n\sigma(n)})$$
$$=\sum_{\sigma\in S_n}\mathrm{sgn}(\sigma)a_{1\sigma(1)}\cdots a_{i\sigma(i)}\cdots a_{n\sigma(n)}+\sum_{\sigma\in S_n}\mathrm{sgn}(\sigma)a_{1\sigma(1)}\cdots b_{i\sigma(i)}\cdots a_{n\sigma(n)}$$
$$=|\boldsymbol{a}_1 \ \cdots \ \boldsymbol{a}_i \ \cdots \ \boldsymbol{a}_n|+|\boldsymbol{a}_1 \ \cdots \ \boldsymbol{b}_i \ \cdots \ \boldsymbol{a}_n|$$
□

行列式の多重線形性と交代性から，行列式は1つの列に他の列の定数倍を加えても，値は変化しないことがわかる.

定理 7.6. k を定数としたとき，

$$|\boldsymbol{a}_1 \ \cdots \ \boldsymbol{a}_i+k\boldsymbol{a}_j \ \cdots \ \boldsymbol{a}_j \ \cdots \ \boldsymbol{a}_n| = |\boldsymbol{a}_1 \ \cdots \ \boldsymbol{a}_i \ \cdots \ \boldsymbol{a}_j \ \cdots \ \boldsymbol{a}_n|$$

証明　定理 7.5 と定理 7.4 により，

$$|\boldsymbol{a}_1 \ \cdots \ \boldsymbol{a}_i+k\boldsymbol{a}_j \ \cdots \ \boldsymbol{a}_j \ \cdots \ \boldsymbol{a}_n|$$
$$=|\boldsymbol{a}_1 \ \cdots \ \boldsymbol{a}_i \ \cdots \ \boldsymbol{a}_j \ \cdots \ \boldsymbol{a}_n|+k|\boldsymbol{a}_1 \ \cdots \ \boldsymbol{a}_j \ \cdots \ \boldsymbol{a}_j \ \cdots \ \boldsymbol{a}_n|$$
$$=|\boldsymbol{a}_1 \ \cdots \ \boldsymbol{a}_i \ \cdots \ \boldsymbol{a}_j \ \cdots \ \boldsymbol{a}_n|$$
□

積公式　行列の積の行列式は，それぞれの行列式の積と等しい.

定理 7.7. A，B を n 次正方行列とすると，$|AB|=|A|\cdot|B|$ である.

証明　$A=(a_{ij})=(\boldsymbol{a}_1 \ \cdots \ \boldsymbol{a}_n)$，$B=(b_{ij})=(\boldsymbol{b}_1 \ \cdots \ \boldsymbol{b}_n)$ と表すと，

$$AB=(A\boldsymbol{b}_1 \ \cdots \ A\boldsymbol{b}_n)=(b_{11}\boldsymbol{a}_1+\cdots+b_{n1}\boldsymbol{a}_n \ \cdots \ b_{1n}\boldsymbol{a}_1+\cdots+b_{nn}\boldsymbol{a}_n)$$

行列式の多重線形性により，

$$|AB| = \sum_{j_n=1}^{n}\cdots\sum_{j_2=1}^{n}\sum_{j_1=1}^{n} b_{j_11}b_{j_22}\cdots b_{j_nn}|\boldsymbol{a}_{j_1} \ \boldsymbol{a}_{j_2} \ \cdots \ \boldsymbol{a}_{j_n}|$$

となる．このとき，2つの列が等しければ，行列式は0になるので，相異なる j_1, j_2，…，j_n について和を考えればよい．よって，

$$\sigma=\begin{bmatrix} 1 & 2 & \cdots & n \\ j_1 & j_2 & \cdots & j_n \end{bmatrix}$$

という置換を考えれば，

$$|AB| = \sum_{\sigma\in S_n} b_{\sigma(1)1}b_{\sigma(2)2}\cdots b_{\sigma(n)n}|\boldsymbol{a}_{\sigma(1)} \ \boldsymbol{a}_{\sigma(2)} \ \cdots \ \boldsymbol{a}_{\sigma(n)}|$$

$$= \sum_{\sigma \in S_n} b_{\sigma(1)1} b_{\sigma(2)2} \cdots b_{\sigma(n)n} \cdot \mathrm{sgn}(\sigma) |\boldsymbol{a}_1 \quad \boldsymbol{a}_2 \quad \cdots \quad \boldsymbol{a}_n|$$

$$= |\boldsymbol{a}_1 \quad \boldsymbol{a}_2 \quad \cdots \quad \boldsymbol{a}_n| \sum_{\sigma \in S_n} \mathrm{sgn}(\sigma) b_{\sigma(1)1} b_{\sigma(2)2} \cdots b_{\sigma(n)n}$$

$$= |A| \cdot |B| \qquad \square$$

3 行列式の余因子展開

行列の余因子　高次の行列の行列式を計算する際に，次数の低い行列の行列式の計算に帰着させる方法を紹介する．

定義 7.2. n 次正方行列 $A=(a_{ij})$ に対し，i 行と j 列を除いた $(n-1)$ 次の正方行列を A_{ij} と書き，次の式を A の $(i,\ j)$ **余因子**とよぶ．

$$\tilde{a}_{ij} = (-1)^{i+j} |A_{ij}|$$

n 次の行列式の計算を，$n-1$ 次の行列式で定義される余因子を用いて表そう．たとえば，3 次の行列式で $a_{31}=a_{32}=0$ であるものを考えよう．サラスの公式を用いると，

$$\begin{vmatrix} a_{11} & a_{12} & a_{13} \\ a_{21} & a_{22} & a_{23} \\ 0 & 0 & a_{33} \end{vmatrix} = a_{11}a_{22}a_{33} - a_{33}a_{21}a_{12} = a_{33}(a_{11}a_{22} - a_{12}a_{21}) = a_{33}\tilde{a}_{33} = a_{33} \begin{vmatrix} a_{11} & a_{12} \\ a_{21} & a_{22} \end{vmatrix}$$

であり，$(3,\ 3)$ 成分 a_{33} と $(3,\ 3)$ 余因子 $\tilde{a}_{33}$ の積で表される．これは，一般の n 次の行列式でも成り立つ．

定理 7.8. $A=(a_{ij})$ に対し，$a_{n1}=a_{n2}=\cdots=a_{nn-1}=0$ とする．このとき，

$$|A| = a_{nn}\tilde{a}_{nn} = a_{nn}|A_{nn}|$$

となる．すなわち，

$$\begin{vmatrix} a_{11} & \cdots & a_{1n-1} & a_{1n} \\ \vdots & \ddots & \vdots & \vdots \\ a_{n-11} & \cdots & a_{n-1n-1} & a_{n-1n} \\ 0 & \cdots & 0 & a_{nn} \end{vmatrix} = a_{nn} \begin{vmatrix} a_{11} & \cdots & a_{1n-1} \\ \vdots & \ddots & \vdots \\ a_{n-11} & \cdots & a_{n-1n-1} \end{vmatrix}$$

証明

$$|A| = \sum_{\sigma \in S_n} \mathrm{sgn}(\sigma) a_{1\sigma(1)} a_{2\sigma(2)} \cdots a_{n\sigma(n)}$$

であるので，$a_{n1}=a_{n2}=\cdots=a_{nn-1}=0$ のとき，$a_{n\sigma(n)}=a_{nn}$ である項だけ消えずに

残る．すなわち，$\sigma\in S_n$ で $\sigma(n)=n$ であるような置換だけ考えると，これは $\{1,\ \cdots,\ n-1\}$ という $n-1$ 個の番号の置換 $\tau\in S_{n-1}$ に他ならない．また $\sigma(n)=n$ から，σ の互換による積の表示は τ の表示と一致し，$\mathrm{sgn}(\sigma)=\mathrm{sgn}(\tau)$ である．よって，

$$
\begin{aligned}
|A| = \begin{vmatrix} a_{11} & \cdots & a_{1n-1} & a_{1n} \\ \vdots & \ddots & \vdots & \vdots \\ a_{n-1\,1} & \cdots & a_{n-1\,n-1} & a_{n-1\,n} \\ 0 & \cdots & 0 & a_{nn} \end{vmatrix} &= \sum_{\sigma\in S_n} \mathrm{sgn}(\sigma) a_{1\sigma(1)} a_{2\sigma(2)} \cdots a_{n-1\sigma(n-1)} a_{nn} \\
&= a_{nn} \sum_{\tau\in S_{n-1}} \mathrm{sgn}(\tau) a_{1\tau(1)} \cdots a_{n-1\tau(n-1)} \\
&= a_{nn} \begin{vmatrix} a_{11} & \cdots & a_{1n-1} \\ \vdots & \ddots & \vdots \\ a_{n-1\,1} & \cdots & a_{n-1\,n-1} \end{vmatrix} \\
&= a_{nn} |A_{nn}|
\end{aligned}
$$

□

より一般には，i 行あるいは j 列の a_{ij} 以外がすべて 0 の場合が考えられる．

定理 7.9. $A=(a_{ij})$ に対し，以下のどちらかを満たすとする．

(i) $a_{i1}=\cdots=a_{ij-1}=a_{ij+1}=\cdots=a_{in}=0$

(ii) $a_{1j}=\cdots=a_{i-1j}=a_{i+1j}=\cdots=a_{nj}=0$

このとき，$|A|=a_{ij}\tilde{a}_{ij}$ である．

証明 (i)の場合で考えよう．n 次の置換 $\sigma=[n-1,\ n]\cdots[j+1,\ j+2][j,\ j+1]$ を考えると $\mathrm{sgn}(\sigma)=(-1)^{n-j}$ であり，

$$A = (\boldsymbol{a}_1 \ \ \cdots \ \ \boldsymbol{a}_n)$$

と列ベクトル表示したときに，

$$B = (\boldsymbol{a}_{\sigma(1)} \ \ \cdots \ \ \boldsymbol{a}_{\sigma(n)}) = (\boldsymbol{a}_1 \ \ \cdots \ \ \boldsymbol{a}_{j-1} \ \ \boldsymbol{a}_{j+1} \ \ \cdots \ \ \boldsymbol{a}_n \ \ \boldsymbol{a}_j)$$

を考える．次に B を行ベクトル表示する．

$$B = \begin{pmatrix} \boldsymbol{b}_1 \\ \vdots \\ \boldsymbol{b}_n \end{pmatrix}$$

n 次の置換 $\tau=[n-1,\ n]\cdots[i+1,\ i+2][i,\ i+1]$ を考えると $\mathrm{sgn}(\tau)=(-1)^{n-i}$ であり，

$$C=\begin{pmatrix}\boldsymbol{b}_{\tau(1)}\\ \vdots\\ \boldsymbol{b}_{\tau(n)}\end{pmatrix}$$

を考えると，$C_{nn}=A_{ij}$ であり，$C=(c_{ij})$ において，$c_{n1}=\cdots=c_{nn-1}=0$，$c_{nn}=a_{ij}$ である．よって，定理 7.2 と定理 7.8 により，

$$|A|=\mathrm{sgn}(\tau\sigma)|C|=(-1)^{2n-(i+j)}c_{nn}|C_{nn}|=(-1)^{i+j}a_{ij}|A_{ij}|=a_{ij}\tilde{a}_{ij}$$

(ii)については，${}^tA$に対し(1)を適用すれば，行列式の対称性から示される． □

一般の n 次の正方行列 A に対し，$(n-1)$ 次の余因子によって行列式 $|A|$ を計算する方法を紹介する．このとき，適当な i 行または j 列に着目することから，i 行目での余因子展開，あるいは j 列目での余因子展開とよばれる．

定理 7.10. $A=(a_{ij})$ に対し，

$$|A|=\sum_{i=1}^{n}a_{ij}\tilde{a}_{ij}=\sum_{j=1}^{n}a_{ij}\tilde{a}_{ij}$$

証明 j 列目での余因子展開について示す．A を列ベクトル表示する．

$$A=(\boldsymbol{a}_1\ \cdots\ \boldsymbol{a}_j\ \cdots\ \boldsymbol{a}_n)$$

このとき，i 番目の成分が 1 でそれ以外すべて 0 であるようなベクトル $\boldsymbol{e}_i$ を考える．

$$\boldsymbol{e}_1=\begin{pmatrix}1\\0\\0\\ \vdots\\0\end{pmatrix},\ \boldsymbol{e}_2=\begin{pmatrix}0\\1\\0\\ \vdots\\0\end{pmatrix},\ \cdots,\ \boldsymbol{e}_n=\begin{pmatrix}0\\0\\ \vdots\\0\\1\end{pmatrix}$$

これより，ベクトル $\boldsymbol{a}_j$ は以下のように表せる．

$$\boldsymbol{a}_j=a_{1j}\boldsymbol{e}_1+a_{2j}\boldsymbol{e}_2+\cdots+a_{nj}\boldsymbol{e}_n$$

行列式の多重線形性（定理 7.5），および定理 7.9 により，

$$|A|=\sum_{i=1}^{n}|\boldsymbol{a}_1\ \cdots\ a_{ij}\boldsymbol{e}_i\ \cdots\ \boldsymbol{a}_n|=\sum_{i=1}^{n}a_{ij}\tilde{a}_{ij}$$

また，i 行目での余因子展開も転置をとれば容易に示せる． □

4 次の行列の行列式を余因子展開を用いて計算してみよう．

[例 1] 次の行列 A の行列式 $|A|$ を求めよう.

$$A=\begin{pmatrix}4&3&2&1\\3&2&1&4\\2&1&4&3\\1&4&3&2\end{pmatrix}$$

余因子展開のためには，どこか 1 つの行，あるいは列に着目する．ここでは，1 行目での余因子展開を考えよう．この場合，1 行目を固定し，列を動かしていく．

$$|A|=\sum_{j=1}^{4}a_{1j}\tilde{a}_{1j}=a_{11}|A_{11}|-a_{12}|A_{12}|+a_{13}|A_{13}|-a_{14}|A_{14}|$$

である．$|A_{1j}|$ は 3 次の行列式なので，サラスの公式を使って計算すればよい．

$$|A_{11}|=-44,\ |A_{12}|=4,\ |A_{13}|=-4,\ |A_{14}|=-36$$

以上より，

$$|A|=4(-44)-3\cdot4+2(-4)-(-36)=-160$$

余因子展開は符号のミスなどで計算間違いを起こしやすいので注意が必要である．別の計算方法として，次章以降の連立方程式や階数の計算で多用する行（あるいは列）の基本変形をベースとした手法に慣れておきたい．具体的には以下のステップを踏む．

Step 1 行および列の置換により，(1, 1) 成分に 0 以外の数を移動する．このとき，行列式の符号の変化に注意する．また，今後の計算の簡約化のため，可能ならば (1, 1) 成分に 1 を持ってくる．

Step 2 (1, 1) 成分以外の 1 列目を 0 とするため，1 行目を適当に定数倍して他の行に加える．この操作では行列式の値は変化しない．

Step 3 1 列目の余因子展開により，(1, 1) 成分と (1, 1) 余因子の積として，次数の 1 つ小さな行列式を計算すればよい．(1, 1) 成分が 1 の場合には，(1, 1) 余因子のみの計算になる．また，適宜計算しやすいよう，行および列から定数を括りだす．

以上のステップを繰り返すことにより，次数をどんどんと小さくして行列式を計算することができる．この方法で上記の例 1 を計算してみよう．

[例 2]

$$|A|=\begin{vmatrix}4&3&2&1\\3&2&1&4\\2&1&4&3\\1&4&3&2\end{vmatrix}=-\begin{vmatrix}1&4&3&2\\3&2&1&4\\2&1&4&3\\4&3&2&1\end{vmatrix}$$ 第1行と第4行を交換（今後この操作を(1) ↔ (4) で表す）

$$=-\begin{vmatrix}1&4&3&2\\0&-10&-8&-2\\0&-7&-2&-1\\0&-13&-10&-7\end{vmatrix}$$ 第2行−3×第1行，第3行−2×第1行，第4行−4×第1行（今後これらの操作を (2)−3×(1)，(3)−2×(1)，(4)−4×(1) で表す）

$$=-\begin{vmatrix}-10&-8&-2\\-7&-2&-1\\-13&-10&-7\end{vmatrix}$$ (1，1) 余因子が残る

$$=\begin{vmatrix}10&8&2\\7&2&1\\13&10&7\end{vmatrix}$$ すべての行から (−1) を括りだす．3つ分の (−1) が括りだされることに注意

$$=\begin{vmatrix}1&2&7\\2&8&10\\7&10&13\end{vmatrix}$$ 第2行と第1行を交換後，第3列と第1列を交換（今後これらの操作を (2) ↔ (1)，[3] ↔ [1] で表す）

$$=\begin{vmatrix}1&8&10\\0&4&-4\\0&-4&-36\end{vmatrix}$$ (2)−2×(1)，(3)−7×(1)

$$=\begin{vmatrix}4&-4\\-4&-36\end{vmatrix}$$ (1，1) 余因子が残る

$$=16\begin{vmatrix}1&-1\\-1&-9\end{vmatrix}$$ 1行目と2行目からそれぞれ4を括りだす．

$$=16\times(-9-1)=-160$$

練習問題 2 以下の行列式を計算せよ．

(1) $\begin{vmatrix}2&-2&3&1\\0&3&1&-1\\0&2&1&-2\\0&-1&2&1\end{vmatrix}$　(2) $\begin{vmatrix}1&2&3&4\\0&1&2&3\\-1&0&1&2\\1&1&1&1\end{vmatrix}$　(3) $\begin{vmatrix}1&2&3&4\\3&1&0&2\\2&-3&3&1\\-1&2&1&1\end{vmatrix}$

行列式の計算が容易な行列として，三角行列が挙げられる．正方行列 $A=(a_{ij})$ の対角成分より下の成分が0（すなわち，$i>j$ に対し，$a_{ij}=0$）であるような行列

を**上三角行列**とよび，逆に対角成分より上の成分が0（すなわち，$i<j$ に対し，$a_{ij}=0$）であるような行列を**下三角行列**とよぶ．上三角行列かつ下三角行列は，対角成分以外の成分がすべて0である行列であり，このような行列を**対角行列**とよぶ．上三角行列または下三角行列を単に**三角行列**とよぶ．

$$\begin{pmatrix} a_{11} & a_{12} & \cdots & a_{1n} \\ 0 & a_{22} & \cdots & a_{2n} \\ \vdots & \vdots & \ddots & \vdots \\ 0 & 0 & \cdots & a_{nn} \end{pmatrix}, \begin{pmatrix} a_{11} & 0 & \cdots & 0 \\ a_{21} & a_{22} & \cdots & \vdots \\ \vdots & \vdots & \ddots & 0 \\ a_{n1} & a_{n2} & \cdots & a_{nn} \end{pmatrix}, \begin{pmatrix} a_{11} & 0 & \cdots & 0 \\ 0 & a_{22} & \cdots & \vdots \\ \vdots & \vdots & \ddots & 0 \\ 0 & 0 & \cdots & a_{nn} \end{pmatrix}$$

定理 7.11. 三角行列の行列式は対角成分の積である．

証明　A を上三角行列とすると，1列目での余因子展開を繰り返すことにより，

$$|A| = \begin{vmatrix} a_{11} & a_{12} & \cdots & a_{1n} \\ 0 & a_{22} & \cdots & a_{2n} \\ \vdots & \vdots & \ddots & \vdots \\ 0 & 0 & \cdots & a_{nn} \end{vmatrix} = a_{11} \begin{vmatrix} a_{22} & \cdots & a_{2n} \\ \vdots & \ddots & \vdots \\ 0 & \cdots & a_{nn} \end{vmatrix} = \cdots = a_{11}a_{22}\cdots a_{nn}$$

下三角行列の場合も同様に示せる．□

特に対角行列であり，対角成分がすべて1である単位行列 E については，$|E|=1$ となる．

定理 7.12. A，B を正方行列とすると，次のようにブロック分割された行列の行列式について以下の等式が成り立つ．

$$\begin{vmatrix} A & C \\ O & B \end{vmatrix} = |A|\cdot|B|$$

証明　ブロック行列の積の性質（定理 2.3）により，

$$\begin{pmatrix} A & C \\ O & B \end{pmatrix} = \begin{pmatrix} E & C \\ O & B \end{pmatrix}\begin{pmatrix} A & O \\ O & E \end{pmatrix}$$

となる．このとき，1列からの展開を繰り返すと，

$$\begin{vmatrix} E & C \\ O & B \end{vmatrix} = |B|$$

となることがわかり，同様に n 列からの展開で，

$$\begin{vmatrix} A & O \\ O & E \end{vmatrix} = |A|$$

を得る．行列式の積の性質（定理 7.7）により，

$$\begin{vmatrix} A & C \\ O & B \end{vmatrix} = \begin{vmatrix} E & C \\ O & B \end{vmatrix} \cdot \begin{vmatrix} A & O \\ O & E \end{vmatrix} = |B| \cdot |A| = |A| \cdot |B| \qquad \square$$

余因子行列と逆行列　余因子展開と関係の深い事実として，以下が挙げられる．

定理 7.13. $A=(a_{ij})$ に対し，

(1) $$\sum_{i=1}^{n} a_{ij}\tilde{a}_{ik} = a_{1j}\tilde{a}_{1k} + a_{2j}\tilde{a}_{2k} + \cdots + a_{nj}\tilde{a}_{nk} = \begin{cases} |A| & (j=k \text{ のとき}) \\ 0 & (j \neq k \text{ のとき}) \end{cases}$$

(2) $$\sum_{j=1}^{n} a_{ij}\tilde{a}_{kj} = a_{i1}\tilde{a}_{k1} + a_{i2}\tilde{a}_{k2} + \cdots + a_{in}\tilde{a}_{kn} = \begin{cases} |A| & (i=k \text{ のとき}) \\ 0 & (i \neq k \text{ のとき}) \end{cases}$$

証明　(1)を示そう．$j=k$ のときが，定理 7.10 である．$j \neq k$ のときを考える．行列 B を A の k 列を j 列で置き換えた行列とする．つまり，

$$B = (b_{ij}) = (\boldsymbol{a}_1 \ \cdots \ \boldsymbol{a}_j \ \cdots \ \boldsymbol{a}_j \ \cdots \ \boldsymbol{a}_n)$$

とする．同じ列を含むため，$|B|=0$ である．

一方，行列 B を k 列で余因子展開すると，$b_{ik}=a_{ij}$，$B_{ik}=A_{ik}$ であるため，

$$|B| = b_{1k}\tilde{b}_{1k} + \cdots + b_{nk}\tilde{b}_{nk} = a_{1j}\tilde{a}_{1k} + \cdots + a_{nj}\tilde{a}_{nk}$$

よって，

$$a_{1j}\tilde{a}_{1k} + \cdots + a_{nj}\tilde{a}_{nk} = 0$$

である．(2)も同様に示せる．$\square$

$A=(a_{ij})$ に対し，以下の $\tilde{A}$ を A の**余因子行列**とよぶ．

$$\tilde{A} = (\tilde{a}_{ji}) = \begin{pmatrix} \tilde{a}_{11} & \tilde{a}_{21} & \cdots & \tilde{a}_{n1} \\ \tilde{a}_{12} & \tilde{a}_{22} & \cdots & \tilde{a}_{n2} \\ \vdots & \vdots & \ddots & \vdots \\ \tilde{a}_{1n} & \tilde{a}_{2n} & \cdots & \tilde{a}_{nn} \end{pmatrix}$$

余因子行列の $(i,\ j)$ 成分は，$(i,\ j)$ 余因子ではなく，$(j,\ i)$ 余因子であることに注意する．

行列式と行列の正則性に関して，次の定理は重要である．

定理 7.14. A が正則である（逆行列を持つ）必要十分条件は，$|A|\neq 0$ である．またこのとき，逆行列は次のように表せる．

$$A^{-1}=\frac{1}{|A|}\widetilde{A}=\frac{1}{|A|}\begin{pmatrix}\widetilde{a}_{11} & \widetilde{a}_{21} & \cdots & \widetilde{a}_{n1}\\ \widetilde{a}_{12} & \widetilde{a}_{22} & \cdots & \widetilde{a}_{n2}\\ \vdots & \vdots & \ddots & \vdots\\ \widetilde{a}_{1n} & \widetilde{a}_{2n} & \cdots & \widetilde{a}_{nn}\end{pmatrix}$$

証明　A を正則とすると，逆行列 A^{-1} が存在し，$AA^{-1}=E$ を満たす．両辺の行列式を考えれば，

$$|A|\cdot|A^{-1}|=|E|=1$$

であるため，$|A|\neq 0$ が導かれる．

逆に，$|A|\neq 0$ と仮定する．定理 7.13 により，

$$A\widetilde{A}=\widetilde{A}A=\begin{pmatrix}|A| & 0 & \cdots & 0\\ 0 & |A| & \cdots & 0\\ \vdots & \vdots & \ddots & \vdots\\ 0 & 0 & \cdots & |A|\end{pmatrix}=|A|E$$

となる．よって逆行列は，$A^{-1}=\dfrac{1}{|A|}\widetilde{A}$ であり，A は正則である．□

》》例題 2. 次の行列 A の逆行列を求めよ．

$$A=\begin{pmatrix}1 & 2 & 3\\ 2 & 0 & 1\\ 3 & 2 & 1\end{pmatrix}$$

《《解答　まず行列式を求めると，$|A|=12$ であり，正則である．次に各余因子を求めると，$\widetilde{a}_{11}=-2$，$\widetilde{a}_{12}=1$，$\widetilde{a}_{13}=4$，$\widetilde{a}_{21}=4$，$\widetilde{a}_{22}=-8$，$\widetilde{a}_{23}=4$，$\widetilde{a}_{31}=2$，$\widetilde{a}_{32}=5$，$\widetilde{a}_{33}=-4$ となる．よって逆行列は，

$$A^{-1}=\frac{1}{|A|}\widetilde{A}=\frac{1}{12}\begin{pmatrix}-2 & 4 & 2\\ 1 & -8 & 5\\ 4 & 4 & -4\end{pmatrix}$$

練習問題 3 次の行列の逆行列を求めよ．

(1) $\begin{pmatrix} 2 & -1 & 1 \\ 3 & 1 & 1 \\ 1 & 1 & 2 \end{pmatrix}$　　(2) $\begin{pmatrix} 1 & 2 & 1 \\ -1 & 1 & -1 \\ 3 & 3 & 2 \end{pmatrix}$　　(3) $\begin{pmatrix} 1 & 1 & 0 & 0 \\ 0 & 1 & 1 & 0 \\ 0 & 0 & 1 & 1 \\ 0 & 0 & 0 & 1 \end{pmatrix}$

4 多変数関数の微分積分と行列式

ヘッセ行列式（ヘッシアン） 経済学では，n 財の効用関数 $u(x_1,\ x_2,\ \cdots,\ x_n)$ の最大値を与える財の消費量 $x_1,\ \cdots,\ x_n$ を求める問題や，一定の生産水準の下で費用を最小化する生産要素（資本や労働など）の組を求める問題などのように，さまざまな関数の最大値・最小値を求めることが多い[1)]．

いま，n 変数関数 $f(x_1,\ \cdots,\ x_n)$ の極大値・極小値を与える $x_1,\ \cdots,\ x_n$ の値を求める問題を考えよう．n 個の変数の組を n 次ベクトル $\boldsymbol{x}=(x_i)$ で表す．$f(\boldsymbol{x})$ の最大値，最小値を求める問題をそれぞれ

$$\max_x f(\boldsymbol{x}), \qquad \min_x f(\boldsymbol{x})$$

で表す．ここで，$f(\boldsymbol{x})$ の最大値，最小値を求める問題は，それぞれ $-f(\boldsymbol{x})$ の最小値，最大値を求める問題と同等な問題であることに注意しよう．

ここで，上記の問題の解の必要条件は，すべての $i=1,\ \cdots,\ n$ に対し，1 階の偏微分係数の値が 0 となること

$$\frac{\partial f(\boldsymbol{x})}{\partial x_i} = 0$$

で与えられる．これを **1 階の条件**とよぶ．

ただし，この条件は $f(\boldsymbol{x})$ が $\boldsymbol{x}$ において極大・極小をとるための必要条件に過ぎない．つまり 1 階の偏微分係数の値が 0 である $\boldsymbol{x}$ が $f(\boldsymbol{x})$ の極大値・極小値を与えるとは限らず，また極大値であるか極小値であるかの判断もつかない．極大値・極小値を持つための判定には，次の行列式がよく使われる．偏微分可能な n 変数関数 $f(\boldsymbol{x})$ に対し，次の行列式を $f(\boldsymbol{x})$ の**ヘッセ行列式**または**ヘッシアン**（ヘ

1）本節に関連した内容，特に偏微分や重積分について詳しくは『経済学をまなぶための微分積分』（実教出版）を参照されたい．

シアン） とよぶ．

$$D(\boldsymbol{x})=\begin{vmatrix} \dfrac{\partial^2 f(\boldsymbol{x})}{\partial x_1^2} & \dfrac{\partial^2 f(\boldsymbol{x})}{\partial x_2 \partial x_1} & \cdots & \dfrac{\partial^2 f(\boldsymbol{x})}{\partial x_n \partial x_1} \\ \dfrac{\partial^2 f(\boldsymbol{x})}{\partial x_1 \partial x_2} & \dfrac{\partial^2 f(\boldsymbol{x})}{\partial x_2^2} & \cdots & \dfrac{\partial^2 f(\boldsymbol{x})}{\partial x_n \partial x_2} \\ \vdots & \vdots & \ddots & \vdots \\ \dfrac{\partial^2 f(\boldsymbol{x})}{\partial x_1 \partial x_n} & \dfrac{\partial^2 f(\boldsymbol{x})}{\partial x_2 \partial x_n} & \cdots & \dfrac{\partial^2 f(\boldsymbol{x})}{\partial x_n^2} \end{vmatrix} = \begin{vmatrix} f_{11}(\boldsymbol{x}) & f_{12}(\boldsymbol{x}) & \cdots & f_{1n}(\boldsymbol{x}) \\ f_{21}(\boldsymbol{x}) & f_{22}(\boldsymbol{x}) & \cdots & f_{2n}(\boldsymbol{x}) \\ \vdots & \vdots & \ddots & \vdots \\ f_{n1}(\boldsymbol{x}) & f_{n2}(\boldsymbol{x}) & \cdots & f_{nn}(\boldsymbol{x}) \end{vmatrix}$$

特に基本となるのは $n=2$ のときであり，偏導関数が連続なとき

$$f_{xy}(x,\ y)=f_{yx}(x,\ y)$$

が成り立ち，2 変数関数 $f(x,\ y)$ のヘッセ行列式は，

$$D(x,\ y)=\begin{vmatrix} f_{xx}(x,\ y) & f_{xy}(x,\ y) \\ f_{yx}(x,\ y) & f_{yy}(x,\ y) \end{vmatrix} = f_{xx}(x,\ y)f_{yy}(x,\ y)-f_{xy}^2(x,\ y)$$

で与えられる．これを用いて，2 変数の極値判定は以下のように行うことができる．証明は省略する．

定理 7.15. (2 変数関数が極値をとるための十分条件)．2 変数関数 $f(x,\ y)$ に対し，1 階の条件を満足する点 $(a,\ b)$ において，

(1) $f_{xx}(a,\ b)<0$ かつ $D(a,\ b)>0$ であれば，$f(x,\ y)$ は $(x,\ y)=(a,\ b)$ で極大値をとる．

(2) $f_{xx}(a,\ b)>0$ かつ $D(a,\ b)>0$ であれば，$f(x,\ y)$ は $(x,\ y)=(a,\ b)$ で極小値をとる．

(3) $D(a,\ b)<0$ のとき，$f(x,\ y)$ は $(x,\ y)=(a,\ b)$ で極値をとらない．

注意 1. $D(a,\ b)=0$ のとき，$f_{xx}(a,\ b)$ や $D(a,\ b)$ の値では，$f(x,\ y)$ が $(x,\ y)=(a,\ b)$ で極値をとるかどうかの判定はできない．

定理の(1)と(2)は，$f(x,\ y)$ の 2 階の偏導関数を用いていることから，それぞれ極大・極小の **2 階の条件**とよばれる．

〉〉〉例題 3. 次の関数の極値を調べよ．

$$f(x,\ y)=-x^2-y^2+4x+6y+2$$

《《《 解答 1階の導関数

$$f_x(x,\ y) = -2x+4, \quad f_y(x,\ y) = -2y+6$$

を0とおくことで，極値を与える可能性のある x, y の組は $x=2$, $y=3$ であることがわかる．ここで，2階の導関数は

$$f_{xx}(x,\ y) = -2,\ f_{xy}(x,\ y) = f_{yx}(x,\ y) = 0,\ f_{yy}(x,\ y) = -2$$

であることから，ヘッセ行列式の値は $f_{xx}(2,\ 3)=-2$, $f_{xy}(2,\ 3)=f_{yx}(2,\ 3)=0$, $f_{yy}(2,\ 3)=-2$ より

$$D(2,\ 3) = \begin{vmatrix} -2 & 0 \\ 0 & -2 \end{vmatrix} = 4 > 0$$

となり，$f_{xx}(2,\ 3)=-2<0$ とあわせると，$f(x,\ y)$ は $x=2$, $y=3$ で極大値を持つことがわかり，これらの値を $f(x,\ y)$ に代入することで，その値は $f(2,\ 3)=15$ であることがわかる．

縁付きヘッセ行列式（縁付きヘッシアン） 行列式の値は，条件付きの極値の判定にも用いられる．経済学の問題は，予算制約の下での効用関数の最大化や，生産量一定の条件の下で費用を最小化する生産要素の組合せを求める問題など，一定の条件（制約）の下での関数の最大化・最小化問題として定式化されることが多い．このような問題を

$$\max_{x} f(\boldsymbol{x}) \quad \text{s.t.} \quad g(\boldsymbol{x})=0 \quad \text{または} \quad \min_{x} f(\boldsymbol{x}) \quad \text{s.t.} \quad g(\boldsymbol{x})=0$$

と表す．

上記の式の「s.t.」は，subject to の略で，「それに続く条件の下で」の意味を表している．ここで，$g(\boldsymbol{x})=0$ という条件は，一見，特殊な条件のみの表現に見えるが，適宜条件式を移項することで，$=0$ の形に式を変形することができる．

また，最大化または最小化する関数（目的関数）$f(\boldsymbol{x})$ に -1 をかければ，最大化問題と最小化問題が同等な問題であることは，さきほどと同様である．

2変数関数において，以下の手順でこの問題を解いてみよう．まず λ を定数として，ラグランジュ関数とよばれる以下の3変数関数を作成する．

$$L(x,\ y,\ \lambda) = f(x,\ y)+\lambda g(x,\ y)$$

次に，このラグランジュ関数を x, y, λ について微分して0とおく

$$L_x(x,\ y,\ \lambda)=\frac{\partial L(x,\ y,\ \lambda)}{\partial x}=f_x(x,\ y)+\lambda g_x(x,\ y)=0$$

$$L_y(x,\ y,\ \lambda)=\frac{\partial L(x,\ y,\ \lambda)}{\partial y}=f_y(x,\ y)+\lambda g_y(x,\ y)=0$$

$$L_\lambda(x,\ y,\ \lambda)=\frac{\partial L(x,\ y,\ \lambda)}{\partial \lambda}=g(x,\ y)=0$$

これが，条件付き極値問題の解の必要条件であり，**1 階の条件**とよばれる．第 3 式は，条件を与える制約式そのものがあらわれている．

1 階の条件の解 a，b が極値を与える x，y の組の候補となるが，これらの解が本当に極大値・極小値を与えるのか，また，極大値であるのか極小値であるのかわからない点については，条件のない極値問題のときと同様である．

このような条件付き極値問題の極大・極小の判定は，ラグランジュ関数 $L(x,\ y,\ \lambda)$ のヘッセ行列式

$$H(x,\ y)=D(x,\ y,\ \lambda)=\begin{vmatrix} 0 & g_x(x,\ y) & g_y(x,\ y) \\ g_x(x,\ y) & L_{xx}(x,\ y,\ \lambda) & L_{xy}(x,\ y,\ \lambda) \\ g_y(x,\ y) & L_{yx}(x,\ y,\ \lambda) & L_{yy}(x,\ y,\ \lambda) \end{vmatrix}$$

を利用する方法がある．この $H(x,\ y)$ を $f(x,\ y)$ の**縁付きヘッセ行列式**，または**縁付きヘッシアン（縁付きヘシアン）**とよぶ．

定理 7.16.（2 変数関数が条件付き極値をとるための十分条件）．上記のラグランジュ関数に対し，1 階の条件を満足する点 $(a,\ b)$ において，

(1) $H(a,\ b)>0$ であれば，$g(x,\ y)=0$ の条件下で関数 $f(x,\ y)$ は $(x,\ y)=(a,\ b)$ で極大値をとる．

(2) $H(a,\ b)<0$ であれば，$g(x,\ y)=0$ の条件下で関数 $f(x,\ y)$ は $(x,\ y)=(a,\ b)$ で極小値をとる．

注意 2. $H(a,\ b)=0$ のときは，$H(a,\ b)$ のみでは $f(x,\ y)$ が $(x,\ y)=(a,\ b)$ で条件付き極値をとるか判定はできない．

なお，上記の条件も，$f(x,\ y)$ の 2 階の偏導関数を用いていることから，極大・極小の **2 階の条件**とよばれる．

》》》例題 4. 次の関数の条件付き極値問題を解け.

$$\max_{x,\ y} f(x,\ y) = -x^2-y^2+4x+6y+2 \quad \text{s.t.} \quad x+y=1$$

《《《 解答 ラグランジュ関数は

$$L(x,\ y,\ \lambda) = -x^2-y^2+4x+6y+2+\lambda(x+y-1)$$

となる. 条件付き最適化の1階の条件は

$$L_x(x,\ y,\ \lambda) = \frac{\partial L(x,\ y,\ \lambda)}{\partial x} = -2x+4+\lambda = 0$$

$$L_y(x,\ y,\ \lambda) = \frac{\partial L(x,\ y,\ \lambda)}{\partial y} = -2y+6+\lambda = 0$$

$$L_\lambda(x,\ y,\ \lambda) = \frac{\partial L(x,\ y,\ \lambda)}{\partial \lambda} = x+y-1 = 0$$

となる. この連立方程式を解くと, $x=0$, $y=1$ が極値を与える x, y の候補となる. この点における縁付きヘッシアンの値を求めると

$$H(0,\ 1) = \begin{vmatrix} 0 & 1 & 1 \\ 1 & -2 & 0 \\ 1 & 0 & -2 \end{vmatrix} = 4 > 0$$

となり, $x=0$, $y=1$ で極大値を持つことがわかり, その値は $f(0,\ 1)=7$ である.

2重積分と変数変換と行列式 行列式の幾何学的な解釈を考えよう. n 次の実正方行列 A は, n 次の実ベクトル $\boldsymbol{x}$ に対し, 積をとることで n 次ベクトル $A\boldsymbol{x}$ を対応させる. よって, n 次正方行列は積によって n 次ベクトルの変換を与えているが, このときのスケール(面積や体積)の変化割合が行列式の絶対値としてあらわれる. 以下では行列式が0ではない場合を考える.

たとえば, 第5章の冒頭で紹介したように, 正則な2次正方行列

$$A = \begin{pmatrix} a & b \\ c & d \end{pmatrix}$$

は, 平面上の正方形 I を平行四辺形 J に変換した.

このとき, 面積比に着目すると, 正方形 I の面積は1である一方, 平行四辺形 J の面積は $|ad-bc|$ である. この絶対値の中身 $ad-bc$ が A の行列式に相当する.

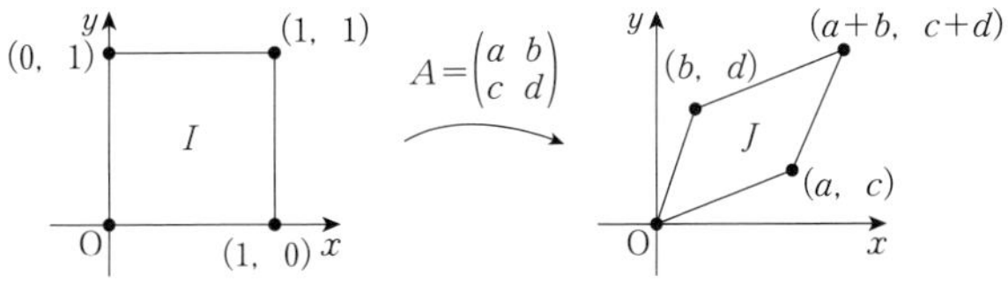

同様に正則な3次正方行列 A は，3次ベクトルの変換を与えるが，3次ベクトルを空間座標とみなすと，1辺の長さが1の立方体を平行六面体に変換する．このときの体積比は A の行列式の絶対値である．

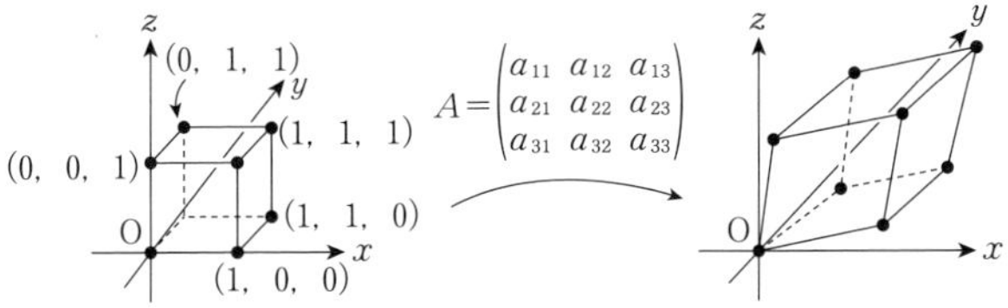

積分の計算で変数変換を行う場合には，成分領域のスケール変化に注意を払う必要がある．1変数関数の定積分の場合には置換積分であるが，多変数関数の重積分の場合には以下の行列式によって，積分領域の変化を考慮する．

n 個の偏微分可能な n 変数関数 $f_1(\boldsymbol{x})$，…，$f_n(\boldsymbol{x})$ に対し，次の行列式

$$\frac{\partial(f_1,\ \cdots,\ f_n)}{\partial(x_1,\ \cdots,\ x_n)}=\begin{vmatrix} \dfrac{\partial f_1}{\partial x_1} & \dfrac{\partial f_1}{\partial x_2} & \cdots & \dfrac{\partial f_1}{\partial x_x} \\ \dfrac{\partial f_2}{\partial x_1} & \dfrac{\partial f_2}{\partial x_2} & \cdots & \dfrac{\partial f_2}{\partial x_n} \\ \vdots & \vdots & \ddots & \vdots \\ \dfrac{\partial f_n}{\partial x_1} & \dfrac{\partial f_n}{\partial x_2} & \cdots & \dfrac{\partial f_n}{\partial x_n} \end{vmatrix}$$

を**ヤコビ行列式**または**ヤコビアン**とよぶ．局所的なボリューム（面積や体積）の和の極限によって与えられる重積分においては，変数変換した際のヤコビ行列式の絶対値が積分領域の変化を局所的に捉えているため重要である．

たとえば，簡単のため，$I=[0,\ 1]\times[0,\ 1]$ 上の2変数関数 $f(x,\ y)=1$ において，

$$\begin{cases} u=u(x,\ y)=ax+by \\ v=v(x,\ y)=cx+dy \end{cases}$$

という変数変換を考えよう．上記のヤコビ行列式は，

$$\frac{\partial(x,\ y)}{\partial(x,\ y)}=\begin{vmatrix}\dfrac{\partial u}{\partial x} & \dfrac{\partial u}{\partial y}\\ \dfrac{\partial v}{\partial x} & \dfrac{\partial v}{\partial y}\end{vmatrix}=\begin{vmatrix}a & b\\ c & d\end{vmatrix}=ad-bc$$

であり，この絶対値 $|ad-bc|$ が積分領域の面積比である．$f(x,\ y)=1$ の 2 重積分は積分領域の面積に等しいため，

$$\iint_I f(u(x,\ y),\ v(x,\ y))\,dxdy=|I|=1$$

である．一方，変数変換して正方形 I は平行四辺形 J に移るが，J 上の 2 変数関数 $f(u,\ v)=1$ の重積分は，

$$\iint_J f(u,\ v)\,dudv=|J|=|ad-bc|$$

であるため，

$$\iint_J f(u,\ v)\,dudv=\iint_I f(u(x,\ y),\ v(x,\ y))\left|\frac{\partial(u,\ v)}{\partial(x,\ y)}\right|dxdy$$

という等式が成り立つ．この例では，積分領域，変数変換，被積分関数いずれも非常に単純な場合であるが，重積分が積分領域を細かくして局所的な視点で考える点を踏まえると，上記の等式は本質的である．一般の 2 変数関数においても，以下の関係式が成り立つ．

定理 7.17. $u=u(x,\ y)$，$v=v(x,\ y)$ は xy 平面の領域 D から，uv 平面の領域 E への可逆な変換とする [2)]．このとき，$u(x,\ y)$，$v(x,\ y)$ が連続な偏導関数をもち，$f(u,\ v)$ が E で連続ならば，

$$\iint_E f(u,\ v)\,dudv=\iint_D f(u(x,\ y),\ v(x,\ y))\left|\frac{\partial(u,\ v)}{\partial(x,\ y)}\right|dxdy$$

重積分の性質や具体的な計算などは，『経済学をまなぶための微分積分』（実教出版）の 15 章を参考にされたい．

2) E の任意の点 $(s,\ t)$ について，$s=u(x,\ y)$，$t=v(x,\ y)$ となる $(x,\ y)$ がただ 1 つ存在する．

章末問題 I

1．次の行列式を求めよ．

(1) $\begin{vmatrix} 1 & -2 \\ 4 & 7 \end{vmatrix}$　(2) $\begin{vmatrix} 1 & -1 & 1 \\ -1 & 2 & -1 \\ 1 & -1 & 3 \end{vmatrix}$　(3) $\begin{vmatrix} 1 & 2 & 3 \\ 1 & 3 & 2 \\ 1 & 1 & 1 \end{vmatrix}$

2．次の行列式を計算せよ．

(1) $\begin{vmatrix} 1 & 2 & 3 & 4 \\ 0 & 2 & 3 & 4 \\ 0 & 0 & 3 & 4 \\ 0 & 0 & 0 & 4 \end{vmatrix}$　(2) $\begin{vmatrix} 1 & 0 & 2 & 0 \\ 0 & 2 & 0 & 3 \\ 3 & 0 & 4 & 0 \\ 0 & 4 & 0 & 5 \end{vmatrix}$　(3) $\begin{vmatrix} 1 & 1 & 0 & 0 \\ 0 & 1 & 1 & 0 \\ 0 & 0 & 1 & 1 \\ 1 & 0 & 0 & 1 \end{vmatrix}$

3．次の行列の逆行列を求めよ．

(1) $\begin{pmatrix} 2 & 1 & -1 \\ 1 & 2 & -4 \\ 5 & -3 & 2 \end{pmatrix}$　(2) $\begin{pmatrix} 0 & 1 & 0 \\ 1 & 0 & 0 \\ 0 & 0 & 1 \end{pmatrix}$　(3) $\begin{pmatrix} 1 & 2 & 3 \\ 3 & 1 & 2 \\ 2 & 3 & 1 \end{pmatrix}$

章末問題 II

1．次の関数の極値を調べよ．

(1) $f(x,\ y)=x^2+y^3$　(2) $f(x,\ y)=x^2-y^2$

(3) $f(x,\ y)=-x^2-y^2+2x+8y+8$

2．次の関数のかっこ内の条件付きの極値を調べよ．

(1) $f(x,\ y)=\dfrac{1}{2}\log x+\dfrac{1}{2}\log y\ \ (2x+3y=10)$

(2) $f(x,\ y)=xy\ \ (x+y=2)$

(3) $f(x,\ y)=x^2+y^2\ \ (xy=1)$

3．$(x,\ y)$ を次のように変数変換をしたときのヤコビアンの値を求めよ．

(1) $\begin{cases} u=x+y \\ v=x \end{cases}$　(2) $\begin{cases} u=x-y \\ v=x \end{cases}$　(3) $\begin{cases} u=xy \\ v=x \end{cases}$　(4) $\begin{cases} u=\dfrac{x}{y} \\ v=x \end{cases}$

第8章 連立1次方程式

本章では，行列を用いた連立1次方程式の解き方を紹介する．連立1次方程式の解の公式であるクラメールの公式と逐次的な解き方である掃き出し法について紹介し，連立1次方程式の経済学への応用の一例として，2部門の産業連関分析を紹介する．

1 連立1次方程式

n 個の未知数 x_1, x_2, $\cdots$, x_n に対し，以下のような m 個の1次方程式が連立された方程式を考える．

$$\begin{cases} a_{11}x_1 + \cdots + a_{1n}x_n = b_1 \\ a_{21}x_1 + \cdots + a_{2n}x_n = b_2 \\ \qquad\qquad \vdots \\ a_{m1}x_1 + \cdots + a_{mn}x_n = b_m \end{cases}$$

本章では，行列を用いて連立1次方程式の解を求める方法を調べる．

$$A = \begin{pmatrix} a_{11} & a_{12} & \cdots & a_{1n} \\ a_{21} & a_{22} & \cdots & a_{2n} \\ \vdots & \vdots & \ddots & \vdots \\ a_{m1} & a_{m2} & \cdots & a_{mn} \end{pmatrix}, \quad \boldsymbol{x} = \begin{pmatrix} x_1 \\ x_2 \\ \vdots \\ x_n \end{pmatrix}, \quad \boldsymbol{b} = \begin{pmatrix} b_1 \\ b_2 \\ \vdots \\ b_m \end{pmatrix}$$

とおくと，上記の連立1次方程式は $A\boldsymbol{x}=\boldsymbol{b}$ という等式で表される．このとき，(m, n) 行列 A を**係数行列**，A の右側にベクトル $\boldsymbol{b}$ を1列加えた $(m, n+1)$ 行列 $(A\ \boldsymbol{b})$ を**拡大係数行列**とよぶ．連立1次方程式の解を求めることは，未知数からなるベクトル $\boldsymbol{x}$ の成分を求めることに他ならない．

本章では，$n=m$ において，拡大係数行列 A が正則の場合を考える．そうではない一般の場合については第11章で学ぶ．A が正則ならば，逆行列 A^{-1} を持つため，$\boldsymbol{x}=A^{-1}\boldsymbol{b}$ として連立1次方程式は（唯一の）解を持つ．しかし，逆行列を計算するのは煩雑なため，ここでは行列式あるいは行列の基本変形を用いた解法を紹介しよう.

クラメールの公式　$1 \leqq j \leqq n$ に対し, n 次の単位行列 E の第 j 列を $\boldsymbol{x}$ に置き換えた $E_x(j)$ を考える.

$$E_x(j) = (\, \boldsymbol{e}_1 \ \cdots \ \boldsymbol{e}_{j-1} \ \ \boldsymbol{x} \ \ \boldsymbol{e}_{j+1} \ \cdots \ \boldsymbol{e}_n)$$

同様に, 行列 A の第 j 列を $\boldsymbol{b}$ に置き換えた行列を $A_b(j)$ とすると,

$$AE_x(j) = (A\boldsymbol{e}_1 \ \cdots \ A\boldsymbol{e}_{j-1} \ \ A\boldsymbol{x} \ \ A\boldsymbol{e}_{j+1} \ \cdots \ A\boldsymbol{e}_n) = A_b(j)$$

が成り立つ. 両辺の行列式を考えると, 左辺は, $E_x(j)$ の i 列 ($i \neq j$) の $-x_{ij}$ 倍を j 列に加えても行列式は変わらないため, $|E_x(j)| = x_j$ である. $|A|x_j = |A_b(j)|$ より,

$$x_j = \frac{|A_b(j)|}{|A|}$$

が得られる.

定理 8.1. (クラメールの公式). A を n 次の正則行列としたとき, 連立1次方程式 $A\boldsymbol{x} = \boldsymbol{b}$ はただ1組の解を持ち,

$$x_j = \frac{|A_b(j)|}{|A|} \quad (j=1,\ 2,\ \cdots,\ n)$$

》》例題 1. 次の連立1次方程式を解け.

$$\begin{cases} 2x + y - z = 1 \\ x - y + z = 2 \\ x + 3y - 2z = 1 \end{cases}$$

《《 解答

$$|A| = \begin{vmatrix} 2 & 1 & -1 \\ 1 & -1 & 1 \\ 1 & 3 & -2 \end{vmatrix} = -3$$

よって, 解は以下のように求まる.

$$x_1 = -\frac{1}{3}\begin{vmatrix} 1 & 1 & -1 \\ 2 & -1 & 1 \\ 1 & 3 & -2 \end{vmatrix} = 1, \quad x_2 = -\frac{1}{3}\begin{vmatrix} 2 & 1 & -1 \\ 1 & 2 & 1 \\ 1 & 1 & -2 \end{vmatrix} = 2,$$

$$x_3 = -\frac{1}{3}\begin{vmatrix} 2 & 1 & 1 \\ 1 & -1 & 2 \\ 1 & 3 & 1 \end{vmatrix} = 3$$

掃き出し法 例題1を，今度は消去法で解いてみよう．連立1次方程式において行われた変形は対応する拡大係数行列の基本変形で表せるので，ここではそれらを左右に並べて記すことにする．

$$\begin{cases} 2x+y-z=1 \\ x-y+z=2 \\ x+3y-2z=1 \end{cases} \qquad (A\ \boldsymbol{b})=\begin{pmatrix} 2 & 1 & -1 & 1 \\ 1 & -1 & 1 & 2 \\ 1 & 3 & -2 & 1 \end{pmatrix}$$

まず，途中計算で左上の x の係数は1の方が都合がよいため，第1式と第2式を入れ替える．

$$\begin{cases} x-y+z=2 \\ 2x+y-z=1 \\ x+3y-2z=1 \end{cases} \qquad \xrightarrow{(1)\leftrightarrow(2)}\begin{pmatrix} 1 & -1 & 1 & 2 \\ 2 & 1 & -1 & 1 \\ 1 & 3 & -2 & 1 \end{pmatrix}$$

次に，第1式の -2 倍を第2式に，-1 倍を第3式にそれぞれ加える．

$$\begin{cases} x-\ y+\ z=2 \\ \quad 3y-3z=-3 \\ \quad 4y-3z=-1 \end{cases} \qquad \xrightarrow[(3)-(1)]{(2)-2\times(1)}\begin{pmatrix} 1 & -1 & 1 & 2 \\ 0 & 3 & -3 & -3 \\ 0 & 4 & -3 & -1 \end{pmatrix}$$

第2式を $\frac{1}{3}$ 倍する．

$$\begin{cases} x-\ y+\ z=2 \\ \quad y-\ z=-1 \\ \quad 4y-3z=-1 \end{cases} \qquad \xrightarrow{(2)\times\frac{1}{3}}\begin{pmatrix} 1 & -1 & 1 & 2 \\ 0 & 1 & -1 & -1 \\ 0 & 4 & -3 & -1 \end{pmatrix}$$

第2式を第1式に，-4 倍を第3式にそれぞれ加える．

$$\begin{cases} x \qquad\qquad =1 \\ \quad y-\ z=-1 \\ \qquad\quad z=3 \end{cases} \qquad \xrightarrow[(3)-4\times(2)]{(1)+(2)}\begin{pmatrix} 1 & 0 & 0 & 1 \\ 0 & 1 & -1 & -1 \\ 0 & 0 & 1 & 3 \end{pmatrix}$$

最後に第3式を第2式に加える．

$$
\begin{cases} x = 1 \\ y = 2 \\ z = 3 \end{cases}
\qquad
\xrightarrow{(2)+(3)}
\begin{pmatrix} 1 & 0 & 0 & 1 \\ 0 & 1 & 0 & 2 \\ 0 & 0 & 1 & 3 \end{pmatrix}
$$

以上より，$x=1$，$y=2$，$z=3$ が解であることが得られた．このように，連立1次方程式は次の操作を施しても解は変わらない．

[1]　ある式を定数倍（$\neq 0$）する．

[2]　2つの式を入れ替える．

[3]　ある式に他の式の定数倍を加える．

拡大係数行列において上記の操作は，以下の3つの行における操作に対応する．

定義 8.1. 行列に対し，次の3つの操作を**行の基本変形**とよぶ．

[1]　1つの行を定数倍（$\neq 0$）する．

[2]　2つの行を入れ替える．

[3]　1つの行に他の行の定数倍を加える．

拡大係数行列における行の基本変形を用いて連立1次方程式の解を求める場合，一番右の1列を除いた正方行列が単位行列になるまで変形すると，一番右の列に解が現れる．このようにして連立1次方程式の解を得る方法を**掃き出し法**あるいは**消去法**とよぶ．

》》》例題 2. 次の連立1次方程式を解け．

$$
\begin{cases} x+7y+9z+3w = 4 \\ x+4y+4z+w = 7 \\ 2y+3z+w = 0 \\ x+4y+6z+2w = -6 \end{cases}
$$

《《《解答　拡大係数行列を基本変形していく．

$$
\begin{pmatrix} 1 & 7 & 9 & 3 & 4 \\ 1 & 4 & 4 & 1 & 7 \\ 0 & 2 & 3 & 1 & 0 \\ 1 & 4 & 6 & 2 & -6 \end{pmatrix}
\xrightarrow[(4)-(1)]{(2)-(1)}
\begin{pmatrix} 1 & 7 & 9 & 3 & 4 \\ 0 & -3 & -5 & -2 & 3 \\ 0 & 2 & 3 & 1 & 0 \\ 0 & -3 & -3 & -1 & -10 \end{pmatrix}
\xrightarrow{(2)+2\times(3)}
$$

$$\begin{pmatrix} 1 & 7 & 9 & 3 & 4 \\ 0 & 1 & 1 & 0 & 3 \\ 0 & 2 & 3 & 1 & 0 \\ 0 & -3 & -3 & -1 & -10 \end{pmatrix} \xrightarrow[(4)+3\times(2)]{(1)-7\times(2),\ (3)-2\times(2)} \begin{pmatrix} 1 & 0 & 2 & 3 & -17 \\ 0 & 1 & 1 & 0 & 3 \\ 0 & 0 & 1 & 1 & -6 \\ 0 & 0 & 0 & -1 & -1 \end{pmatrix}$$

$$\xrightarrow[(2)-(3)]{(1)-2\times(3)} \begin{pmatrix} 1 & 0 & 0 & 1 & -5 \\ 0 & 1 & 0 & -1 & 9 \\ 0 & 0 & 1 & 1 & -6 \\ 0 & 0 & 0 & 1 & 1 \end{pmatrix} \xrightarrow[(3)-(4)]{(1)-(4),\ (2)+(4)} \begin{pmatrix} 1 & 0 & 0 & 0 & -6 \\ 0 & 1 & 0 & 0 & 10 \\ 0 & 0 & 1 & 0 & -7 \\ 0 & 0 & 0 & 1 & 1 \end{pmatrix}$$

よって，$(x,\ y,\ z,\ w)=(-6,\ 10,\ -7,\ 1)$

練習問題 1 次の連立1次方程式の解を求めよ．

(1) $\begin{cases} x+y+z=2 \\ 2x-y-3z=6 \\ x-2y-z=1 \end{cases}$　(2) $\begin{cases} x+y=5 \\ y+z=3 \\ x+z=4 \end{cases}$　(3) $\begin{cases} x+y+z+w=1 \\ x+2y+z+w=5 \\ x+y+2z+w=2 \\ x+y+z+2w=4 \end{cases}$

行列の基本変形と積　行列の基本変形は，以下で与えられる正則行列の積として考えると扱いやすい．

[1]　m 次正方行列 $P_i(c)=(p_{jk})$ を以下のように定義する．

$$p_{jk}=\begin{cases} c & ((j,\ k)=(i,\ i)\ \text{のとき}) \\ 1 & (j=k,\ (j,\ k)\neq(i,\ i)\ \text{のとき}) \\ 0 & (\text{その他}) \end{cases}$$

つまり，$P_i(c)$ は単位行列の i 行を c 倍した行列である．

$$P_i(c)=\begin{pmatrix} 1 & 0 & \cdots & 0 & \cdots & 0 \\ 0 & 1 & \cdots & 0 & \cdots & 0 \\ \vdots & \vdots & \ddots & \vdots & \ddots & \vdots \\ 0 & 0 & \cdots & c & \cdots & 0 \\ \vdots & \vdots & \ddots & \vdots & \ddots & \vdots \\ 0 & 0 & \cdots & 0 & \cdots & 1 \end{pmatrix}$$

このとき，$(m,\ n)$ 行列 A に対し，積 $P_i(c)A$ は A の i 行を c 倍した行列である．

[2]　$i<j$ とし，m 次正方行列 $Q_{ij}=(q_{k\ell})$ を以下のように定義する．

$$q_{k\ell}=\begin{cases}1 & ((k,\ \ell)=(i,\ j),\ (j,\ i)\ \text{または},\ k=\ell\neq i,\ j\ \text{のとき}) \\ 0 & (\text{その他})\end{cases}$$

つまり，Q_{ij} は単位行列の i 行と j 行を入れ替えた行列である．

$$Q_{ij}=\begin{pmatrix}1 & 0 & \cdots & 0 & \cdots & 0 & \cdots & 0 \\ 0 & 1 & \cdots & 0 & \cdots & 0 & \cdots & 0 \\ \vdots & \vdots & \ddots & \vdots & \ddots & \vdots & \ddots & \vdots \\ 0 & 0 & \cdots & 0 & \cdots & 1 & \cdots & 0 \\ \vdots & \vdots & \ddots & \vdots & \ddots & \vdots & \ddots & \vdots \\ 0 & 0 & \cdots & 1 & \cdots & 0 & \cdots & 0 \\ \vdots & \vdots & \ddots & \vdots & \ddots & \vdots & \ddots & \vdots \\ 0 & 0 & \cdots & 0 & \cdots & 0 & \cdots & 1\end{pmatrix}$$

$(m,\ n)$ 行列 A に対し，積 $Q_{ij}A$ は A の i 行と j 行を入れ替えた行列である．

［3］ $i\neq j$ とし，m 次正方行列 $R_{ij}(c)=(r_{k\ell})$ を以下のように定義する．

$$r_{k\ell}=\begin{cases}c & ((k,\ \ell)=(i,\ j)\ \text{のとき}) \\ 1 & (k=\ell\ \text{のとき}) \\ 0 & (\text{その他})\end{cases}$$

つまり，$R_{ij}(c)$ は単位行列の i 行に j 行の c 倍を加えた行列である．

$$R_{ij}(c)=\begin{pmatrix}1 & 0 & \cdots & 0 & \cdots & 0 & \cdots & 0 \\ 0 & 1 & \cdots & 0 & \cdots & 0 & \cdots & 0 \\ \vdots & \vdots & \ddots & \vdots & \ddots & \vdots & \ddots & \vdots \\ 0 & 0 & \cdots & 1 & \cdots & c & \cdots & 0 \\ \vdots & \vdots & \ddots & \vdots & \ddots & \vdots & \ddots & \vdots \\ 0 & 0 & \cdots & 0 & \cdots & 1 & \cdots & 0 \\ \vdots & \vdots & \ddots & \vdots & \ddots & \vdots & \ddots & \vdots \\ 0 & 0 & \cdots & 0 & \cdots & 0 & \cdots & 1\end{pmatrix}$$

このとき，$(m,\ n)$ 行列 A に対し，積 $R_{ij}(c)A$ は A の j 行の c 倍を i 行に加えた行列である．

以下は，$P_i(c)$，Q_{ij}，$R_{ij}(c)$ の正則性をまとめたものである．これらが正則である（行列式が 0 ではない）証明は章末問題とする．

定理 8.2. $P_i(c)$，Q_{ij}，$R_{ij}(c)$ に対し，以下が成り立つ．

(1) $c \neq 0$ に対し，$P_i(c)$ は正則であり，$P_i^{-1}(c)=P_i\left(\dfrac{1}{c}\right)$ である．

(2) Q_{ij} は正則であり，$Q_{ij}^{-1}=Q_{ij}$ である．

(3) $R_{ij}(c)$ は正則であり，$R_{ij}^{-1}(c)=R_{ij}(-c)$ である．

行列における行の基本変形は，3種類の正則行列 $P_i(c)$，Q_{ij}，$R_{ij}(c)$ の左からの積に対応する．(m, n) 行列 A に行の基本変形を複数回施して，行列 B が得られたとき，$A \to B$ と書くことにする．このとき，M_1，…，M_k をそれぞれ上記の3種類いずれかの正則行列として，

$$B = M_k(M_{k-1}(\cdots(M_2(M_1A)))) = (M_kM_{k-1}\cdots M_2M_1)A$$

と表すことができる．$M=M_kM_{k-1}\cdots M_2M_1$ とおけば，これは正則行列であり，B は A と正則行列 M の左からの積の形で表される．

行の基本変形は正則性を保った変形である．最も基本的な正則行列としては単位行列が挙げられるが，すべての正則行列は行の基本変形を繰り返すことによって単位行列へ変形することができる．逆に，すべての正則行列は単位行列からスタートして行の基本変形の繰り返しで得ることができる．すなわち，すべての正則行列は $P_i(c)$，Q_{ij}，$R_{ij}(c)$ の積の形に分解できる．

定理 8.3. A を n 次正方行列とする．A が正則である必要十分条件は $A \to E$ である．

証明　A を正則行列とすると，第1列の成分で $a_{i1} \neq 0$ となるものが含まれる．よって $a_{11}=0$ のとき，1行目と i 行目の入れ替えを行い (1, 1) 成分に0でない成分を持ってくる．また，第1行目を $1/a_{i1}$ 倍する．

$$A \xrightarrow{(1)\leftrightarrow(i)} \begin{pmatrix} a_{i1} & \cdots & a_{in} \\ a_{21} & \cdots & a_{2n} \\ \vdots & \ddots & \vdots \\ a_{n1} & \cdots & a_{nn} \end{pmatrix} \xrightarrow{(1)\times\frac{1}{a_{i1}}} \begin{pmatrix} 1 & \cdots & * \\ a_{21} & \cdots & a_{2n} \\ \vdots & \ddots & \vdots \\ a_{n1} & \cdots & a_{nn} \end{pmatrix}$$

上記の行列の1行目の $-a_{k1}$ 倍を各 k 行に加えることで，以下の行列に基本変形できる．

$$\begin{pmatrix} 1 & * & \cdots & * \\ 0 & & & \\ \vdots & & B & \\ 0 & & & \end{pmatrix}$$

行列式の第 1 列における展開から，$|B|=|A|\neq 0$ より，$(n-1)$ 次の行列 B も正則である．よって，いまの手順を繰り返すことにより，A は対角成分がすべて 1 となる上三角行列に変形できる．ここから適当な行の定数倍を加える操作により，対角成分以外を 0 とすることができるため，$A\to E$ である．

逆に，$A\to E$ とすると，ある正則行列 M により，$MA=E$ となる．M が正則なので，$A=M^{-1}$ であり，A は正則である． □

定理 8.4（掃き出し法）．n 個の未知数を持つ n 元の連立 1 次方程式 $A\boldsymbol{x}=\boldsymbol{b}$ に対し，$(A \quad \boldsymbol{b})\to(E \quad \boldsymbol{c})$ ならば，この連立 1 次方程式は唯一の解 $\boldsymbol{x}=\boldsymbol{c}$ を持つ．

証明　仮定より，n 次の正則行列 M が存在して $(E \quad \boldsymbol{c})=M(A \quad \boldsymbol{b})=(MA \quad M\boldsymbol{b})$ となる．よって，$MA=E$, $M\boldsymbol{b}=\boldsymbol{c}$ である．定理 8.3 により，$A\boldsymbol{x}=\boldsymbol{b}$ の両辺に左から $M=A^{-1}$ の積をとると，$\boldsymbol{x}=\boldsymbol{c}$ を得る． □

列の基本変形　列の基本変形についても，行の場合と同様に，以下の 3 種類の操作が考えられる．

定義 8.2. 行列に対し，以下の 3 つの操作を**列の基本変形**とよぶ．

［1］ 1 つの列を定数倍（$\neq 0$）する．

［2］ 2 つの列を入れ替える．

［3］ 1 つの列に他の列の定数倍を加える．

行の基本変形が左から正則行列の積をとることに対応していたように，列の基本変形は右から正則行列の積をとることに対応する．$P_i(c)$, Q_{ij}, $R_{ij}(c)$ を思い出そう．A を (m, n) 行列としたとき，

［1］ $AP_i(c)$ は A の i 列を c 倍した行列である．

[2]　AQ_{ij} は A の i 列と j 列を入れ替えた行列である.

[3]　$AR_{ij}(c)$ は A の i 列の c 倍を j 列に加えた行列である.

これより，行列 A に対し，列の基本変形を繰り返して行列 B が得られた場合，ある正則行列 Q により，$B=AQ$ と表される．行の基本変形の場合と同様，正方行列が正則行列である必要十分条件は，列の基本変形を繰り返すことにより単位行列に行きつくことである.

2　2部門の産業連関分析

世の中には数多くの産業が存在し生産活動を行っている．現在の分業が進んだ社会では，各産業が単独ですべての原材料から最終製品まで生産を行うことは非常に稀であり，他の産業が生産したものを投入し生産を行っている．このような産業間の生産における依存関係を数量的に表したものが**投入産出行列**であり，投入産出行列等を用いて経済構造を把握するのが**産業連関分析**とよばれる手法である.

産業連関表　ある一定期間において，各産業間に生じた財の流れを表に表したものを，**産業連関表**または，**投入産出表**という．以下で具体的な例を見ながら，産業連関表について学んでいこう.

いま，ある国において産業が農業と工業の2つしかない状況を想定しよう．このような状況を産業部門が2つであるといい，この条件の下での産業連関表を**2部門の産業連関表**という．各産業で生産された製品がどのように消費されたかを示す，以下の表を考えよう.

（単位：兆円）

		中間需要			
		農業	工業	最終需要	総生産
中間投入	農業	40	250	110	400
	工業	320	500	180	1000

上の表における**中間需要（中間投入）**は，各産業が生産を行う際に使用する，

財の消費量を表している．

ここで，表の項目を横方向（行方向）で見ていこう．第1行目の農業部門を横に見ていくと，農業部門が生産した生産物のうち，農業部門の生産のため40兆円が使用され，工業部門の生産のため250兆円が使用され，最終需要（政府・民間の消費・投資など）が110兆円であり，生産物の合計が400兆円であることを示している．すなわち，「中間需要＋最終需要＝総生産量」という，需要と供給の一致が農業部門について，成立していることを表している．

第2行目の工業部門についても同様に，工業部門が生産した1000兆円の内訳が，農業部門で生産のために用いられた320兆円と工業部門で生産のために用いられた500兆円と最終需要（政府・民間の消費・投資など）の180兆円に分解できることを表している．

次に，各産業の生産構造を読み解くために，表を追加して以下の表を考えよう．

（単位：兆円）

		中間需要			
		農業	工業	最終需要	総生産
中間投入	農業	40	250	110	400
	工業	320	500	180	1000
	付加価値	40	250		
	総生産	400	1000		

今度は，この表を縦方向（列方向）に読んでいこう．最初に農業部門の1列目をみると，農業部門が生産にあたり，農業部門から40兆円の財，工業部門から320兆円の財を購入して投入して生産を行い，40兆円の付加価値を産み出して，合計400兆円の生産物を産み出したことが示されている．

同様に，2列目の工業部門をみると，工業部門が農業部門からの250兆円の財と工業部門からの500兆円の財を購入して生産で用い，250兆円の付加価値を産み出して，合計1000兆円の生産をしたことが示されている．

上の表で表される経済は，輸出入の存在を考えていない，簡単なモデルであるが，概念的には上の表の付加価値額の合計（40＋250＝290）や最終需要の合計（110＋180＝290）が，この国の**国内総生産**（GDP）に相当している．

投入係数表 ここで，上記の中間投入量を総生産額で割った値を考えてみよう．

	農業	工業
農業	$\frac{40}{400}$	$\frac{250}{1000}$
工業	$\frac{320}{400}$	$\frac{500}{1000}$

この表は，**投入係数表**とよばれ，各産業において，最終生産物 1 単位を生産するのにあたり，どれくらいの中間投入が必要であるかを表している．

たとえば，農業部門が 1 単位の財の生産を行うにあたり，農業部門の生産物 $\frac{40}{400}$，工業部門の生産物 $\frac{320}{400}$ の投入を行う必要があること．同様に，工業部門が 1 単位の財の生産を行うにあたり，農業部門の生産物 $\frac{250}{1000}$，工業部門の生産物 $\frac{500}{1000}$ の投入を行う必要があることが上記の表からわかる．

2 部門の産業連関分析 以上の 2 部門の産業連関表を，より一般的に表してみよう [1]．

		中間需要			
		第 1 産業	第 2 産業	最終需要	総生産
中間投入	第 1 産業	x_{11}	x_{12}	y_1	x_1
	第 2 産業	x_{21}	x_{22}	y_2	x_2
	付加価値	v_1	v_2		
	合計	x_1	x_2		

さきほどと同様に，横方向（行方向）に読んでいくと，各産業で生産した生産物の内訳を見ることができる．第 1 産業で生産された生産物 x_1 のうち x_{11}，x_{12}

1）以下の記述では，中村隆英・新家健精・美添泰人・豊田敬『経済統計入門［第 2 版］』（東京大学出版会）を参考にさせていただいた．

は，それぞれ第1産業，第2産業が自産業の生産のために用い，最終需要（政府・民間の消費・投資など）が y_1 であったことが，表から見て取れる．第2産業についても同様である．したがって，

$$x_{11}+x_{12}+y_1=x_1$$
$$x_{21}+x_{22}+y_2=x_2$$

という「中間需要＋最終需要＝総生産」という**需要と供給のバランス式**が成立している．

縦方向（列方向）についても，さきほどと同様に読んでいこう．1列目の第1産業について，第1産業が生産にあたり，第1産業から x_{11} の財，第2産業から x_{21} の財を購入して投入して生産を行い，v_1 の付加価値を産み出して，合計 x_1 の生産物を産み出したことが示されている．第2列についても，同様に読むことができる．したがって，

$$x_{11}+x_{21}+v_1=x_1$$
$$x_{12}+x_{22}+v_2=x_2$$

という「中間投入＋付加価値＝総生産」という関係が成立する．

投入係数行列　ここで，第 j 産業における第 i 産業の商品の中間投入量 x_{ij} を総生産額 x_j で割った値を**投入係数**とよび

$$a_{ij}=\frac{x_{ij}}{x_j} \quad (i, j=1, 2)$$

と表す．

また，第 j 産業における付加価値額 v_j を総生産額 x_j で割った値を**付加価値率**とよび

$$b_j=\frac{v_j}{x_j} \quad (j=1, 2)$$

と表す．上述の関係から

$$a_{11}+a_{21}+b_1=1$$
$$a_{12}+a_{22}+b_2=1$$

が成立し，投入係数表は次のようになる．

	第1産業	第2産業
第1産業	a_{11}	a_{12}
第2産業	a_{21}	a_{22}

この表が最終生産物1単位を生産するのにあたり，使用された中間投入量を表していることは先述の通りである．投入係数表を次のように行列表示したものを**投入係数行列**とよぶ．

$$A=\begin{pmatrix} a_{11} & a_{12} \\ a_{21} & a_{22} \end{pmatrix}$$

なお，この投入係数は財の生産量の水準によらず安定的，さらに言えば一定であることを仮定するのが一般である．このことは，生産関数が**規模に関して収穫一定**であることを仮定していることに注意する[2]．

レオンチェフ逆行列　投入係数の定義から $x_{ij}=a_{ij}x_j$ $(i, j=1, 2)$ という関係が成立することから，

$$A\begin{pmatrix} x_1 \\ x_2 \end{pmatrix}+\begin{pmatrix} y_1 \\ y_2 \end{pmatrix}=\begin{pmatrix} x_1 \\ x_2 \end{pmatrix}$$

つまり

$$(E-A)\begin{pmatrix} x_1 \\ x_2 \end{pmatrix}=\begin{pmatrix} y_1 \\ y_2 \end{pmatrix}$$

と表される．詳細は後述するが，各産業の付加価値額 v_1，v_2 が正であるときに，行列 $(E-A)$ は逆行列 $(E-A)^{-1}$ を持ち

$$\begin{pmatrix} x_1 \\ x_2 \end{pmatrix}=(E-A)^{-1}\begin{pmatrix} y_1 \\ y_2 \end{pmatrix}$$

と解くことができる．$(E-A)^{-1}$ を**レオンチェフ逆行列**とよぶ．

また，このように最終需要によって生産額が決まるモデルを**均衡産出高モデル**とよばれ，経済政策やイベントの経済効果を算定するうえで用いられている．

2) 生産関数が規模に関して収穫一定であるとは，生産要素それぞれを λ (>0) 倍にすると，生産量も λ 倍になることを表しており，生産関数が一次同次であることに対応している．このことについて，詳しくは『経済学をまなぶための微分積分』（実教出版）を参照されたい．

ここで，

$$E-A=\begin{pmatrix}1-a_{11} & -a_{12}\\ -a_{21} & 1-a_{22}\end{pmatrix}$$

であることから，レオンチェフ逆行列は

$$(E-A)^{-1}=\frac{1}{(1-a_{11})(1-a_{22})-a_{12}a_{21}}\begin{pmatrix}1-a_{22} & a_{12}\\ a_{21} & 1-a_{11}\end{pmatrix}$$

と表される．

最後に，付加価値額が正であるときは，レオンチェフ逆行列が必ず存在し，最終需要を与えたときに決まる生産額が正であることを示そう．付加価値額 v_i $(i=1, 2)$ が正であるとき，付加価値額を正の値である総生産で割った付加価値率 b_i $(i=1, 2)$ も正となることから

$$a_{11}+a_{21}+b_1=1$$

$$a_{12}+a_{22}+b_2=1$$

より，$a_{11}+a_{21}<1$ かつ $a_{12}+a_{22}<1$ が成立する．この式を変形し，$0\leqq a_{ij}<1$ とあわせると $0\leqq a_{21}<1-a_{11}$ かつ $0\leqq a_{12}<1-a_{22}$ が得られ，辺々をかけ合わせることで

$$(1-a_{11})(1-a_{22})-a_{12}a_{21}>0$$

が成立することを確かめることができる．これより，レオンチェフ逆行列が存在することがわかる．また，再び $0\leqq a_{ij}<1$ であることに注意すると，上記の方程式の解として求まる生産量が正であることもわかる．

章末問題 I

1．次の連立１次方程式の解を求めよ．

(1) $\begin{cases} x-y+z=0 \\ 3x-y-z=4 \\ 2x+y+5z=-3 \end{cases}$ (2) $\begin{cases} x+y-z=1 \\ x+y+z=3 \\ -x+y+z=1 \end{cases}$ (3) $\begin{cases} x+2y-3z+4w=0 \\ x-2y+z-2w=0 \\ x+y+z+w=0 \\ x+3y+z+2w=2 \end{cases}$

2．行列の基本変形に用いられる正方行列 $P_i(c)$，Q_{ij}，$R_{ij}(c)$ の行列式をそれぞれ求めよ．

章末問題 II

1．次の産業連関表について以下の問いに答えよ．

投入＼産出	農業	工業	最終需要	合計
農業	10			
工業	80	180		
付加価値		60		
合計	100	300		

(1)．表の空欄を埋めよ．

(2)．投入係数行列 A を求めよ．

(3)．レオンチェフ逆行列 $(E-A)^{-1}$ を求めよ．

(4)．最終需要の組 $(y_1,\ y_2)$ が $(10,\ 20)$ のときの産出量の組 $(x_1,\ x_2)$ を求めよ．

第9章　行列の階数

本章では，行列の階数について紹介する．これは第11章で紹介する一般的な連立方程式の解の不定性にも関わる需要な概念である．行列の階数は，行列の基本変形で求めることができる．本章の最後では，前章で紹介をした産業連関表を n 部門の産業がある場合に拡張する．

1 行列の階数

なんらかの誤りやデータの収集方法によって，以下のように全く同じデータが収納された一覧表を考えよう．

ID	年齢	体重	身長	年齢	握力
01	24	67.2	172.1	24	46.32
02	39	72.3	165.9	39	41.21
03	58	58.4	162.3	58	36.21
01	24	67.2	172.1	24	46.32

上記の場合には，同じ年齢の列が重複しており，ID 01 の人物が重複して記載されている．この場合，重複した行や列は削除し，本質的に価値あるデータだけを抽出する方がよいだろう．

行列においても，全く同じ行や列を含む場合には，それらは本質的には不要であると考えられる．前章で学んだ基本変形を用いて，行列を構成する本質的な行数あるいは列数を定式化したのが，行列の階数という概念である．

階段行列　前章で学んだ掃き出し法は，行の基本変形を繰り返すことで係数行列を単位行列に変形して連立方程式の解を求めるという方法だった．しかし，一般の正方行列は基本変形によって単位行列に変形できるとは限らない．実際，非正則な係数行列は基本変形によって単位行列に変形できない．また，未知数と連立する方程式の個数が一致しない場合は，係数行列が正方行列ではないので，基本変形で単位行列に行きつくことはできない．しかしながら，以下の条件を満たす**階段行列**の形には変形できる．

> **定義 9.1.** 零行列ではない $(m,\ n)$ 行列 $A=(a_{ij})$ が階数 r の**階段行列**とは，列番号の増加列 $1 \leqq j_1 < j_2 < \cdots < j_r \leqq n$ が存在し，以下を満たす．
>
> (i) 任意の $k < j_i$ に対し，$a_{ik}=0$ である．
>
> (ii) 任意の $i=1,\ \cdots,\ r$ に対し，$a_{ij_i} \neq 0$ である．この a_{ij_i} を**コーナー**[1]とよぶ．
>
> (iii) 任意の $i > r$ となる i と j に対し，$a_{ij}=0$ である．

零行列は階数 0 の階段行列と考える．階段行列は以下のようにコーナーより左，あるいは下方向にはすべて 0 が並ぶ行列である．

$$
\begin{pmatrix}
0 & \cdots & 0 & \multicolumn{1}{|l}{a_{1j_1}} & & & & & \\ \cline{4-4}
0 & \cdots & \cdots & \cdots & 0 & \multicolumn{1}{|l}{a_{2j_2}} & & * & \\ \cline{6-6}
 & & & & & & \ddots & & \\
 & & & & & & & \multicolumn{1}{|l}{a_{rj_r}} & \\ \cline{8-9}
 & & O & & & & & 0 & \cdots & 0 \\
 & & & & & & & \vdots & \ddots & \vdots \\
 & & & & & & & 0 & \cdots & 0
\end{pmatrix}
$$

たとえば，次の行列は階段行列である．

$$
\begin{pmatrix} 3 & 2 & -3 & 5 & 3 \\ 0 & 1 & 2 & 0 & 4 \\ 0 & 0 & 0 & -4 & -1 \\ 0 & 0 & 0 & 0 & 0 \end{pmatrix},\quad
\begin{pmatrix} 0 & 0 & 1 & 2 & 3 & 0 \\ 0 & 0 & 0 & 0 & 4 & 5 \\ 0 & 0 & 0 & 0 & 0 & 0 \\ 0 & 0 & 0 & 0 & 0 & 0 \end{pmatrix},\quad
\begin{pmatrix} 1 & 0 & 0 & 0 \\ 0 & 1 & 0 & 0 \\ 0 & 0 & 1 & 0 \\ 0 & 0 & 0 & 1 \end{pmatrix}
$$

逆に次の行列は階段行列ではない．

$$
\begin{pmatrix} 3 & 2 & -3 & 5 & 3 \\ 0 & 1 & 2 & 0 & 4 \\ 0 & 4 & 1 & -4 & -1 \\ 0 & 0 & 0 & 0 & 0 \end{pmatrix},\quad
\begin{pmatrix} 0 & 0 & 1 & 2 & 3 & 0 \\ 0 & 0 & 0 & 0 & 4 & 5 \\ 0 & 0 & 0 & 0 & 0 & 0 \\ 0 & 0 & 0 & 0 & 0 & 1 \end{pmatrix},\quad
\begin{pmatrix} 1 & 0 & 0 & 0 \\ 1 & 1 & 0 & 0 \\ 0 & 1 & 1 & 0 \\ 0 & 0 & 1 & 1 \end{pmatrix}
$$

行列の階数　$(m,\ n)$ 行列 A に対して，行の基本変形により階段行列に変形す

1) 主成分とよぶ場合も多いが，第 14 章，第 15 章で学ぶ主成分分析と紛らわしいため，ここではコーナーとよぶ．

ることを考えよう.

定理 9.1. すべての行列は行の基本変形を繰り返すことにより, 階段行列になる.

証明 本質的には前章の掃き出し法と同様の手法で変形する. $A=O$ の場合は, それ自身が階数 0 の階段行列である. $A \neq O$ とすると, 0 でない成分が存在するため, その中で列数が一番小さな成分の 1 つを a_{ij} とする. 1 行目と i 行目の入れ替えを行うと,

$$A \xrightarrow{(1)\leftrightarrow(i)} \begin{pmatrix} 0 & \cdots & 0 & a_{ij} & \cdots & a_{in} \\ 0 & \cdots & 0 & a_{2j} & \cdots & a_{2n} \\ \vdots & \vdots & \vdots & \vdots & \ddots & \vdots \\ 0 & \cdots & 0 & a_{mj} & \cdots & a_{mn} \end{pmatrix}$$

上記の行列の 1 行目の $-a_{kj}/a_{ij}$ 倍を各 k 行に加える (ただし, i 行目には $-a_{1j}/a_{ij}$ 倍を加える) ことで, 以下の行列に基本変形できる.

$$\begin{pmatrix} 0 & \cdots & 0 & a_{ij} & \cdots & a_{in} \\ 0 & \cdots & 0 & 0 & & \\ \vdots & \vdots & \vdots & \vdots & B & \\ 0 & \cdots & 0 & 0 & & \end{pmatrix}$$

$B=O$ であれば, 上記の行列は階数 1 の階段行列である. $B \neq O$ の場合は上記の変形を B に対して行えばよい. この手順による行の基本変形を繰り返すことにより, 階段行列を得る. □

階段行列の中でも, 性質の良い階段行列に変形できれば議論がしやすい. コーナーがすべて 1 であり, コーナーを含む列はコーナー以外がすべて 0 であるような階段行列は, **被約階段行列**とよばれている.

$$\begin{pmatrix} 0 & \cdots & 0 & 1 & * & 0 & \cdots & 0 & * & * \\ 0 & \cdots & \cdots & \cdots & 0 & 1 & \cdots & 0 & * & * \\ & & & & & & \ddots & \vdots & \vdots & \vdots \\ & & & & & & & 1 & * & * \\ & & O & & & & & 0 & \cdots & 0 \\ & & & & & & & \vdots & \ddots & \vdots \\ & & & & & & & 0 & \cdots & 0 \end{pmatrix}$$

定理 9.2. すべての行列は行の基本変形を繰り返すことにより，被約階段行列になる．

証明 定理 9.1 により，$(m,\ n)$ 行列 A は行の基本変形により，階段行列 B へ変形できる．B の各行に対して，その行のコーナーの逆数倍をかける基本変形で，各コーナーが 1 である階段行列 C に変形できる．また，$C=(c_{ij})$ の各 i 行の適当な定数倍を $k>i$ となる k 行に加えることで，$c_{kj_i}=0$ とすることができる．よって，求める被約階段行列が行の基本変形から得られる． □

単位行列に近い階数 r の階段行列として，$a_{11}=a_{22}=\cdots=a_{rr}=1$，それ以外の成分はすべて 0 という $(m,\ n)$ 型の階段行列 $E_r(m,\ n)$ が考えられる．これは左上に r 次の単位行列 E_r が現れる行列で，**標準階段行列**とよばれる．

$$E_r(m,\ n)=\begin{pmatrix} 1 & 0 & \cdots & 0 & \\ 0 & 1 & \cdots & 0 & O \\ \vdots & \vdots & \ddots & \vdots & \\ 0 & 0 & \cdots & 1 & \\ & & & & \\ & O & & & O \end{pmatrix}=\begin{pmatrix} E_r & O \\ O & O \end{pmatrix}$$

定理 9.3. すべての行列は，行と列の基本変形を繰り返し行うことで，標準階段行列に変形できる．

証明 定理 9.2 により，$(m,\ n)$ 行列 A は行の基本変形により，被約階段行列 B へ変形できる．$B=(b_{ij})$ の i 行目のコーナーは，$b_{ij_i}=1$ である．このとき，j_i 列目の適当な定数倍を $k>j_i$ となる k 列に加えることで，$b_{ik}=0$ とすることができ，コーナーが 1 で他の成分はすべて 0 であるような階段行列 C を得る．さらに C に対して列を入れ替える基本変形を行うことで，標準階段行列を得る． □

定理 9.2 と定理 9.3 の証明の中で，階段行列 → 被約階段行列 → 標準階段行列への基本変形を行ったが，このときの階数は変化していないことに注意しよう．この事実と，第 8 章で学んだ，基本変形と正則行列の積の関係から，以下の定理を得る．

定理 9.4. (m, n) 行列 A が行の基本変形を繰り返すことによって階数 r の階段行列に変形できるならば，正則行列 P, Q が存在し，$PAQ = E_r(m, n)$ となる．

一般の行列の階数は階段行列に基本変形した際の階数として定義する．

定義 9.2（行列の階数）．A を (m, n) 行列とし，行の基本変形を繰り返し，階数 r の階段行列へ変形できたとする．このとき，$\mathrm{rank}(A) = r$ と表し，r を A の**階数**とよぶ．

注意すべきは，行の基本変形を用いて階段行列に変形する場合，その基本変形の取り方によって，得られる階段行列は異なる．しかしながら，その階数は常に一致していることを確認しておこう．

定理 9.5. 行列 A に対し，$\mathrm{rank}(A)$ は行の基本変形の取り方によらない．

証明　A を (m, n) 行列とし，2 通りの行の基本変形で階数 r と s の階段行列に行きついたとして，$r = s$ を示せばよい．定理 9.4 から，正則行列 P_1, P_2, Q_1, Q_2 により，$P_1AQ_1 = E_r(m, n)$, $P_2AQ_2 = E_s(m, n)$ と表される．これより，

$$P_1^{-1}E_r(m, n)Q_1^{-1} = A = P_2^{-1}E_s(m, n)Q_2^{-1}$$

よって，

$$P_2P_1^{-1}E_r(m, n) = E_s(m, n)Q_2^{-1}Q_1 \tag{9.1}$$

が得られる．いま，

$$P_2P_1^{-1} = \begin{pmatrix} x_{11} & x_{12} & \cdots & x_{1m} \\ x_{21} & x_{22} & \cdots & x_{2m} \\ \vdots & \vdots & \vdots & \vdots \\ x_{m1} & x_{m2} & \cdots & x_{mm} \end{pmatrix}, \quad Q_2^{-1}Q_1 = \begin{pmatrix} y_{11} & y_{12} & \cdots & y_{1n} \\ y_{21} & y_{22} & \cdots & y_{2n} \\ \vdots & \vdots & \vdots & \vdots \\ y_{n1} & y_{n2} & \cdots & y_{nn} \end{pmatrix}$$

と置いておこう．等式 (9.1) に代入して計算すると，以下は (m, n) 行列として等しい．

$$\begin{pmatrix} x_{11} & x_{12} & \cdots & x_{1r} & 0 & \cdots & 0 \\ x_{21} & x_{22} & \cdots & x_{2r} & 0 & \cdots & 0 \\ \vdots & \vdots & \vdots & \vdots & \vdots & \vdots & \vdots \\ x_{m1} & x_{m2} & \cdots & x_{mr} & 0 & \cdots & 0 \end{pmatrix} = \begin{pmatrix} y_{11} & y_{12} & \cdots & y_{1n} \\ y_{21} & y_{22} & \cdots & y_{2n} \\ \vdots & \vdots & \vdots & \vdots \\ y_{s1} & y_{s2} & \cdots & y_{sn} \\ 0 & 0 & \cdots & 0 \\ \vdots & \vdots & \vdots & \vdots \\ 0 & 0 & \cdots & 0 \end{pmatrix}$$

$P_2P_1^{-1}$ の成分に着目すると，上記の等式から $s<i$，$1\leqq j\leqq r$ の範囲において，$x_{ij}=0$ である．よって正方行列 $P_2P_1^{-1}$ は以下の形をしている．

$$P_2P_1^{-1} = \begin{pmatrix} x_{11} & x_{12} & \cdots & x_{1r} & x_{1r+1} & \cdots & x_{1m} \\ x_{21} & x_{22} & \cdots & x_{2r} & x_{2r+1} & \cdots & x_{2m} \\ \vdots & \vdots & \vdots & \vdots & \vdots & \vdots & \vdots \\ x_{s1} & x_{s2} & \cdots & x_{sr} & x_{sr+1} & \cdots & x_{sm} \\ 0 & 0 & \cdots & 0 & x_{s+1r+1} & \cdots & x_{s+1m} \\ \vdots & \vdots & \vdots & \vdots & \vdots & \vdots & \\ 0 & 0 & \cdots & 0 & x_{mr+1} & \cdots & x_{mm} \end{pmatrix}$$

(i) $s<r$ とすると，成分 x_{sr} は対角成分よりも上に位置している．このとき，$P_2P_1^{-1}$ を r 行 r 列で区切ってブロック行列で表記すると，

$$P_2P_1^{-1} = \begin{pmatrix} B & C \\ O & D \end{pmatrix}$$

であるが，r 次の正方行列 B はすべて 0 の行を含むため，行列式は $|B|=0$ である．よって定理 7.12 により，$|P_2P_1^{-1}|=|B|\cdot|D|=0$ であり，$P_2P_1^{-1}$ の正則性に矛盾する．

(ii) $s>r$ とすると，(i)と同様に，$Q_2^{-1}Q_1$ の正則性に矛盾する．

このことから，$r=s$ が示された． □

実際に $(m,\ n)$ 行列 A の $\mathrm{rank}(A)$ を求めてみよう．階段行列の階数はコーナーの個数であるから，行数あるいは列数を超えない．よって，$\mathrm{rank}(A)\leqq m$ および，$\mathrm{rank}(A)\leqq n$ に注意する．

⟫ 例題 1. 次の行列の階数を求めよ．

$$\begin{pmatrix} 3 & 4 & 5 & 6 \\ 2 & 3 & 4 & 5 \\ 1 & 2 & 3 & 4 \end{pmatrix}$$

解答　行の基本変形を行うと，

$$\begin{pmatrix}3&4&5&6\\2&3&4&5\\1&2&3&4\end{pmatrix}\xrightarrow{(1)\leftrightarrow(3)}\begin{pmatrix}1&2&3&4\\2&3&4&5\\3&4&5&6\end{pmatrix}$$

$$\xrightarrow[(3)-3\times(1)]{(2)-2\times(1)}\begin{pmatrix}1&2&3&4\\0&-1&-2&-3\\0&-2&-4&-6\end{pmatrix}$$

$$\xrightarrow{(3)-2\times(2)}\begin{pmatrix}1&2&3&4\\0&-1&-2&-3\\0&0&0&0\end{pmatrix}$$

となって，階段行列を得る．これより，$\mathrm{rank}(A)=2$ である．

練習問題 1 次の行列の階数を求めよ．

(1) $\begin{pmatrix}1&-1&1\\5&2&3\\7&0&5\end{pmatrix}$　　(2) $\begin{pmatrix}1&2&3&4\\5&6&7&8\\9&10&11&12\end{pmatrix}$　　(3) $\begin{pmatrix}2&-5&1&-2\\1&-4&2&-3\\-1&7&-5&7\\3&-6&0&-1\end{pmatrix}$

A が正方行列の場合，行列の階数は正則性と密接に関わっている．

定理 9.6. A を n 次の正方行列とする．このとき，A が正則であることと，$\mathrm{rank}(A)=n$ であることは同値である．

証明　まず A が正則であるとしよう．このとき，$\mathrm{rank}(A)<n$ であったとすると，A を階段行列 B に基本変形したとき，n 行はすべて 0 となる．よって，$|B|=0$ である．B は正則行列 P によって，$B=PA$ となるため，

$$|A|=|P^{-1}B|=|P^{-1}|\cdot|B|=0$$

となり，A の正則性に矛盾する．よって，$\mathrm{rank}(A)=n$ である．

逆に，$\mathrm{rank}\,A=n$ であったとすると，正則行列 P，Q によって，

$$PAQ=E_n(n,\ n)=E_n$$

と単位行列に変形できる．これより，$A=P^{-1}Q^{-1}$ であり，P，Q の正則性から，A も正則である．　□

》》例題 2. 以下の行列の階数を求めよ．

$$A=\begin{pmatrix} a & 1 & 1 \\ 1 & a & 1 \\ 1 & 1 & a \end{pmatrix}$$

《《 解答 行列式を計算すると，

$$|A| = a^3-3a+2=(a-1)^2(a+2)$$

より，$a \neq 1,\ -2$ のときは，A は正則であり，$\mathrm{rank}(A)=3$ である．また，$a=-2$ のとき $\mathrm{rank}(A)=2$，$a=1$ のとき $\mathrm{rank}(A)=1$ である．

練習問題 2 以下の行列の階数を求めよ．

(1) $\begin{pmatrix} 2 & a & a \\ a & 2 & a \\ a & a & 2 \end{pmatrix}$　(2) $\begin{pmatrix} 1 & -1 & 0 \\ -1 & a & 2 \\ 0 & 1 & a \end{pmatrix}$　(3) $\begin{pmatrix} 1 & 2 & 3 \\ -1 & a-2 & 4 \\ -2 & -4 & a-3 \end{pmatrix}$

定理 9.4 は，$\mathrm{rank}(A)=r$ ならば，$PAQ=E_r(m,\ n)$ となる正則行列 $P,\ Q$ の存在を意味しているが，実はこの逆も正しい．このことから行列の階数は転置をとっても不変であることがわかる．

定理 9.7. A を $(m,\ n)$ 行列とすると，$\mathrm{rank}(A)=\mathrm{rank}({}^tA)$ である．

証明 $\mathrm{rank}(A)=r$ とおくと，$PAQ=E_r(m,\ n)$ となる正則行列 $P,\ Q$ が存在する．このとき，両辺の転置をとれば，${}^tQ{}^tA{}^tP=E_r(m,\ n)$ となる．${}^tP,\ {}^tQ$ は正則なので，$\mathrm{rank}({}^tA)=r$ となる． □

基本変形と逆行列 A が n 次の正則行列の場合，行の基本変形を繰り返すことにより，単位行列 E へ変形できた．すなわち，この基本変形の繰り返しに対応する正則行列 M によって，$MA=E$ と表せる．よって，この両辺に A^{-1} をかけると，$M=A^{-1}$ であるため，$A\to E$ の行基本変形を書き表せば，A^{-1} を求めることができる．

そこで，A と単位行列 E を並べた $(A\quad E)$ という $(n,\ 2n)$ 行列を考え，上記の行基本変形をこの行列に対して行えば，$(A\quad E)\to(E\quad A^{-1})$ となり，右側には逆行列 A^{-1} が現れる．この手法を用いて逆行列を計算してみよう．

例題 3. 以下の行列の逆行列を求めよ.

$$A = \begin{pmatrix} 1 & 2 & 3 \\ -2 & -3 & 0 \\ 3 & 4 & -4 \end{pmatrix}$$

解答

$$(A \quad E) = \begin{pmatrix} 1 & 2 & 3 & 1 & 0 & 0 \\ -2 & -3 & 0 & 0 & 1 & 0 \\ 3 & 4 & -4 & 0 & 0 & 1 \end{pmatrix} \xrightarrow[(3)-3\times(1)]{(2)+2\times(1)} \begin{pmatrix} 1 & 2 & 3 & 1 & 0 & 0 \\ 0 & 1 & 6 & 2 & 1 & 0 \\ 0 & -2 & -13 & -3 & 0 & 1 \end{pmatrix}$$

$$\xrightarrow[(3)+2\times(2)]{(1)-2\times(2)} \begin{pmatrix} 1 & 0 & -9 & -3 & -2 & 0 \\ 0 & 1 & 6 & 2 & 1 & 0 \\ 0 & 0 & -1 & 1 & 2 & 1 \end{pmatrix} \xrightarrow{(3)\times(-1)} \begin{pmatrix} 1 & 0 & -9 & -3 & -2 & 0 \\ 0 & 1 & 6 & 2 & 1 & 0 \\ 0 & 0 & 1 & -1 & -2 & -1 \end{pmatrix}$$

$$\xrightarrow[(1)+9\times(3)]{(2)-6\times(3)} \begin{pmatrix} 1 & 0 & 0 & -12 & -20 & -9 \\ 0 & 1 & 0 & 8 & 13 & 6 \\ 0 & 0 & 1 & -1 & -2 & -1 \end{pmatrix}$$

これより,

$$A^{-1} = \begin{pmatrix} -12 & -20 & -9 \\ 8 & 13 & 6 \\ -1 & -2 & -1 \end{pmatrix}$$

練習問題 3 以下の行列の逆行列を求めよ.

(1) $\begin{pmatrix} 1 & 2 & 1 \\ 2 & 1 & 3 \\ 1 & 1 & 2 \end{pmatrix}$ (2) $\begin{pmatrix} 3 & -1 & 0 \\ 1 & -2 & 1 \\ 4 & 2 & 1 \end{pmatrix}$ (3) $\begin{pmatrix} 0 & 0 & 0 & 1 \\ 0 & 0 & -1 & 0 \\ 0 & -1 & 0 & 1 \\ 1 & 0 & 0 & 0 \end{pmatrix}$

2 n 部門の産業連関分析

前章では, 産業の数が 2 つである 2 部門の産業連関分析を紹介した. その議論は, n 部門の産業連関表に一般化できる.

現実に経済効果の測定や GDP の計算に用いられるのは, そのような詳細な産業分類に基づいた複数の部門の産業連関表である. 現在, 日本では 10 府省庁の共同作業により産業連関表を 5 年ごとに (原則として, 西暦の末尾が 0 および 5 の年を対象年として) 作成している.

いま n 種類の産業が，それぞれ x_1，x_2，$\cdots$，x_n の生産を行ったとする．ここで，第 i 産業の生産物のうち第 j 産業の中間需要を x_{ij}，第 i 産業の最終需要を y_i と表すと

$$\begin{cases} x_{11}+x_{12}+\cdots+x_{1n}+y_1=x_1 \\ x_{21}+x_{22}+\cdots+x_{2n}+y_2=x_2 \\ \qquad\qquad\vdots \\ x_{n1}+x_{n2}+\cdots+x_{nn}+y_n=x_n \end{cases}$$

という「中間需要＋最終需要＝総生産」という需要と供給の均衡式が成立している．

また，縦方向に読めば，第 i 産業の付加価値額を v_i と表すと

$$\begin{cases} x_{11}+x_{21}+\cdots+x_{n1}+v_1=x_1 \\ x_{12}+x_{22}+\cdots+x_{n2}+v_2=x_2 \\ \qquad\qquad\vdots \\ x_{1n}+x_{2n}+\cdots+x_{nn}+v_n=x_n \end{cases}$$

という「中間投入＋付加価値＝総生産」という関係が成立する．

ここで，第 j 産業における第 i 産業の商品の中間投入量 x_{iy} を総生産額 x_j で割った値を

$$a_{ij}=\frac{x_{ij}}{x_j} \quad (i, j=1, 2)$$

と表す．これは中間投入量を総生産額で割ったものであり**投入係数**とよばれる．投入係数が，第 j 産業の財を 1 単位生産するための第 i 産業の中間投入の割合であることも 2 部門の場合と同様である．

投入係数を用いると，需要と供給の均衡式は

$$X=AX+Y$$

と表される．ここで，

$$X=\begin{pmatrix} x_1 \\ x_2 \\ \vdots \\ x_n \end{pmatrix},\quad Y=\begin{pmatrix} y_1 \\ y_2 \\ \vdots \\ y_n \end{pmatrix},\quad A=\begin{pmatrix} a_{11} & a_{12} & \cdots & a_{1n} \\ a_{21} & a_{22} & \cdots & a_{2n} \\ \vdots & \vdots & \ddots & \vdots \\ a_{n1} & a_{n2} & \cdots & a_{nn} \end{pmatrix}$$

である．

上記の方程式から

$$(E-A)X=Y$$

と表される．ここで，2 部門モデルの場合と同様に各産業の付加価値額が正であるときに，レオンチェフ逆行列 $(E-A)^{-1}$ が存在し，新規需要 Y が生じたときの，各産業の生産量は，非負の形で

$$X=(E-A)^{-1}Y$$

と求めることができる．

レオンチェフ逆行列の存在と，非負値の解の存在についての詳細な議論は第 10 章で取り扱う．

章末問題 I

1．以下の行列の階数を求めよ．

(1) $\begin{pmatrix} 3 & -1 & 2 \\ 5 & 1 & 4 \\ 1 & 1 & 1 \end{pmatrix}$ (2) $\begin{pmatrix} 2 & 0 & 1 \\ 1 & -1 & 1 \\ 0 & 2 & -1 \\ -1 & 1 & 1 \end{pmatrix}$ (3) $\begin{pmatrix} 0 & 0 & 0 & 1 \\ 0 & 0 & 1 & 0 \\ 0 & 1 & 0 & 1 \\ 1 & 0 & 0 & 0 \end{pmatrix}$

2．以下の行列の階数を求めよ．

$$\begin{pmatrix} a & 1 & 0 \\ 1 & a & 1 \\ 0 & 1 & a \end{pmatrix}$$

3．以下の行列の逆行列を求めよ．

(1) $\begin{pmatrix} 1 & 2 & 3 \\ 2 & 3 & 4 \\ 1 & -1 & 1 \end{pmatrix}$ (2) $\begin{pmatrix} 2 & 1 & 3 \\ -1 & 3 & 4 \\ 3 & -1 & 0 \end{pmatrix}$ (3) $\begin{pmatrix} 1 & 2 & 1 & 1 \\ 0 & 1 & 1 & 2 \\ 2 & 1 & 1 & 0 \\ 1 & 1 & 2 & 1 \end{pmatrix}$

章末問題 II

1．3部門の産業連関表について，投入係数行列が

$$A = \begin{pmatrix} 0.4 & 0.1 & 0.2 \\ 0.2 & 0.4 & 0.4 \\ 0.1 & 0.2 & 0.2 \end{pmatrix}$$

であったとき，以下の問いに答えよ．

(1) レオンチェフ逆行列 $(E-A)^{-1}$ を求めよ．

(2) 第1産業の最終需要が1単位増すと産出量は各何単位増すか．

(3) 第2産業の最終需要が1単位増すと産出量は各何単位増すか．

(4) 第3産業の最終需要が1単位増すと産出量は各何単位増すか．

(5) 第1産業が200，第2産業が100，第3産業が50単位だけ最終需要が増したとき，産出量の組は何単位増すか．

第10章 ベクトルの1次独立・1次従属

本章では，複数のベクトルの間の関係について考える．まず，重要な関係の1つである，1次独立性と1次従属性について紹介しよう．これらは，行列の階数や逆行列の存在とも関係している．また本章の最後では，第8章および第9章で取り上げたレオンチェフ逆行列が非負の解を持つための条件について検討する．

1 1次独立・1次従属

複数のベクトルの組に対し，それらの関係性を考えよう．たとえば，2次のベクトル $\boldsymbol{a}$，$\boldsymbol{b}$ に対し，これらが原点を通る一直線上にあるかないかというのは重要な違いである．

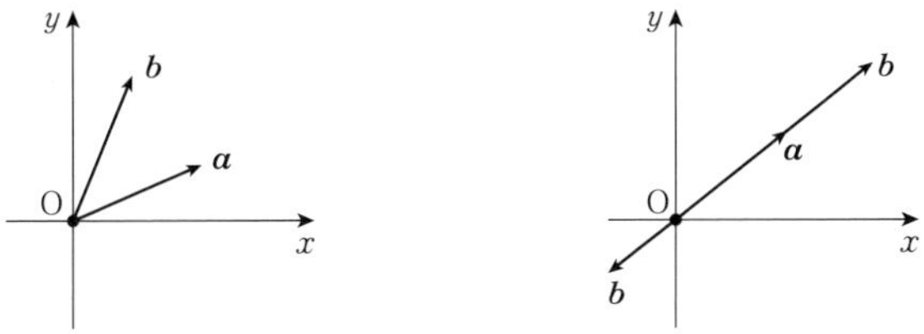

上図の左側のように，一直線上になければ，この2つのベクトルの定数倍の和 $t\boldsymbol{a}+s\boldsymbol{b}$ を考えたとき，実数 t，s を適当に動かせば，平面上のどんなベクトルも表記できる．しかし，右側のように一直線上にある場合には，t，s をどのように動かしても，$t\boldsymbol{a}+s\boldsymbol{b}$ はその直線上のベクトルしか表すことができない．

同様のことは空間ベクトルでも考えられ，2つの空間ベクトル $\boldsymbol{a}$，$\boldsymbol{b}$ が原点を通る一直線上にあるかどうか，あるいは3つの空間ベクトル $\boldsymbol{a}$，$\boldsymbol{b}$，$\boldsymbol{c}$ が原点を含む同一平面上にあるかどうかというのは，ベクトルの関係上重要な違いである．

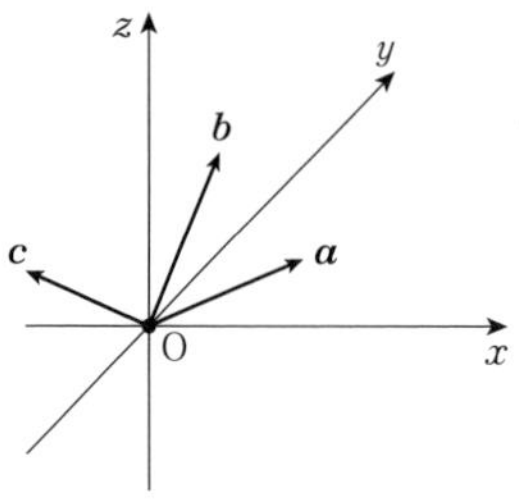

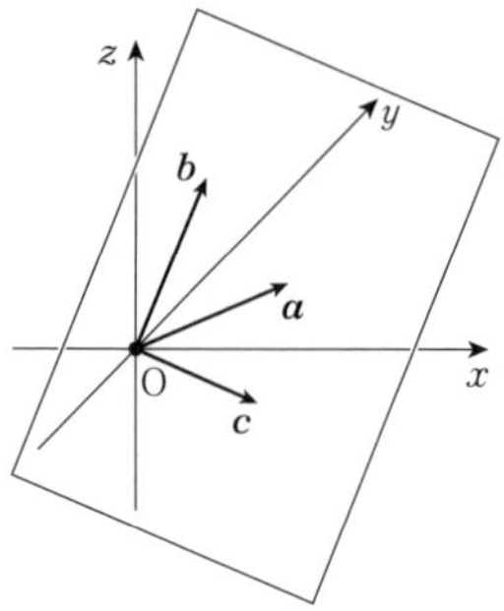

一般に r 個の m 次ベクトル $\boldsymbol{a}_1$, …, $\boldsymbol{a}_r$ について，次のような定数倍の和をとったものを $\boldsymbol{a}_1$, …, $\boldsymbol{a}_r$ の**1次結合（線形結合）**とよぶ.

$$c_1\boldsymbol{a}_1 + \cdots + c_r\boldsymbol{a}_r$$

[例1] i 成分が1，他の成分はすべて0となる m 次の基本ベクトル $\boldsymbol{e}_i$ を考えよう．任意の m 次のベクトル

$$\boldsymbol{x} = \begin{pmatrix} x_1 \\ x_2 \\ \vdots \\ x_m \end{pmatrix}$$

は，次のように基本ベクトルの1次結合で表せる.

$$\boldsymbol{x} = x_1\boldsymbol{e}_1 + \cdots + x_m\boldsymbol{e}_m$$

定義 10.1. r 個の m 次ベクトル $\boldsymbol{a}_1$, …, $\boldsymbol{a}_r$ が**1次独立**であるとは，

$$c_1\boldsymbol{a}_1 + \cdots + c_r\boldsymbol{a}_r = \boldsymbol{0}$$

となるのが，$c_1 = c_2 = \cdots = c_r = 0$ に限ることをいう．1次独立ではないとき，$\boldsymbol{a}_1$, …, $\boldsymbol{a}_r$ は**1次従属**であるという.

ベクトルの組が1次従属であることは，言い換えればその中のあるベクトルが，他のベクトルの1次結合で表せることを意味している.

定理 10.1. r 個の m 次ベクトル，$\boldsymbol{a}_1$, …, $\boldsymbol{a}_r$ が1次従属であるための必要十分条件は，この中のある $\boldsymbol{a}_j$ が他のベクトルたちの1次結合で表されることである.

証明　まず，$\boldsymbol{a}_1$，…，$\boldsymbol{a}_r$ が1次従属としよう．このとき，ある，$c_j \neq 0$ を含む c_1，…，c_r により，

$$c_1\boldsymbol{a}_1 + \cdots + c_r\boldsymbol{a}_r = \boldsymbol{0}$$

となる．よって，

$$\boldsymbol{a}_j = -\frac{c_1}{c_j}\boldsymbol{a}_1 - \cdots - \frac{c_{j-1}}{c_j}\boldsymbol{a}_{j-1} - \frac{c_{j+1}}{c_j}\boldsymbol{a}_{j+1} - \cdots - \frac{c_r}{c_j}\boldsymbol{a}_r$$

という1次結合で書き表せる．

逆に，$\boldsymbol{a}_j$ がほかのベクトルの1次結合

$$\boldsymbol{a}_j = c_1\boldsymbol{a}_1 + \cdots + c_{j-1}\boldsymbol{a}_{j-1} + c_{j+1}\boldsymbol{a}_{j+1} + \cdots + c_r\boldsymbol{a}_r$$

で表せたとすると，

$$c_1\boldsymbol{a}_1 + \cdots + c_{j-1}\boldsymbol{a}_{j-1} - \boldsymbol{a}_j + c_{j+1}\boldsymbol{a}_{j+1} + \cdots + c_r\boldsymbol{a}_r = \boldsymbol{0}$$

となり，$\boldsymbol{a}_j$ の係数に -1 が入っているので，これらは1次従属である．□

例えば，$\boldsymbol{a}_1$，…，$\boldsymbol{a}_r$ の中に零ベクトル $\boldsymbol{0}$ が含まれていると，これらは1次従属である．

[例2]　m 次の基本ベクトル $\boldsymbol{e}_1$，…，$\boldsymbol{e}_m$ は1次独立である．なぜなら，

$$c_1\boldsymbol{e}_1 + \cdots + c_m\boldsymbol{e}_m = \boldsymbol{0}$$

を考える．これはすなわち，

$$\begin{pmatrix} c_1 \\ \vdots \\ c_m \end{pmatrix} = \begin{pmatrix} 0 \\ \vdots \\ 0 \end{pmatrix}$$

を意味しており，すべての係数について，$c_1 = c_2 = \cdots = c_n = 0$ である．

定理 10.2. P を m 次の正則行列とし，$\boldsymbol{a}_1$，…，$\boldsymbol{a}_r$ を r 個の m 次ベクトルとする．このとき，次は同値である．

(i)　$\boldsymbol{a}_1$，…，$\boldsymbol{a}_r$ は1次独立（従属）．

(ii)　$P\boldsymbol{a}_1$，…，$P\boldsymbol{a}_r$ は1次独立（従属）．

証明　1次独立の場合を示そう．(i)を仮定して，

$$c_1P\boldsymbol{a}_1 + \cdots + c_rP\boldsymbol{a}_r = \boldsymbol{0}$$

を考える．このとき，

$$P(c_1\boldsymbol{a}_1+\cdots+c_r\boldsymbol{a}_r)=\boldsymbol{0}$$

であり，P が正則なので，上記の両辺に左から P^{-1} を両辺にかけると，

$$c_1\boldsymbol{a}_1+\cdots+c_r\boldsymbol{a}_r=\boldsymbol{0}$$

である．仮定より，$\boldsymbol{a}_1$，…，$\boldsymbol{a}_r$ が1次独立なのだから，$c_1=\cdots=c_r=0$ が従う．よって，$P\boldsymbol{a}_1$，…，$P\boldsymbol{a}_r$ は1次独立である．

逆に(ii)を仮定すると，同様の議論から(i)を導くことができる．また，1次従属の場合は対偶から導かれる．□

複数のベクトルが，1次独立か1次従属かは，それらを並べた行列の階数により判断できる．

定理 10.3. $(m,\ n)$ 行列 $A=(\boldsymbol{a}_1\ \cdots\ \boldsymbol{a}_n)$ に対し，以下が成り立つ．

(1) ベクトル $\boldsymbol{a}_1$，…，$\boldsymbol{a}_n$ が1次独立であることの必要十分条件は，$\mathrm{rank}(A)=n$ である．特に $m=n$ のとき，$\boldsymbol{a}_1$，…，$\boldsymbol{a}_n$ が1次独立であることの必要十分条件は，A が正則である．

(2) ベクトル $\boldsymbol{a}_1$，…，$\boldsymbol{a}_n$ が1次従属であることの必要十分条件は，$\mathrm{rank}(A)<n$ である．特に $m=n$ のとき，$\boldsymbol{a}_1$，…，$\boldsymbol{a}_n$ が1次従属であることの必要十分条件は，A が非正則である．

証明 (1)を示そう．$\mathrm{rank}(A)=n$ とすると，ある正則行列 P により，PA が階数 n の被約階段行列となる．PA の列数は n なので，PA は m 次の基本ベクトル $\boldsymbol{e}_1$，…，$\boldsymbol{e}_n$ が並んだ行列である．［例 2］と同様に，これらは1次独立であり，定理 10.2 により，$\boldsymbol{a}_1$，…，$\boldsymbol{a}_n$ は1次独立である．

逆に，$\boldsymbol{a}_1$，…，$\boldsymbol{a}_n$ が1次独立であるとする．$\mathrm{rank}(A)=r<n$ と仮定すると，ある正則行列 P により，PA が階数 r の被約階段行列となる．PA のコーナーを含む r 個の列は m 次の基本ベクトル $\boldsymbol{e}_1$，…，$\boldsymbol{e}_r$ であるが，コーナーを含まない PA の列ベクトルは，［例 1］同様，これら r 個の基本ベクトルの1次結合で表せる．よって，定理 10.1 により，PA の n 個の列ベクトルは1次従属であり，定理 10.2 から $\boldsymbol{a}_1$，…，$\boldsymbol{a}_n$ も1次従属となり，仮定に反する．よって，$\mathrm{rank}(A)=n$ となる．

(2)は(1)の対偶から従う．□

例題 1. 4次のベクトル

$$\boldsymbol{a}_1=\begin{pmatrix}1\\2\\3\\4\end{pmatrix},\ \boldsymbol{a}_2=\begin{pmatrix}1\\-1\\1\\-1\end{pmatrix},\ \boldsymbol{a}_3=\begin{pmatrix}5\\1\\9\\5\end{pmatrix},\ \boldsymbol{a}_4=\begin{pmatrix}0\\1\\2\\3\end{pmatrix}$$

に対し，次のベクトルの組は1次独立か，1次従属であるかを答えよ．

(1) $\boldsymbol{a}_1,\ \boldsymbol{a}_2,\ \boldsymbol{a}_3$　(2) $\boldsymbol{a}_1,\ \boldsymbol{a}_2,\ \boldsymbol{a}_4$　(3) $\boldsymbol{a}_1,\ \boldsymbol{a}_2,\ \boldsymbol{a}_3,\ \boldsymbol{a}_4$

解答 (1) $\boldsymbol{a}_1,\ \boldsymbol{a}_2,\ \boldsymbol{a}_3$ を並べてできる行列 A について基本変形を行って，

$$A=\begin{pmatrix}1&1&5\\2&-1&1\\3&1&9\\4&-1&5\end{pmatrix}\xrightarrow[\substack{(3)-3\times(1)\\(4)-4\times(1)}]{(2)-2\times(1)}\begin{pmatrix}1&1&5\\0&-3&-9\\0&-2&-6\\0&-5&-15\end{pmatrix}\xrightarrow[\substack{(3)\times\left(-\frac{1}{2}\right)\\(4)\times\left(-\frac{1}{5}\right)}]{(2)\times\left(-\frac{1}{3}\right)}\begin{pmatrix}1&1&5\\0&1&3\\0&1&3\\0&1&3\end{pmatrix}$$

$$\xrightarrow[(4)-(2)]{(3)-(2)}\begin{pmatrix}1&1&5\\0&1&3\\0&0&0\\0&0&0\end{pmatrix}$$

$\mathrm{rank}(A)=2<3$ であるため，定理10.3より1次従属である．

(2) $\boldsymbol{a}_1,\ \boldsymbol{a}_2,\ \boldsymbol{a}_4$ を並べてできる行列 B について基本変形を行って，

$$B=\begin{pmatrix}1&1&0\\2&-1&1\\3&1&2\\4&-1&3\end{pmatrix}\xrightarrow[\substack{(3)-3\times(1)\\(4)-4\times(1)}]{(2)-2\times(1)}\begin{pmatrix}1&1&0\\0&-3&1\\0&-2&2\\0&-5&3\end{pmatrix}\xrightarrow{(2)-2\times(3)}\begin{pmatrix}1&1&0\\0&1&-3\\0&-2&2\\0&-5&3\end{pmatrix}$$

$$\xrightarrow[(4)+5\times(2)]{(3)+2\times(2)}\begin{pmatrix}1&1&0\\0&1&-3\\0&0&-4\\0&0&-12\end{pmatrix}\xrightarrow{(4)-3\times(3)}\begin{pmatrix}1&1&0\\0&1&-3\\0&0&-4\\0&0&0\end{pmatrix}$$

となり，$\mathrm{rank}(B)=3$ なので，1次独立である．

(3) $\boldsymbol{a}_1,\ \boldsymbol{a}_2,\ \boldsymbol{a}_3,\ \boldsymbol{a}_4$ については，1次従属な組 $\boldsymbol{a}_1,\ \boldsymbol{a}_2,\ \boldsymbol{a}_3$ を含んでいることから，次の定理によって $\boldsymbol{a}_4$ を付け加えても1次従属であることがわかる．

定理 10.4. m 次の r 個ベクトル，$\boldsymbol{a}_1$，…，$\boldsymbol{a}_r$ が1次従属とすると，これに新たに任意のベクトル $\boldsymbol{a}_{r+1}$ を加えた，$\boldsymbol{a}_1$，…，$\boldsymbol{a}_r$，$\boldsymbol{a}_{r+1}$ も1次従属である．

証明 $\boldsymbol{a}_1$，…$\boldsymbol{a}_r$ までは1次従属なのだから，ある $c_j \neq 0$ を含む係数 c_1，…，c_r が存在して，

$$c_1\boldsymbol{a}_1 + \cdots + c_r\boldsymbol{a}_r = \boldsymbol{0}$$

となる．よって，$c_{r+1}=0$ に対し，

$$c_1\boldsymbol{a}_1 + \cdots + c_r\boldsymbol{a}_r + c_{r+1}\boldsymbol{a}_{r+1} = \boldsymbol{0}$$

となり，$c_j \neq 0$ なのだから，$\boldsymbol{a}_1$，…，$\boldsymbol{a}_r$，$\boldsymbol{a}_{r+1}$ も1次従属である． □

練習問題 1 次のベクトルの組が1次独立か，1次従属かを調べよ．

(1) $\begin{pmatrix}1\\1\\1\end{pmatrix}, \begin{pmatrix}1\\2\\2\end{pmatrix}, \begin{pmatrix}1\\3\\3\end{pmatrix}$ (2) $\begin{pmatrix}2\\3\\1\\5\end{pmatrix}, \begin{pmatrix}2\\0\\4\\8\end{pmatrix}, \begin{pmatrix}3\\1\\5\\11\end{pmatrix}$ (3) $\begin{pmatrix}1\\2\\2\\2\end{pmatrix}, \begin{pmatrix}2\\1\\1\\1\end{pmatrix}, \begin{pmatrix}1\\2\\1\\2\end{pmatrix}, \begin{pmatrix}2\\2\\1\\2\end{pmatrix}$

》》例題 2. n 次の3つのベクトル $\boldsymbol{a}$，$\boldsymbol{b}$，$\boldsymbol{c}$ が1次独立であるとき，

$$\boldsymbol{a}+\boldsymbol{b},\quad \boldsymbol{b}+\boldsymbol{c},\quad \boldsymbol{c}+\boldsymbol{a}$$

もまた1次独立であることを示せ．

《《 解答
$$c_1(\boldsymbol{a}+\boldsymbol{b}) + c_2(\boldsymbol{b}+\boldsymbol{c}) + c_3(\boldsymbol{c}+\boldsymbol{a}) = \boldsymbol{0}$$
としたとき，$c_1=c_2=c_3=0$ であることを示せばよい．上記の式を変形すると，

$$(c_1+c_3)\boldsymbol{a} + (c_1+c_2)\boldsymbol{b} + (c_2+c_3)\boldsymbol{c} = \boldsymbol{0}$$

であり，仮定から

$$\begin{cases} c_1 + c_3 = 0 \\ c_1 + c_2 = 0 \\ c_2 + c_3 = 0 \end{cases}$$

となる．この連立方程式を解くと，$c_1=c_2=c_3=0$ が従う．

練習問題 2 n 次の3つのベクトル $\boldsymbol{a}$，$\boldsymbol{b}$，$\boldsymbol{c}$ が1次独立であるとき，このうちの2つの組 $\boldsymbol{a}$，$\boldsymbol{b}$ もまた1次独立であることを示せ．

》》例題 3. 2つの平面ベクトル $\boldsymbol{x}$, $\boldsymbol{y}$ が1次従属であることと，これらが原点を通る一直線上にあることは同値であることを示せ．

《《 解答

$$\boldsymbol{x} = \begin{pmatrix} x_1 \\ x_2 \end{pmatrix}, \quad \boldsymbol{y} = \begin{pmatrix} y_1 \\ y_2 \end{pmatrix}$$

が1次従属である必要十分条件は，定理10.1より，$\boldsymbol{x} = t\boldsymbol{y}$ となる定数 t が存在することである．すなわち，平面上で $(x_1, x_2)=(ty_1, ty_2)$ となるため，原点を通る同一直線状に位置していることと同値である．

基底　n 次のベクトルの $n+1$ 個以上の組は，それらを並べた行列の階数が n 以下であるため，定理10.3より，1次従属である．すなわち，1次独立な n 次のベクトルの最大個数は n である．1次独立な n 次ベクトルの n 個の組を $\mathbb{R}^n$ の**基底**とよぶ[1)]．基底の取り方は一通りではないが，標準的な基底としては，［例1］で紹介した基本ベクトル $\boldsymbol{e}_1$, $\boldsymbol{e}_2$, $\cdots$, $\boldsymbol{e}_n$ は $\mathbb{R}^n$ の基底である．これを $\mathbb{R}^n$ の**標準基底**とよぶ．

基底の構成の仕方には，1次独立なベクトルに適当なベクトルを加えていく方法がある．

定理 10.5. $r<n$ とし，$\boldsymbol{a}_1$, $\boldsymbol{a}_2$, $\cdots$, $\boldsymbol{a}_r$ を1次独立な n 次ベクトルとする．このとき，$n-r$ 個の n 次ベクトル $\boldsymbol{b}_1$, $\cdots$, $\boldsymbol{b}_{n-r}$ が存在し，

$$\boldsymbol{a}_1, \ \boldsymbol{a}_2, \ \cdots, \ \boldsymbol{a}_r, \ \boldsymbol{b}_1, \ \cdots, \ \boldsymbol{b}_{n-r}$$

が1次独立となる（すなわち，$\mathbb{R}^n$ の基底となる）．

証明　n 次のベクトル $\boldsymbol{b}$ で，$\boldsymbol{a}_1$, $\boldsymbol{a}_2$, $\cdots$, $\boldsymbol{a}_r$, $\boldsymbol{b}$ が1次独立になるものが存在することを，背理法によって示そう．いま，どんなベクトル $\boldsymbol{b}$ についても，これらが1次従属であると仮定すると，ある $c_i \neq 0$ を含む係数 c_1, c_2, $\cdots$, c_{r+1} が存在し，

$$c_1\boldsymbol{a}_1 + c_2\boldsymbol{a}_2 + \cdots + c_r\boldsymbol{a}_r + c_{r+1}\boldsymbol{b} = \boldsymbol{0}$$

となる．このとき，$c_{r+1}=0$ とすると，$\boldsymbol{a}_1$, $\boldsymbol{a}_2$, $\cdots$, $\boldsymbol{a}_r$ が1次独立であるという仮定に反するため，$c_{r+1} \neq 0$ である．よって，

$$\boldsymbol{b} = -\frac{c_1}{c_{r+1}}\boldsymbol{a}_1 - \cdots - \frac{c_r}{c_{r+1}}\boldsymbol{a}_r$$

1) $\mathbb{R}$ は実数（real number）全体を表し，$\mathbb{R}^n$ で n 次のベクトル全体を表している．

となる．つまり，すべての n 次ベクトルは $\boldsymbol{a}_1$，$\boldsymbol{a}_2$，…，$\boldsymbol{a}_r$ の1次結合で表せる．これより，基本ベクトル $\boldsymbol{e}_1$，$\boldsymbol{e}_2$，…，$\boldsymbol{e}_n$ もそれぞれ，$\boldsymbol{a}_1$，$\boldsymbol{a}_2$，…，$\boldsymbol{a}_r$ の1次結合で表せる．すなわち，

$$\boldsymbol{e}_i = \sum_{j=1}^{r} t_{ij}\boldsymbol{a}_j$$

と各 i について表記できる．基本ベクトルを並べた行列は単位行列であり，この行列式を考えると，多重線形性（定理7.5）により，

$$|\boldsymbol{a}_{i_1} \quad \boldsymbol{a}_{i_2} \quad \cdots \quad \boldsymbol{a}_{i_n}|$$

の定数倍の和として表せる．ただし，各 i_1，…，i_n は1，2，…，r のいずれかである．$r<n$ であるため，i_1，…，i_n の中には必ず重複した番号を含み，上記の行列式は0である．これより，

$$|E| = |\boldsymbol{e}_1 \quad \boldsymbol{e}_2 \quad \cdots \quad \boldsymbol{e}_n| = 0$$

となるが，$|E|=1$ に矛盾する．よって，$\boldsymbol{a}_1$，$\boldsymbol{a}_2$，…，$\boldsymbol{a}_r$，$\boldsymbol{b}$ が1次独立となるベクトル $\boldsymbol{b}$ が存在する．

再び，$\boldsymbol{a}_1$，$\boldsymbol{a}_2$，…，$\boldsymbol{a}_r$，$\boldsymbol{b}$ に同様な議論を繰り返すと，1次独立になるように新たなベクトルを追加できるため，元の r 個のベクトルに $n-r$ 個の新たなベクトルを追加して，1次独立となるようにできる． □

正規直交基底　基底の中でも性質の良いものとして，正規直交基底が挙げられる．

> **定義 10.2.** $\mathbb{R}^n$ の基底 $\boldsymbol{a}_1$，…，$\boldsymbol{a}_n$ が**正規直交基底**であるとは，次の条件を満たすことである．
>
> $$\langle \boldsymbol{a}_i,\ \boldsymbol{a}_j \rangle = \begin{cases} 0 & (i \neq j \text{ のとき}) \\ 1 & (i = j \text{ のとき}) \end{cases}$$

たとえば，標準基底 $\boldsymbol{e}_1$，…，$\boldsymbol{e}_n$ は正規直交基底である．上記の正規直交基底の条件は，第3章で学んだ直交行列の各列ベクトルの性質である（定理3.5）．つまり，$\boldsymbol{a}_1$，…，$\boldsymbol{a}_n$ が正規直交基底である必要十分条件は，それらを並べた行列が直交行列となることである．

ここで，$\|\boldsymbol{x}\|=1$ であるベクトルを**単位ベクトル**とよぶ．$\boldsymbol{x} \neq \boldsymbol{0}$ であるベクトル

については，$\boldsymbol{x}/\|\boldsymbol{x}\|$ とすることで常に単位ベクトルを構成できる．この操作を**正規化**あるいは**標準化**とよび，今後もたびたび用いられる．

与えられた勝手な基底 $\boldsymbol{a}_1$，…，$\boldsymbol{a}_n$ から以下の手順で正規直交基底 $\boldsymbol{b}_1$，…，$\boldsymbol{b}_n$ が得られる．この操作は**グラム-シュミットの（正規）直交化法**とよばれる．

(1) まず，$\boldsymbol{a}_1$ を正規化して，$\boldsymbol{b}_1=\dfrac{\boldsymbol{a}_1}{\|\boldsymbol{a}_1\|}$ とする．これより，$\|\boldsymbol{b}_1\|=1$ である．

(2) $\boldsymbol{c}_2=\boldsymbol{a}_2-\langle\boldsymbol{a}_2,\ \boldsymbol{b}_1\rangle$ とすれば，$\boldsymbol{c}_2\neq\boldsymbol{0}$ であり，$\langle\boldsymbol{c}_2,\ \boldsymbol{b}_1\rangle=0$ となる．よって，$\boldsymbol{b}_2=\dfrac{\boldsymbol{c}_2}{\|\boldsymbol{c}_2\|}$ とすると，$\|\boldsymbol{b}_2\|=1$ かつ，$\langle\boldsymbol{b}_2,\ \boldsymbol{b}_1\rangle=0$ である．

(3) $\boldsymbol{c}_3=\boldsymbol{a}_3-\langle\boldsymbol{a}_3,\ \boldsymbol{b}_2\rangle\boldsymbol{b}_2-\langle\boldsymbol{a}_3,\ \boldsymbol{b}_1\rangle\boldsymbol{b}_1$ として，$\boldsymbol{b}_3=\dfrac{\boldsymbol{c}_3}{\|\boldsymbol{c}_3\|}$ とすると，$\|\boldsymbol{b}_3\|=1$ かつ，$\langle\boldsymbol{b}_3,\ \boldsymbol{b}_2\rangle=\langle\boldsymbol{b}_3,\ \boldsymbol{b}_1\rangle=0$ である．

(4) 以下同様に，

$$\boldsymbol{c}_j=\boldsymbol{a}_j-\sum_{i=1}^{j-1}\langle\boldsymbol{a}_j,\ \boldsymbol{b}_i\rangle\boldsymbol{b}_i,\qquad \boldsymbol{b}_i=\frac{\boldsymbol{c}_j}{\|\boldsymbol{c}_j\|}$$

とすれば，$\boldsymbol{b}_1$，…，$\boldsymbol{b}_n$ は正規直交基底となる．

》》例題 4. 以下の $\mathbb{R}^3$ の基底に対し，グラム-シュミットの直交化法により，正規直交基底を構成せよ．

$$\boldsymbol{a}_1=\begin{pmatrix}1\\1\\0\end{pmatrix},\ \boldsymbol{a}_2=\begin{pmatrix}1\\0\\1\end{pmatrix},\ \boldsymbol{a}_3=\begin{pmatrix}0\\1\\1\end{pmatrix}$$

《《 解答 グラム-シュミットの直交化法の手順に従って，ベクトルを構成していけばよい．

$$\boldsymbol{b}_1=\frac{\boldsymbol{a}_1}{\|\boldsymbol{a}_1\|}=\frac{1}{\sqrt{2}}\begin{pmatrix}1\\1\\0\end{pmatrix}$$

次に，

$$\boldsymbol{c}_2=\boldsymbol{a}_2-\langle\boldsymbol{a}_2,\ \boldsymbol{b}_1\rangle\boldsymbol{b}_1=\frac{1}{2}\begin{pmatrix}1\\-1\\2\end{pmatrix},\qquad \boldsymbol{b}_2=\frac{\boldsymbol{c}_2}{\|\boldsymbol{c}_2\|}=\frac{1}{\sqrt{6}}\begin{pmatrix}1\\-1\\2\end{pmatrix}$$

そして，

$$\boldsymbol{c}_3 = \boldsymbol{a}_3 - \langle \boldsymbol{a}_3,\ \boldsymbol{b}_2 \rangle \boldsymbol{b}_2 - \langle \boldsymbol{a}_3,\ \boldsymbol{b}_1 \rangle \boldsymbol{b}_1 = \frac{2}{3}\begin{pmatrix} -1 \\ 1 \\ 1 \end{pmatrix},$$

$$\boldsymbol{b}_3 = \frac{\boldsymbol{c}_3}{\|\boldsymbol{c}_3\|} = \frac{1}{\sqrt{3}}\begin{pmatrix} -1 \\ 1 \\ 1 \end{pmatrix}$$

これより，$\boldsymbol{b}_1$，$\boldsymbol{b}_2$，$\boldsymbol{b}_3$ が得られた正規直交基底である．

2 解が非負となる連立方程式

ここで，産業連関分析において，レオンチェフ逆行列が存在するための条件を考えよう．また，経済学的には，レオンチェフ逆行列が存在して，最終需要に対して生産量を決定する連立方程式 $\boldsymbol{x}=A\boldsymbol{x}+\boldsymbol{y}$ の解が存在するだけでは十分とはいえない．この連立方程式の解が経済学的に意味がある解となるためには，すべての成分が非負の任意の最終需要ベクトル $\boldsymbol{y}$ が与えられたとき，決定される生産量 $\boldsymbol{x}=(E-A)^{-1}\boldsymbol{y}$ の成分がすべて非負となることが要求される．任意の最終需要に対して，上記の生産量が非負となるためには，レオンチェフ逆行列 $(E-A)^{-1}$ の成分が非負となる必要がある．以下では，レオンチェフ逆行列の存在条件の1つであるソローの列和条件と，レオンチェフ逆行列が非負成分を持つ行列となるための条件であるホーキンズ-サイモンの条件について議論しよう [2]．

最初に正値（非負）行列と正値（非負）ベクトルについて定義する．

定義 10.3. 実行列 X のすべての成分が正（非負）のとき，X を正値（非負）行列とよび，$X>O$（$X \geqq O$）と書く．特に実ベクトル $\boldsymbol{x}$ のすべての成分が正（非負）のとき，$\boldsymbol{x}$ を正値（非負）ベクトルとよび，$\boldsymbol{x}>0$（$\boldsymbol{x} \geqq 0$）と書く．

2) レオンチェフ逆行列の存在条件や非負行列になるための条件については，竹内啓『線形数学（補訂版）』(1977，培風館）や古屋茂『行列と行列式［増補版］』(1959，培風館）の付録，二階堂副包『経済のための線型数学』(1961，培風館）などに詳しい議論がある．本節では，ソローの列和条件については中村隆英・新家健精・美添泰人・豊田敬『経済統計入門［第2版］』(1992，東京大学出版会），ホーキンズ-サイモンの条件については武隈慎一・石村直之『経済数学』(2003，新世社）を主に参考にさせていただいた．

ソローの列和条件　いま，n 部門の産業連関表を考え，n 次の投入係数行列 $A=(a_{ij})$ を考察する．まず最初に，投入係数行列のすべての成分は非負 $a_{ij}\geqq 0$ であることと，付加価値額が正であるとき，すべての列和[3)]が1より小さい $(\sum_{i=1}^{n}a_{ij}<1)$ ことに注意する．

このすべての列和が1より小さいという条件は，**ソローの列和条件**とよばれる．このとき，以下の定理が成り立つ．

定理 10.6. $A=(a_{ij})$ を n 次正方行列とし，すべての成分が非負であるとする．このとき，すべての j に対して，$\sum_{i=1}^{n}a_{ij}<1$ であるとき，レオンチェフ逆行列は以下の級数で表現される．

$$(E-A)^{-1}=E+A+A^2+A^3+\cdots$$

証明　a を a_{ij} の中の最大のもの $(a=\max_{ij}a_{ij})$，s を A の列和の中の最大のもの $(s=\max_{j}\sum_{i=1}^{n}a_{ij})$ としたとき，条件より $0\leqq a<1$，$0\leqq s<1$ となることに注意する．

ここで，A^n の $(i,\ j)$ 成分を $(A^n)_{ij}$ とおくと

$$(A^2)_{ij}=\sum_{k}a_{ik}a_{kj}\leqq a\sum_{k}a_{ik}\leqq as$$

となり，

$$(A^3)_{ij}=\sum_{k}(A^2)_{ik}a_{kj}\leqq (as)\sum_{k}a_{kj}\leqq as^2$$

と表される．以下同様に，A^n の $(i,\ j)$ 成分は $(A^n)_{ij}\leqq as^{n-1}$ と抑えられる．

ここで $0\leqq s<1$ に注意すると，$n\to\infty$ のとき，$A^n\to O$ とべき乗の速さで[4)]ゼロ行列に収束する．いま，

$$(E-A)(E+A+A^2+\cdots+A^n)=E-A^{n+1}$$

となることに注意し，$n\to\infty$ とすると

$$(E-A)(E+A+A^2+\cdots)=E$$

3）列の成分の総和のことを**列和**という．

4）本書では詳しくは触れないが，このことが，実は $E+A+A^2+A^3+\cdots$ が確定することを保証している．

となる．したがって $E-A$ の逆行列が存在して，$E+A+A^2+A^3+\cdots$ の形で表されることがわかる． □

単位行列 E も投入係数行列 A もそのべき乗も，すべての成分が非負の非負行列であることに注意すると，レオンチェフ逆行列が非負行列であることがわかる．

また，投入係数行列 A とそのべき乗が非負行列であり，単位行列 E の対角成分が1であることから，レオンチェフ逆行列の対角成分は1以上であることがわかる．

レオンチェフ逆行列の級数表現は，最終需要が生じたときの波及効果を表していると解釈される．いま，新規の需要 $\boldsymbol{y}\geqq 0$ が生じたとする．この需要に対する生産量は $\boldsymbol{y}=E\boldsymbol{y}$ であるが，その生産を行うため各産業は $A\boldsymbol{y}$ の生産を行う必要がある．さらに $A\boldsymbol{y}$ の生産を行うための生産が $A(A\boldsymbol{y})=A^2\boldsymbol{y}$ となり，さらにその生産を行うための生産…，という形で生産の連鎖が行われた結果が最終需要ベクトル $\boldsymbol{y}\geqq 0$ が与えられたとき，決定される生産量 $\boldsymbol{x}=(E-A)^{-1}\boldsymbol{y}$ と考えることができるのである．

$$\boldsymbol{x}=(E-A)^{-1}\boldsymbol{y}=(E+A+A^2+\cdots)\boldsymbol{y}=\boldsymbol{y}+A\boldsymbol{y}+A^2\boldsymbol{y}+\cdots$$

このことを図式化すると以下となる．

いま，2つの産業AとBがあり，A産業が1単位の生産を行うためにはA産業自身から0.2，B産業から0.3の原材料の投入が必要であるとする．また，B産業が1単位の生産を行うためにはA産業から0.2，B産業自身から0.5の原材料の投入が必要であるとする．いま，A産業に1単位の新規需要が発生したとき，

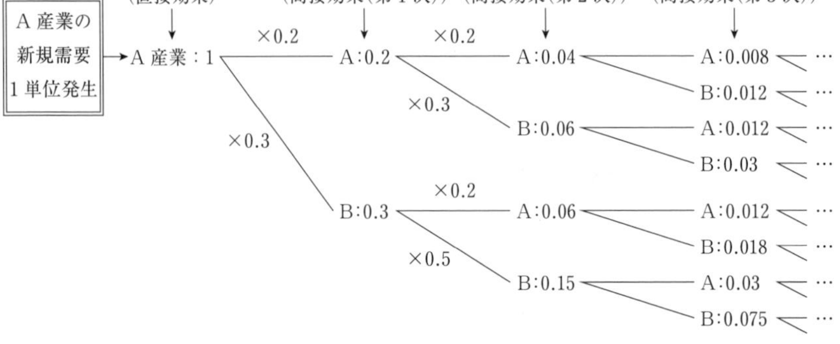

それがA産業自身に0.2，B産業に0.3の需要を発生させ，それがさらに2つの産業に需要を発生させるという連鎖が波及することが，この図では示されている．

最終的にA産業とB産業への波及効果の合計は以下となることがわかる．

$$\text{A産業への波及合計} = 1 + \underset{\substack{\uparrow \\ \text{(間接効果(第1次))}}}{\underline{0.2}} + \underset{\substack{\uparrow \\ \text{(間接効果(第2次))}}}{\underline{(0.04+0.06)}} + \underset{\substack{\uparrow \\ \text{(間接効果(第3次))}}}{\underline{(0.008+0.012+0.012+0.03)}} + \cdots$$

$$\text{B産業への波及合計} = \underset{\substack{\uparrow \\ \text{(間接効果(第1次))}}}{\underline{0.3}} + \underset{\substack{\uparrow \\ \text{(間接効果(第2次))}}}{\underline{(0.06+0.15)}} + \underset{\substack{\uparrow \\ \text{(間接効果(第3次))}}}{\underline{(0.012+0.018+0.03+0.075)}} + \cdots$$

この連鎖的に実現する波及効果を1回の行列の掛け算でまとめて表したものがレオンチェフ逆行列と考えることができる．

ホーキンズ-サイモンの条件　レオンチェフ逆行列が非負行列となるための条件としては，次のホーキンズ-サイモンの条件も有名である．

いま $B=E-A=(b_{ij})$ とする．すると，上記の方程式 $(E-A)\boldsymbol{x}=\boldsymbol{y}$ は $B\boldsymbol{x}=\boldsymbol{y}$ と表すことができる．

ホーキンズ-サイモンの条件とは，行列 B のすべての首座小行列式[5)]の値が正，すなわち

$$|b_{11}| = b_{11} > 0, \quad \begin{vmatrix} b_{11} & b_{12} \\ b_{21} & b_{22} \end{vmatrix} > 0, \quad \cdots, \quad \begin{vmatrix} b_{11} & b_{12} & \cdots & b_{1n} \\ b_{21} & b_{22} & \cdots & b_{2n} \\ \vdots & \vdots & \ddots & \vdots \\ b_{n1} & b_{n2} & \cdots & b_{nn} \end{vmatrix} > 0$$

というものである．

実は，ホーキンズとサイモンが最初に提案したのは，すべての首座小行列式が正というものではなく，すべての主小行列式の値が正というものであったが，2つの条件は同値であるため，現在ではより簡潔な上の形をホーキンズ-サイモンの条件とする場合も多い．本書でもそれを踏襲する．

いま，改めて方程式 $B\boldsymbol{x}=\boldsymbol{y}$ を

5) 正方行列に対して行と列の番号が同じ成分を並べて正方行列にした小行列を主小行列とよぶ．主小行列の中でも特に行と列の番号として1から k $(1 \leqq k \leqq n)$ のすべてとしたものを首座小行列とよぶ．また，それぞれの行列式を主小行列式・首座小行列式とよぶ．

$$\begin{pmatrix} b_{11} & b_{12} & \cdots & b_{1n} \\ b_{21} & b_{22} & \cdots & b_{2n} \\ \vdots & \vdots & \ddots & \vdots \\ b_{n1} & b_{n2} & \cdots & b_{nn} \end{pmatrix}\begin{pmatrix} x_1 \\ x_2 \\ \vdots \\ x_n \end{pmatrix}=\begin{pmatrix} y_1 \\ y_2 \\ \vdots \\ y_n \end{pmatrix} \quad \left(\boldsymbol{x}=\begin{pmatrix} x_1 \\ x_2 \\ \vdots \\ x_n \end{pmatrix},\ \boldsymbol{y}=\begin{pmatrix} y_1 \\ y_2 \\ \vdots \\ y_n \end{pmatrix}\right)$$

と表す．ここで，$B=E-A$ より $b_{ij} \leqq 0$ $(i \neq j)$ であることに注意する．

この方程式を具体的に書き表すと

$$\begin{cases} b_{11}x_1+b_{12}x_2+\cdots+b_{1n}x_n = y_1 \\ b_{21}x_1+b_{22}x_2+\cdots+b_{2n}x_n = y_2 \\ \qquad\qquad\vdots \\ b_{n1}x_1+b_{n2}x_2+\cdots+b_{nn}x_n = y_n \end{cases}$$

となる．ここで「$b_{11} \neq 0$ であるとき」，第 i 式 $(2 \leqq i \leqq n)$ から，第1式の $\dfrac{b_{i1}}{b_{11}}$ 倍を引くことで，第2式から第 n 式までの x_1 の項を消去すると，

$$\begin{cases} b_{11}x_1+b_{12}x_2+\cdots+b_{1n}x_n = y_1 \\ \qquad\quad b^*_{22}x_2+\cdots+b^*_{2n}x_n = y^*_2 \\ \qquad\qquad\vdots \\ \qquad\quad b^*_{n2}x_2+\cdots+b^*_{nn}x_n = y^*_n \end{cases}$$

となる．ここで，

$$b^*_{ij} = b_{ij}-\frac{b_{i1}b_{1j}}{b_{11}} \quad (i,\ j=2,\ \cdots,\ n)$$

$$y^*_i = y_i-\frac{b_{i1}y_i}{b_{11}} \quad (i=2,\ \cdots,\ n)$$

である．これを行列で表すと，以下となる．

$$\begin{pmatrix} b_{11} & b_{12} & \cdots & b_{1n} \\ 0 & b^*_{22} & \cdots & b^*_{2n} \\ \vdots & \vdots & \ddots & \vdots \\ 0 & b^*_{n2} & \cdots & b^*_{nn} \end{pmatrix}\begin{pmatrix} x_1 \\ x_2 \\ \vdots \\ x_n \end{pmatrix}=\begin{pmatrix} y_1 \\ y^*_2 \\ \vdots \\ y^*_n \end{pmatrix}$$

となる．ここで，「もし $b_{11}>0$ であれば」，$b_{ij} \leqq 0$ $(i \neq j)$ であることから，$b^*_{ij} \leqq 0$ $(i \neq j)$ となることに注意する．このことから，上の方程式は

$$b_{11}x_1+b_{12}x_2+\cdots+b_{1n}x_n = y_1$$

$$\begin{pmatrix} b^*_{22} & \cdots & b^*_{2n} \\ \vdots & \ddots & \vdots \\ b^*_{n2} & \cdots & b^*_{nn} \end{pmatrix}\begin{pmatrix} x_2 \\ \vdots \\ x_n \end{pmatrix}=\begin{pmatrix} y^*_2 \\ \vdots \\ y^*_n \end{pmatrix}$$

と表現できることに注意しよう．ここで，行列式の値は行基本変形によって変わらないことと，余因子展開により，「もし $b_{11} \neq 0$ であれば」以下が成立する．

$$\begin{vmatrix} b_{11} & b_{12} & \cdots & b_{1k} \\ b_{21} & b_{22} & \cdots & b_{2k} \\ \vdots & \vdots & \ddots & \vdots \\ b_{k1} & b_{k2} & \cdots & b_{kk} \end{vmatrix} = \begin{vmatrix} b_{11} & b_{12} & \cdots & b_{1k} \\ 0 & b_{22}^* & \cdots & b_{2k}^* \\ \vdots & \vdots & \ddots & \vdots \\ 0 & b_{k2}^* & \cdots & b_{kk}^* \end{vmatrix} = b_{11} \begin{vmatrix} b_{22}^* & \cdots & b_{2k}^* \\ \vdots & \ddots & \vdots \\ b_{k2}^* & \cdots & b_{kk}^* \end{vmatrix} \quad (k=2, \cdots, n) \tag{10.1}$$

定理 10.7. ある正値 n 次ベクトル $\boldsymbol{y}>0$ に対して $B\boldsymbol{x}=\boldsymbol{y}$ を満たす正値ベクトル $\boldsymbol{x}>0$ が存在するならば，行列 B はホーキンズ-サイモンの条件を満足する．

証明　次数 n についての帰納法で証明する．$n=1$ のとき方程式は $b_{11}x_1=y_1$ となる．ある $y_1>0$ に対して，ある $x_1>0$ が存在し，上の式が成立するなら $b_{11}>0$ となり，$n=1$ の場合にホーキンズ-サイモンの条件を満足していることがわかる．

次に，次数が $n-1$ の場合にこの定理が正しいとして，n の場合に定理が成立することを示そう．

定理の前提として，次数が n のときに $\boldsymbol{y}>0$ に対して，$\boldsymbol{x}>0$ が存在して，$B\boldsymbol{x}=\boldsymbol{y}$ が成立するものとする．

このとき，$b_{ij} \leqq 0$ $(i \neq j)$ および，方程式の第 1 式から

$$b_{11}x_1 = y_1 - b_{12}x_2 - b_{13}x_3 - \cdots - b_{1n}x_n > 0$$

となり，$x_1>0$ であることから $b_{11}>0$ であることがわかるので，方程式 $B\boldsymbol{x}=\boldsymbol{y}$ は先述の通り

$$b_{11}x_1 + b_{12}x_2 + \cdots + b_{1n}x_n = y_1$$

$$\begin{pmatrix} b_{22}^* & \cdots & b_{2n}^* \\ \vdots & \ddots & \vdots \\ b_{n2}^* & \cdots & b_{nn}^* \end{pmatrix} \begin{pmatrix} x_2 \\ \vdots \\ x_n \end{pmatrix} = \begin{pmatrix} y_2^* \\ \vdots \\ y_n^* \end{pmatrix}$$

と書き換えることができる．

ここで，$b_{11}>0$ であることから $b_{ij}^* \leqq 0$ $(i \neq j)$ であり，$y_i^* = y_i - \dfrac{b_{i1}y_i}{b_{11}} > 0$ $(i=2, \cdots, n)$ となることから，行列

$$\begin{pmatrix} b_{22}^* & \cdots & b_{2n}^* \\ \vdots & \ddots & \vdots \\ b_{n2}^* & \cdots & b_{nn}^* \end{pmatrix}$$

に帰納法の仮定を適用すると，この行列の首座小行列式の値はすべて正となる．よって等式（10.1）より，行列 B のすべての首座小行列式の値は正となることがわかる． □

定理 10.8. n 次正方行列 B がホーキンズ-サイモンの条件を満足するとき，任意の非負ベクトル $\boldsymbol{y} \geqq 0$ に対して $B\boldsymbol{x}=\boldsymbol{y}$ を満たす非負解 $\boldsymbol{x} \geqq 0$ が存在する．

証明 n についての帰納法で証明する．$n=1$ のときは，方程式は $b_{11}x_1=y_1$ となり，$b_{11}>0$ であるときは，任意の $y_1 \geqq 0$ に対して，$x_1=\dfrac{y_1}{b_{11}} \geqq 0$ となり定理が正しいことがわかる．

次に $n-1$ のときに定理が正しいと仮定して n の場合に定理が成り立つことを示す．定理の前提として，行列 B の首座小行列式の値がすべて正であると仮定する．このことから，$b_{11}>0$ であることがわかり，さらに等式（10.1）を用いると

$$|b_{22}^*|>0, \quad \begin{vmatrix} b_{22}^* & b_{22}^* \\ b_{32}^* & b_{33}^* \end{vmatrix}>0, \quad \cdots, \quad \begin{vmatrix} b_{22}^* & \cdots & b_{2n}^* \\ \vdots & \ddots & \vdots \\ b_{n2}^* & \cdots & b_{nn}^* \end{vmatrix}>0$$

であることがわかる．ここで，方程式

$$\begin{pmatrix} b_{22}^* & \cdots & b_{2n}^* \\ \vdots & \ddots & \vdots \\ b_{n2}^* & \cdots & b_{nn}^* \end{pmatrix}\begin{pmatrix} x_2 \\ \vdots \\ x_n \end{pmatrix}=\begin{pmatrix} y_2^* \\ \vdots \\ y_n^* \end{pmatrix}$$

に帰納法の仮定を適用すると，任意の $\boldsymbol{y} \geqq 0$ に対して，$b_{11}>0$ であることから $b_{ij}^* \leqq 0$ $(i \neq j)$ であり，$y_i^*=y_i-\dfrac{b_{i1}y_i}{b_{11}} \geqq 0$ $(i=2, \cdots, n)$ となることから，非負の解 $x_2, \cdots, x_n$ が存在する．

ここで，もとの方程式の第1式から

$$b_{11}x_1=y_1-b_{12}x_2-b_{13}x_3-\cdots-b_{1n}x_n \geqq 0$$

となり，$b_{11}>0$ から $x_1 \geqq 0$ であることがわかる．

よって，方程式 $B\boldsymbol{x}=\boldsymbol{y}$ に非負解 $\boldsymbol{x} \geqq 0$ が存在することが示された． □

これらの2つの結果から，ホーキンズ-サイモンの条件が非負解の必要十分条件であることを示すことができる．

定理 10.9. 任意の非負ベクトル $\boldsymbol{y} \geqq 0$ に対して $B\boldsymbol{x}=\boldsymbol{y}$ を満たす非負解 $\boldsymbol{x} \geqq 0$ が存在するための必要十分条件は，行列 B がホーキンズ-サイモンの条件を満足することである．

証明 任意の非負ベクトル $\boldsymbol{y} \geqq 0$ に対して $B\boldsymbol{x}=\boldsymbol{y}$ を満たす非負解 $\boldsymbol{x} \geqq 0$ が存在すると仮定する．よって，$\boldsymbol{y}>0$ についても，$B\boldsymbol{x}=\boldsymbol{y}$ を満たす非負解 $\boldsymbol{x} \geqq 0$ が存在するが，$\boldsymbol{x}=0$ の場合には，$B\boldsymbol{x}=\boldsymbol{y}$ を満たさないため，正値ベクトル $\boldsymbol{y}>0$ に対しては，$B\boldsymbol{x}=\boldsymbol{y}$ を満たす正値解 $\boldsymbol{x}>0$ が存在する．よって，定理 10.7 からホーキンズ-サイモンの条件を満足することがわかる．

逆の命題は，定理 10.8 から従う． □

章末問題 I

1．次のベクトルの組が1次独立か，1次従属かを調べよ．

(1) $\begin{pmatrix} 2 \\ -1 \\ 5 \end{pmatrix}, \begin{pmatrix} 4 \\ 1 \\ 3 \end{pmatrix}, \begin{pmatrix} 6 \\ 3 \\ 1 \end{pmatrix}$ (2) $\begin{pmatrix} 1 \\ 2 \\ 4 \\ 5 \end{pmatrix}, \begin{pmatrix} 2 \\ 3 \\ 3 \\ 7 \end{pmatrix}, \begin{pmatrix} -1 \\ 0 \\ 6 \\ 1 \end{pmatrix}$ (3) $\begin{pmatrix} 1 \\ 0 \\ 0 \\ 1 \end{pmatrix}, \begin{pmatrix} 1 \\ 0 \\ 1 \\ 0 \end{pmatrix}, \begin{pmatrix} 1 \\ 1 \\ 0 \\ 0 \end{pmatrix}$

2．次のベクトルの組が1次従属になるように定数 a を定めよ．

(1) $\begin{pmatrix} 1 \\ 2 \\ 3 \end{pmatrix}, \begin{pmatrix} 1 \\ a \\ 0 \end{pmatrix}, \begin{pmatrix} 1 \\ 0 \\ 1 \end{pmatrix}$ (2) $\begin{pmatrix} 2 \\ 1 \\ 1 \end{pmatrix}, \begin{pmatrix} 1 \\ a \\ 1 \end{pmatrix}, \begin{pmatrix} 1 \\ 1 \\ a \end{pmatrix}$ (3) $\begin{pmatrix} 0 \\ 1 \\ 2 \\ 3 \end{pmatrix}, \begin{pmatrix} 1 \\ 2 \\ 3 \\ a \end{pmatrix}, \begin{pmatrix} 2 \\ 3 \\ 4 \\ a \end{pmatrix}$

3．n 次の3つのベクトル $\boldsymbol{a}$，$\boldsymbol{b}$，$\boldsymbol{c}$ が1次独立のとき，

$$\boldsymbol{a},\ \boldsymbol{a}+\boldsymbol{b},\ \boldsymbol{a}+\boldsymbol{b}+\boldsymbol{c}$$

もまた1次独立であることを示せ．

4．次の基底に対し，グラム-シュミットの直交化法により，正規直交基底を構成せよ．

(1) $\begin{pmatrix} 0 \\ 1 \end{pmatrix}, \begin{pmatrix} 1 \\ 2 \end{pmatrix}$ (2) $\begin{pmatrix} 1 \\ 1 \\ 1 \end{pmatrix}, \begin{pmatrix} 1 \\ 2 \\ 3 \end{pmatrix}, \begin{pmatrix} 1 \\ -1 \\ 0 \end{pmatrix}$

章末問題 II

1．次の行列の主小行列，首座小行列をすべて求めよ．

(1) $\begin{pmatrix} 1 & 2 \\ 4 & 1 \end{pmatrix}$ (2) $\begin{pmatrix} 3 & 5 & 1 \\ 4 & 7 & 3 \\ 5 & 2 & 1 \end{pmatrix}$

2．正方行列 A について，すべての首座小行列の行列式の値が正であることと，すべての主小行列式の値が正であることが同値であることを示せ．

第11章 連立1次方程式の解と自由度

本章では連立1次方程式に解が存在するための条件と，その解が一意に存在するための条件を調べる．また，本章の最後で取り上げる，重回帰式のあてはめにおいては，説明変数間の1次独立性が解が一意に存在するために不可欠であることを確認する．

1 連立1次方程式の解

連立1次方程式の解の存在 一般の連立1次方程式は，解が存在するかどうかは定かではない．また，解があったとしてもそれがただ一つに定まるとも限らない．簡単な2元1次連立方程式でその場合を確認してみよう．

$$(1)\ \begin{cases} x+y=1 \\ x-y=1 \end{cases} \qquad (2)\ \begin{cases} x+y=1 \\ 2x+2y=2 \end{cases} \qquad (3)\ \begin{cases} x+y=1 \\ x+y=2 \end{cases}$$

(1)は $x=1$，$y=0$ がただ一つの解である．これは，第8章で学んだように，係数行列が正則であるため，掃き出し法やクラメールの公式から導くことができる．ところが，(2)と(3)は係数行列が非正則であり，第8章の方法では解に行きつくことができない．

(2)に着目すると，2つの方程式はいずれも $x+y=1$ を意味している．この等式を満足するような x，y の組は $(x,\ y)=(t,\ 1-t)$（t は任意の実数）の形をしており，無数にある．たとえば，$(x,\ y)=(1,\ 0)$，$(0,\ 1)$，$(2,\ -1)$，$(3,\ -2)$，…などである．

しかし，(3)においては，どんな x，y についても，$x+y=1$，$x+y=2$ を同時に満足することはない．つまり，(3)の解は存在しない．

では，一般の n 個の未知数からなる m 元連立1次方程式 $A\boldsymbol{x}=\boldsymbol{b}$，すなわち

$$\begin{cases} a_{11}x_1+\cdots+a_{1n}x_n = b_1 \\ a_{21}x_1+\cdots+a_{2n}x_n = b_2 \\ \qquad\qquad \vdots \\ a_{m1}x_1+\cdots+a_{mn}x_n = b_m \end{cases}$$

の解について調べよう．まず，解が存在するかどうかについては，係数行列と拡大係数行列の階数から判断できる．

定理 11.1. A を $(m,\ n)$ 行列とする．n 個の未知数 $\boldsymbol{x}$ からなる連立1次方程式 $A\boldsymbol{x}=\boldsymbol{b}$ が解を持つための必要十分条件は，

$$\mathrm{rank}(A\quad \boldsymbol{b}) = \mathrm{rank}(A)$$

証明　$\mathrm{rank}(A)=r$ として，拡大係数行列 $(A\quad \boldsymbol{b})$ を被約階段行列に基本変形する．

$$(A\quad \boldsymbol{b}) = \begin{pmatrix} a_{11} & a_{12} & \cdots & a_{1n} & b_1 \\ a_{21} & a_{22} & \cdots & a_{2n} & b_2 \\ \vdots & \vdots & \cdots & \vdots & \vdots \\ a_{m1} & a_{m2} & \cdots & a_{mn} & b_m \end{pmatrix} \to \begin{pmatrix} c_{1j_1} & & & & & d_1 \\ & c_{2j_2} & & & & d_2 \\ & & \ddots & & & \vdots \\ & & & c_{rj_r} & \cdots & d_r \\ & O & & & & d_{r+1} \\ & & & & & \end{pmatrix}$$

$$= (C\quad \boldsymbol{d})$$

ただし，$c_{ij_i}=1$ はコーナーである．

最後の $(r+1,\ n+1)$ 成分において，$d_{r+1}=0$ ならば，$\mathrm{rank}(A\quad \boldsymbol{b})=r$ であり，$d_{r+1}\neq 0$ ならば，$\mathrm{rank}(A\quad \boldsymbol{b})=r+1$ である．

いま，$A\boldsymbol{x}=\boldsymbol{b}$ が解を持つとすると，$C\boldsymbol{x}=\boldsymbol{d}$ も同じ解を持つ．$r+1$ 行目の方程式は，

$$0x_1+0x_2+\cdots+0x_n = d_{r+1}$$

より，$d_{r+1}=0$ となって，$\mathrm{rank}(A\quad \boldsymbol{b})=r=\mathrm{rank}(A)$ である．

逆に，$\mathrm{rank}(A\quad \boldsymbol{b})=\mathrm{rank}(A)=r$ ならば，$d_{r+1}=0$ であるため，たとえば，$x_{j_i}=d_i$ とし，それ以外の成分 x_k を $x_k=0$ とすれば，$C\boldsymbol{x}=\boldsymbol{d}$ の解である．よって，同時に $A\boldsymbol{x}=\boldsymbol{b}$ の解でもある．　□

同次連立 1 次方程式　連立1次方程式が解を持つ，特にその解が無数にある

場合に，どのように解を求めて表示するかを考えよう．

まず，方程式の右辺がすべて0である場合，$A\boldsymbol{x}=\boldsymbol{0}$ の解について調べる．このような連立1次方程式は，**同次連立1次方程式**とよばれる．同次連立1次方程式は常に $\mathrm{rank}(A\ \ \boldsymbol{0})=\mathrm{rank}(A)$ であるため，必ず解を持つ．実際，$\boldsymbol{x}=\boldsymbol{0}$ は解である．これを**自明な解**とよび，それ以外を**非自明な解**とよぶ．非自明な解を含め，一般の解の形を探ろう．

$A\boldsymbol{x}=\boldsymbol{0}$ に対し，$\mathrm{rank}(A)=r$ とすると，A は行の基本変形により被約階段行列 B へ変形できる．このとき，$B\boldsymbol{x}=\boldsymbol{0}$ の解が，$A\boldsymbol{x}=\boldsymbol{0}$ の解に一致する．さらに，B に列の入れ替えの基本変形を施すことにより，以下のような左上に r 次の単位行列を含む被約階段行列 C へ変形できる．

$$C=\begin{pmatrix} 1 & 0 & \cdots & 0 & c_{1r+1} & \cdots & c_{1n} \\ 0 & 1 & \cdots & 0 & c_{2r+1} & \cdots & c_{2n} \\ \vdots & \vdots & \ddots & \vdots & \vdots & \ddots & \vdots \\ 0 & 0 & \cdots & 1 & c_{rr+1} & \cdots & c_{rn} \\ & & & & & & \\ & & & O & & & \\ & & & & & & \end{pmatrix}$$

$C\boldsymbol{x}=\boldsymbol{0}$ と $A\boldsymbol{x}=\boldsymbol{0}$ の解は，その未知数の順番を入れ替えたものとして現れる[1)]．話を単純にするために，$C\boldsymbol{x}=\boldsymbol{0}$ の解を求めよう．これは，以下の r 元の連立1次方程式を意味する．

$$\begin{cases} x_1+c_{1r+1}x_{r+1}+\cdots+c_{1n}x_n=0 \\ x_2+c_{2r+1}x_{r+1}+\cdots+c_{2n}x_n=0 \\ \qquad\qquad\vdots \\ x_r+c_{rr+1}x_{r+1}+\cdots+c_{rn}x_n=0 \end{cases}$$

よって，n 次のベクトル $\boldsymbol{x}_1$，…，$\boldsymbol{x}_{n-r}$ を次のようにおく．

$$\boldsymbol{x}_1=\begin{pmatrix} -c_{1r+1} \\ \vdots \\ -c_{rr+1} \\ 1 \\ 0 \\ \vdots \\ 0 \end{pmatrix},\ \boldsymbol{x}_2=\begin{pmatrix} -c_{1r+2} \\ \vdots \\ -c_{rr+2} \\ 0 \\ 1 \\ \vdots \\ 0 \end{pmatrix},\ \cdots,\ \boldsymbol{x}_{n-r}=\begin{pmatrix} -c_{1n} \\ \vdots \\ -c_{rn} \\ 0 \\ 0 \\ \vdots \\ 1 \end{pmatrix}$$

1) ある n 次の置換 σ が存在し，x_1，…，x_n が $C\boldsymbol{x}=\boldsymbol{0}$ の解ならば，$x_{\sigma(1)}$，…，$x_{\sigma(n)}$ が $A\boldsymbol{x}=\boldsymbol{0}$ の解となる．

これらのベクトルは，$C\boldsymbol{x}=\mathbf{0}$ の解であり，さらに $r+1$ 次以下の成分がちょうど基本ベクトルの形をしているため1次独立である．$x_{r+1}=t_1$，…，$x_n=t_{n-r}$ とおくことで，すべての解 $\boldsymbol{x}$ は，$\boldsymbol{x}_1$，…，$\boldsymbol{x}_{n-r}$ の1次結合の形で以下のように表示できる．

$$\boldsymbol{x} = t_1\boldsymbol{x}_1 + t_2\boldsymbol{x}_2 + \cdots + t_{n-r}\boldsymbol{x}_{n-r} \tag{11.1}$$

よって $A\boldsymbol{x}=\mathbf{0}$ の解も，$n-r$ 個の1次独立な解の1次結合で表される．

以上をまとめると，次の定理を得る．

定理 11.2. A を $(m,\ n)$ 行列とする．$A\boldsymbol{x}=\mathbf{0}$ の任意の解は，$n-\mathrm{rank}(A)$ 個の1次独立な解の1次結合として表される．

式 (11.1) のように，$n-\mathrm{rank}(A)$ 個の1次独立な解の1次結合により，すべての解を表したものを同次連立1次方程式 $A\boldsymbol{x}=\mathbf{0}$ の**一般解**とよぶ．$n-\mathrm{rank}(A)$ は解の**自由度**とよばれ，解の不定性を評価する定量である．一般解を表す場合には，n 個の未知数のうち，$n-\mathrm{rank}(A)$ 個を定数 (**任意定数**) で置き換える必要がある．これは上記で見たように，係数行列を階段行列に基本変形した際にコーナーを持たない列番号に対応する未知数を任意定数として置き換えればよい．

また，1次独立な解 $\boldsymbol{x}_1$，…，$\boldsymbol{x}_{n-r}$ は**基本解**とよばれる．一般解は基本解の1次結合で表されるが，基本解の取り方は一通りではない．

》》》例題 1. 次の同次連立1次方程式の一般解を求めよ．

$$\begin{cases} x-y+2z=0 \\ 2x+y-z=0 \\ 3x+3y-4z=0 \end{cases}$$

《《《 解答

$$A=\begin{pmatrix} 1 & -1 & 2 \\ 2 & 1 & -1 \\ 3 & 3 & -4 \end{pmatrix} \xrightarrow[(3)-3\times(1)]{(2)-2\times(1)} \begin{pmatrix} 1 & -1 & 2 \\ 0 & 3 & -5 \\ 0 & 6 & -10 \end{pmatrix} \xrightarrow{(3)-2\times(2)} \begin{pmatrix} 1 & -1 & 2 \\ 0 & 3 & -5 \\ 0 & 0 & 0 \end{pmatrix}$$

より，$\mathrm{rank}(A)=2$ であり，$3-\mathrm{rank}(A)=1$ が解の自由度である．よって，この方程式は1つの基本解を用いて表される．$x_3=t$ とおくと，$3x_2-5x_3=0$ より，$x_2=\dfrac{5}{3}t$ である．また，$x_1-x_2+2x_3=0$ より，

$$x_1 = x_2 - 2x_3 = \frac{5}{3}t - 2t = -\frac{1}{3}t$$

である．よって，一般解は

$$\begin{pmatrix} x \\ y \\ z \end{pmatrix} = t\begin{pmatrix} -1/3 \\ 5/3 \\ 1 \end{pmatrix} \quad (t\text{ は任意定数})$$

（別解）　$x_3=3t$ とおいた場合，$x_2=5t$，$x_1=-t$ となり，

$$\begin{pmatrix} x \\ y \\ z \end{pmatrix} = t\begin{pmatrix} -1 \\ 5 \\ 3 \end{pmatrix} \quad (t\text{ は任意定数})$$

と表してもよい．

》》》例題 2. 次の同次連立 1 次方程式の一般解を求めよ．

$$\begin{cases} x_1 - x_2 + 2x_4 = 0 \\ 2x_1 - 2x_2 - x_3 + 8x_4 = 0 \\ 3x_1 - 3x_2 + x_3 + 2x_4 = 0 \end{cases}$$

《《《 解答

$$A = \begin{pmatrix} 1 & -1 & 0 & 2 \\ 2 & -2 & -1 & 8 \\ 3 & -3 & 1 & 2 \end{pmatrix} \xrightarrow[(3)-3\times(1)]{(2)-2\times(1)} \begin{pmatrix} 1 & -1 & 0 & 2 \\ 0 & 0 & 1 & -4 \\ 0 & 0 & 0 & 0 \end{pmatrix}$$

より，解の自由度は $4-\mathrm{rank}(A)=2$ である．よって，この方程式の一般解は 2 つの基本解の 1 次結合で表される．

上記の階段行列でコーナーを持たない第 2 列と第 4 列に着目し，$x_2=t_1$，$x_4=t_2$ と置き換えると，$x_3=4t_2$，$x_1=t_1-2t_2$ となる．

よって，一般解は

$$\begin{pmatrix} x_1 \\ x_2 \\ x_3 \\ x_4 \end{pmatrix} = t_1\begin{pmatrix} 1 \\ 1 \\ 0 \\ 0 \end{pmatrix} + t_2\begin{pmatrix} -2 \\ 0 \\ 4 \\ 1 \end{pmatrix} \quad (t_1,\ t_2\text{ は任意定数})$$

練習問題 1 次の同次連立1次方程式の一般解を求めよ．

(1) $\begin{cases} x_1+2x_2+3x_3=0 \\ 2x_1+3x_2+4x_3=0 \\ 3x_1+4x_2+5x_3=0 \end{cases}$　　(2) $\begin{cases} 3x_1+9x_2-5x_3+13x_4=0 \\ x_1+2x_2-x_3+4x_4=0 \\ x_1+8x_2-5x_3+6x_4=0 \\ 2x_1-5x_2+4x_3+5x_4=0 \end{cases}$

A を $(m,\ n)$ 行列としたとき，$A\boldsymbol{x}=\boldsymbol{0}$ が自明解 $\boldsymbol{x}=\boldsymbol{0}$ しか持たない場合，これは自由度0の解となり，$\mathrm{rank}(A)=n$ となる．

定理 11.3. A を $(m,\ n)$ 行列とする．同次連立1次方程式 $A\boldsymbol{x}=\boldsymbol{0}$ に対し，以下が成り立つ．

(1) $A\boldsymbol{x}=\boldsymbol{0}$ が自明解しか持たない $\Longleftrightarrow \mathrm{rank}(A)=n$

(2) $A\boldsymbol{x}=\boldsymbol{0}$ が非自明解を持つ $\Longleftrightarrow \mathrm{rank}(A)<n$

練習問題 2 次の同次連立1次方程式が非自明な解を持つときの定数 a を求め，そのときの一般解を求めよ．

$$\begin{cases} 2x+4y-z=0 \\ 3x-2y-z=0 \\ x-6y+az=0 \end{cases}$$

一般の連立1次方程式　次に，一般の連立1次方程式 $A\boldsymbol{x}=\boldsymbol{b}$ の解を考えてみよう．解を持つ場合を考えるので，$\mathrm{rank}(A\ \ \boldsymbol{b})=\mathrm{rank}(A)$ の場合を考察する．

$A\boldsymbol{x}=\boldsymbol{b}$ の解の1つを $\boldsymbol{x}_0$ とし，同次方程式 $A\boldsymbol{x}=\boldsymbol{0}$ の一般解を，

$$\boldsymbol{y}=t_1\boldsymbol{x}_1+t_2\boldsymbol{x}_2+\cdots+t_{n-r}\boldsymbol{x}_{n-r}$$

としよう．このとき，

$$A(\boldsymbol{y}+\boldsymbol{x}_0)=A\boldsymbol{y}+A\boldsymbol{x}_0=\boldsymbol{0}+\boldsymbol{b}=\boldsymbol{b}$$

より，$\boldsymbol{y}+\boldsymbol{x}_0$ は $A\boldsymbol{x}=\boldsymbol{b}$ の解である．このように，$A\boldsymbol{x}=\boldsymbol{b}$ の任意の解は，そのうちの1つの解 $\boldsymbol{x}_0$ と，同次連立1次方程式 $A\boldsymbol{x}=\boldsymbol{0}$ の解の和で表される．これを $A\boldsymbol{x}=\boldsymbol{b}$ の一般解とよぶ．

定理 11.4. A を $(m,\ n)$ 行列とする．連立1次方程式 $A\boldsymbol{x}=\boldsymbol{b}$ の1つの解を $\boldsymbol{x}_0$ とする．$A\boldsymbol{x}=\boldsymbol{b}$ の任意の解は，同次連立1次方程式 $A\boldsymbol{x}=\boldsymbol{0}$ の $n-\mathrm{rank}(A)$ 個の1次独立な解の1次結合と $\boldsymbol{x}_0$ の和で表される．

証明 $A\boldsymbol{x}=\boldsymbol{b}$ の任意の解 $\boldsymbol{y}$ を考える．

$$A(\boldsymbol{y}-\boldsymbol{x}_0)=A\boldsymbol{y}-A\boldsymbol{x}_0=\boldsymbol{b}-\boldsymbol{b}=\boldsymbol{0}$$

より，$\boldsymbol{y}-\boldsymbol{x}_0$ は同次方程式 $A\boldsymbol{x}=\boldsymbol{0}$ の解である．$\mathrm{rank}(A)=r$ とすると，

$$\boldsymbol{y}-\boldsymbol{x}_0=t_1\boldsymbol{x}_1+t_2\boldsymbol{x}_2+\cdots+t_{n-r}\boldsymbol{x}_{n-r}$$

と基本解 $\boldsymbol{x}_1,\ \cdots,\ \boldsymbol{x}_{n-r}$ の1次結合で表されるため，題意が示される． □

》》例題 3. 次の連立1次方程式の一般解を求めよ．

$$\begin{cases} x_1-2x_2+3x_3-4x_4+5x_5 &= 6 \\ -x_1+3x_2+x_3+7x_4-3x_5 &= -4 \\ 2x_1-2x_2+11x_3+x_4+8x_5 &= 4 \\ 3x_1-3x_2+23x_3-5x_4+25x_5 &= 32 \end{cases}$$

《《解答 拡大係数行列の階数を求める．

$$(A\quad \boldsymbol{b})=\begin{pmatrix} 1 & -2 & 3 & -4 & 5 & 6 \\ -1 & 3 & 1 & 7 & -3 & -4 \\ 2 & -2 & 11 & 1 & 8 & 4 \\ 3 & -3 & 23 & -5 & 25 & 32 \end{pmatrix}$$

$$\xrightarrow{\substack{(2)+(1)\\(3)-2\times(1)\\(4)-3\times(1)}}\begin{pmatrix} 1 & -2 & 3 & -4 & 5 & 6 \\ 0 & 1 & 4 & 3 & 2 & 2 \\ 0 & 2 & 5 & 9 & -2 & -8 \\ 0 & 3 & 14 & 7 & 10 & 14 \end{pmatrix}$$

$$\xrightarrow{\substack{(3)-2\times(2)\\(4)-3\times(2)}}\begin{pmatrix} 1 & -2 & 3 & -4 & 5 & 6 \\ 0 & 1 & 4 & 3 & 2 & 2 \\ 0 & 0 & -3 & 3 & -6 & -12 \\ 0 & 0 & 2 & -2 & 4 & 8 \end{pmatrix}$$

$$\xrightarrow{\substack{(3)\times\left(-\frac{1}{3}\right)\\(4)+\left(\frac{2}{3}\right)\times(3)}}\begin{pmatrix} 1 & -2 & 3 & -4 & 5 & 6 \\ 0 & 1 & 4 & 3 & 2 & 2 \\ 0 & 0 & 1 & -1 & 2 & 4 \\ 0 & 0 & 0 & 0 & 0 & 0 \end{pmatrix}$$

となるため，

$$\mathrm{rank}(A \quad \boldsymbol{b}) = \mathrm{rank}(A) = 3$$

となり，この方程式は自由度2の一般解を持つ．このとき，$x_4=t_1$，$x_5=t_2$ とおくと，上記の階段行列から，

$$x_3-t_1+2t_2 = 4$$

により，$x_3=t_1-2t_2+4$ である．また，

$$x_2+4x_3+3x_4+2x_5 = 2$$

から，$x_2=-7t_1+6t_2-14$ であり，

$$x_1-2x_2+3x_3-4x_4+5x_5 = 6$$

からは，$x_1 = -13t_1+13t_2-34$ である．

よって，一般解は以下の形で表せる．

$$\begin{pmatrix} x_1 \\ x_2 \\ x_3 \\ x_4 \\ x_5 \end{pmatrix} = t_1\begin{pmatrix} -13 \\ -7 \\ 1 \\ 1 \\ 0 \end{pmatrix} + t_2\begin{pmatrix} 13 \\ 6 \\ -2 \\ 0 \\ 1 \end{pmatrix} + \begin{pmatrix} -34 \\ -14 \\ 4 \\ 0 \\ 0 \end{pmatrix} \quad (t_1,\ t_2 \text{ は任意定数})$$

練習問題 3 次の連立1次方程式の一般解を求めよ．

(1) $\begin{cases} x_1+2x_2+3x_3 = 4 \\ 2x_1+3x_2+4x_3 = 5 \end{cases}$

(2) $\begin{cases} x_1+3x_2-2x_3+4x_4 = 5 \\ 3x_1+7x_2-3x_3+15x_4 = 10 \\ 2x_1-4x_2+11x_3+8x_4 = 0 \\ x_1+x_2+x_3+4x_4 = 3 \end{cases}$

》》例題 4. 次の連立1次方程式

$$\begin{cases} x_1+2x_2+3x_3+4x_4 = 5 \\ 2x_1+2x_2-x_3+2x_4 = 6 \\ x_1-4x_2-18x_3-9x_4 = -2 \\ 2x_1+6x_2+13x_3+6x_4 = a \end{cases}$$

が解を持つように定数 a の値を定め，その一般解を求めよ．

《《 解答　拡大係数行列の階数を求める．

$$(A \quad \boldsymbol{b}) = \begin{pmatrix} 1 & 2 & 3 & 4 & 5 \\ 2 & 2 & -1 & 2 & 6 \\ 1 & -4 & -18 & -9 & -2 \\ 2 & 6 & 13 & 6 & a \end{pmatrix} \xrightarrow[\substack{(3)-(1) \\ (4)-2\times(1)}]{(2)-2\times(1)} \begin{pmatrix} 1 & 2 & 3 & 4 & 5 \\ 0 & -2 & -7 & -6 & -4 \\ 0 & -6 & -21 & -13 & -7 \\ 0 & 2 & 7 & -2 & a-10 \end{pmatrix}$$

$$\xrightarrow{\substack{(3)-3\times(2) \\ (4)+(2)}} \begin{pmatrix} 1 & 2 & 3 & 4 & 5 \\ 0 & -2 & -7 & -6 & -4 \\ 0 & 0 & 0 & 5 & 5 \\ 0 & 0 & 0 & -8 & a-14 \end{pmatrix} \xrightarrow{\substack{(3)\times\frac{1}{5} \\ (4)+\frac{8}{5}\times(3)}} \begin{pmatrix} 1 & 2 & 3 & 4 & 5 \\ 0 & 2 & 7 & 6 & 4 \\ 0 & 0 & 0 & 1 & 1 \\ 0 & 0 & 0 & 0 & a-6 \end{pmatrix}$$

となる．よって，$a=6$ のとき，$\mathrm{rank}(A \quad \boldsymbol{b})=\mathrm{rank}(A)=3$ となり，この方程式は自由度 1 の一般解を持つ．これを求めるため，基本変形した階段行列のコーナーを持たない第 3 列に着目し，$x_3=2t$ とおく．よって，$x_4=1$，$x_3=2t$，$x_2=-7t-1$，$x_1=8t+3$ となる．よって，

$$\begin{pmatrix} x_1 \\ x_2 \\ x_3 \\ x_4 \end{pmatrix} = t\begin{pmatrix} 8 \\ -7 \\ 2 \\ 0 \end{pmatrix} + \begin{pmatrix} 3 \\ -1 \\ 0 \\ 1 \end{pmatrix} \quad (t \text{ は任意定数})$$

2 最小 2 乗法：重回帰の場合

第 5 章では，2 つの変数 x と y があるときに，1 つの説明変数 x の 1 次式 $y=a+bx$ で説明する単回帰式（単純回帰式）を考えた．本章では，説明変数が 2 つ以上の場合である重回帰式（多重回帰式）を考える．

いま，被説明変数 y を k 個の説明変数 x_1，x_2，…，x_k の 1 次結合で説明する重回帰式

$$y = b_0 + b_1 x_1 + \cdots + b_k x_k$$

について考えよう．ここで，n 個のデータの被説明変数のベクトル，係数ベクトル，説明変数行列をそれぞれ

$$\boldsymbol{y} = \begin{pmatrix} y_1 \\ y_2 \\ \vdots \\ y_n \end{pmatrix}, \quad \boldsymbol{b} = \begin{pmatrix} b_0 \\ b_1 \\ \vdots \\ b_k \end{pmatrix}, \quad X = \begin{pmatrix} 1 & x_{11} & x_{12} & \cdots & x_{1k} \\ 1 & x_{21} & x_{22} & \cdots & x_{2k} \\ \vdots & \vdots & \vdots & \ddots & \vdots \\ 1 & x_{n1} & x_{n2} & \cdots & x_{nk} \end{pmatrix}$$

と表す．ここで，x_{ij} は i 番目のデータにおける j 番目の説明変数の値を表してい

る．このとき残差ベクトルは

$$\boldsymbol{u}=\begin{pmatrix}u_1\\u_2\\\vdots\\u_n\end{pmatrix}=\begin{pmatrix}y_1-(b_0+b_1x_{11}+\cdots+b_kx_{1k})\\y_2-(b_0+b_1x_{21}+\cdots+b_kx_{2k})\\\vdots\\y_n-(b_0+b_1x_{n1}+\cdots+b_kx_{nk})\end{pmatrix}=\boldsymbol{y}-X\boldsymbol{b}$$

と表され，残差平方和は

$$\sum_{i=1}^{n}u_i^2={}^t\boldsymbol{u}\boldsymbol{u}={}^t(\boldsymbol{y}-X\boldsymbol{b})(\boldsymbol{y}-X\boldsymbol{b})=\|\boldsymbol{y}-X\boldsymbol{b}\|^2$$

となる．

第5章では，残差平方和を最小にする $\boldsymbol{b}$ を求める方法として，微分をして0とおく1階の条件で求めた．重回帰式の場合も同様に求めることができるが，今回は別の方法で求めてみよう．

定理 11.5. n 次実ベクトル $\boldsymbol{b}_0$ が，任意の n 次実ベクトル $\boldsymbol{b}$ に対して，

$$\|\boldsymbol{y}-X\boldsymbol{b}_0\|^2\leqq\|\boldsymbol{y}-X\boldsymbol{b}\|^2$$

となることの必要十分条件は，$\boldsymbol{b}_0$ が正規方程式

$${}^tXX\boldsymbol{b}_0={}^tX\boldsymbol{y}$$

の解であることである．

証明　任意のベクトル $\boldsymbol{b}$ に対し，$\boldsymbol{w}=\boldsymbol{b}-\boldsymbol{b}_0$ とおくと，

$$\begin{aligned}\|\boldsymbol{y}-X\boldsymbol{b}\|^2&=\|\boldsymbol{y}-X(\boldsymbol{w}+\boldsymbol{b}_0)\|^2=\|(\boldsymbol{y}-X\boldsymbol{b}_0)-X\boldsymbol{w}\|^2\\&=\|(\boldsymbol{y}-X\boldsymbol{b}_0)\|^2-2{}^t\boldsymbol{w}{}^tX(\boldsymbol{y}-X\boldsymbol{b}_0)+\|X\boldsymbol{w}\|^2\end{aligned}$$

となる．したがって，任意の n 次実ベクトル $\boldsymbol{b}$ に対して，

$$\|\boldsymbol{y}-X\boldsymbol{b}_0\|^2\leqq\|\boldsymbol{y}-X\boldsymbol{b}\|^2$$

となるのは，任意の n 次実ベクトル $\boldsymbol{w}$ に対して，

$$0\leqq-2{}^t\boldsymbol{w}{}^tX(\boldsymbol{y}-X\boldsymbol{b})+\|X\boldsymbol{w}\|^2$$

となるのと同等である．

ここで，$\|X\boldsymbol{w}\|^2\geqq0$ であるから，上の不等式が成り立つための必要十分条件は，$\boldsymbol{w}$ の1次の項が消える条件

$${}^tX(\boldsymbol{y}-X\boldsymbol{b}_0)=\boldsymbol{0}$$

となる．この式を整理すると $\boldsymbol{b}_0$ に関する正規方程式が導かれる．　□

ここで，行列 X の列ベクトルが１次独立であることが，正方行列 ${}^tXX$ が正則となるための必要十分条件であることに注意する．なぜなら，証明は省略するが，任意の (m, n) 行列 A に対して $\mathrm{rank}(A)=\mathrm{rank}({}^tAA)$ が成立することから，行列 X の列ベクトルが１次独立であるとき $\mathrm{rank}(X)=\mathrm{rank}({}^tXX)=k+1$ が成立する．ここで，${}^tXX$ が $(k+1)$ 次の正方行列であることに注意すると，定理 9.6 より ${}^tXX$ が正則であることと，行列 X の列ベクトルが１次独立であることが同値であるからである．

このとき正規方程式の両辺に左から $({}^tXX)^{-1}$ をかけると

$$\boldsymbol{b}_0 = ({}^tXX)^{-1}{}^tX\boldsymbol{y}$$

と正規方程式の解を一意に定めることができる．

説明変数行列において列ベクトルが１次独立でないときの問題点（多重共線性）

上記の議論において，重回帰式を求めるときに係数 b_0，b_1，…，b_k を一意に決めるためには，説明変数行列における列ベクトルが１次独立性が必要であった．１次独立でないときは，一意には係数が求まらず，その場合は計算機で計算をしても多くの統計ソフトは警告を出して実行を終了する．

説明変数のベクトルが厳密な意味で１次従属になることは，そう多くはないが，多くの経済変数は背後にある経済状況の動きや経済主体の規模等の特性を反映して同じような動きをすることが多く，厳密に１次従属にならなくても，数値計算上，１次従属に近い状況になることがしばしばある．

そのような状況では，最小２乗法によって求まる解は非常に不安定となり，しばしば経済理論や常識から異なった係数の符号や値をとることや，同じ変数であってもデータセットによって極端に結果が異なることがある．

この問題は**多重共線性**とよばれ，重回帰式を求める場合において，しばしば深刻な問題となる．

章末問題 I

1．次の同次連立1次方程式の一般解を求めよ．

(1) $\begin{cases} x_1-2x_2-x_3=0 \\ 3x_1-x_2+2x_3=0 \\ 6x_1-5x_2+x_3=0 \end{cases}$　(2) $\begin{cases} 3x_1-6x_2+5x_3+8x_4=0 \\ x_1+2x_2-x_3+4x_4=0 \\ x_1+8x_2-5x_3+6x_4=0 \\ x_1+5x_2-3x_3+5x_4=0 \end{cases}$

2．次の同次連立1次方程式が非自明な解を持つときの定数 a を求め，そのときの一般解を求めよ．

(1) $\begin{cases} 2x-y-z=0 \\ 5x-2y-z=0 \\ 4x+y+az=0 \end{cases}$　(2) $\begin{cases} x+2y+3z=0 \\ x-3y-2z=0 \\ ax+7y=0 \end{cases}$

3．次の連立1次方程式の一般解を求めよ．

(1) $\begin{cases} x_1-x_2=2 \\ x_2-x_3=-2 \\ -x_1+x_3=0 \end{cases}$　(2) $\begin{cases} x_1-6x_2+7x_3+2x_4=5 \\ 3x_1+2x_2+x_3+x_4=5 \\ x_1-2x_2+3x_3+x_4=3 \\ 5x_1-2x_2+7x_3+3x_4=11 \end{cases}$

4．次の連立1次方程式が解を持つように定数 a を定め，そのときの一般解を求めよ．

(1) $\begin{cases} x_1-3x_2+4x_3=-2 \\ 3x_1+8x_2-5x_3=11 \\ 4x_1-x_2+5x_3=a \end{cases}$　(2) $\begin{cases} 2x_1-7x_2+2x_3+7x_4=-2 \\ 5x_1-6x_2+9x_3-13x_4=-1 \\ x_1-4x_2-x_3+3x_4=-3 \\ 3x_1+9x_2+3x_3+6x_4=a \end{cases}$

章末問題 II

1．X を本文 p. 163 で紹介した，説明変数行列とする．次の k 次の正方行列が対称なべき等行列であることを示せ．ただし，${}^tXX$ には逆行列が存在するとする．

$$X({}^tXX)^{-1}{}^tX,\quad E-X({}^tXX)^{-1}{}^tX$$

2．次の行列について，${}^tXX$ が正則であるかどうかを調べよ．

(1) $X = \begin{pmatrix} 1 & a_1 & 2a_1 \\ 1 & a_2 & 2a_2 \\ \vdots & \vdots & \vdots \\ 1 & a_n & 2a_n \end{pmatrix}$　　(2) $X = \begin{pmatrix} 1 & \log(a_1/b_1) & \log a_1 & \log b_1 \\ 1 & \log(a_2/b_2) & \log a_2 & \log b_2 \\ \vdots & \vdots & \vdots & \vdots \\ 1 & \log(a_n/b_n) & \log a_n & \log b_n \end{pmatrix}$

第12章 行列の固有値と固有ベクトル

本章では，行列の固有値と固有ベクトルを紹介しよう．固有値と固有ベクトルを調べることで，行列のさまざまな性質を示すことが可能となる．ここまでベクトルや行列はすべて実数値をとるものを考えてきたが，固有値や固有ベクトルは実数では収まらず複素数を考える必要がある[1)]．そのため本章では，まず複素数について復習した後，固有値と固有ベクトルの計算を行い，最後に確率行列とそれによって表されるモデルについても紹介する．

1 複素数と複素平面

複素数 複素数は実数を拡張した概念である．まず，2乗して -1 となる新しい数 i を考え，**虚数単位**とよぶ．つまり，$i^2=-1$ である．この i と2つの実数 a，b を用いて $a+bi$ と表される数を**複素数**という．このとき，a を**実部**，b を**虚部**とよぶ．実数 a は $a+0i$ という虚部が0である複素数と見なすことができる．逆に，実部が0である bi という形の複素数は**純虚数**[2)]とよばれる．複素数の四則演算は i を $i^2=-1$ となる文字として扱い，次のように与えられる．

(1) $(a+bi)+(c+di)=(a+c)+(b+d)i$

(2) $(a+bi)-(c+di)=(a-c)+(b-d)i$

(3) $(a+bi)(c+di)=(ac-bd)+(ad+bc)i$

(4) $\dfrac{a+bi}{c+di}=\dfrac{ac+bd}{c^2+d^2}+\dfrac{bc-ad}{c^2+d^2}i \quad ((c,\ d)\neq(0,\ 0))$

練習問題 1 次の複素数を $a+bi$ の形で表せ．

(1) $(1+2i)+(3+4i)$　　(2) $(1+2i)(3+4i)$　　(3) $\dfrac{1+2i}{3+4i}$

1) 複素数を成分に持つベクトル，行列は複素ベクトル，複素行列とそれぞれよぶ．

2) $b\neq0$ を仮定する場合もあるが，ここでは0も純虚数と考える．

(4) $(2-i)i$　　(5) $\dfrac{1}{1-i}$　　(6) $(3+4i)(3-4i)$

複素数 $z=a+bi$ に対し，$\overline{z}=a-bi$ を z の**共役複素数**，あるいは単に**共役**とよぶ．z が実数であるとき，$\overline{z}=z$ であり，w が純虚数であるとき，$\overline{w}=-w$ である．以下は共役の基本的な性質である．証明は $z=a+bi$，$w=c+di$ とおいて計算すれば確かめられるため，省略する．

定理 12.1. 複素数 z，w に対し，次が成り立つ．

(1) $\overline{z+w}=\overline{z}+\overline{w}$　　(2) $\overline{zw}=\overline{z}\cdot\overline{w}$

(3) $\overline{\left(\dfrac{z}{w}\right)}=\dfrac{\overline{z}}{\overline{w}}$　$(w\neq 0)$　　(4) $\overline{\overline{z}}=z$

複素数 $z=a+bi$ に対し，

$$z\overline{z}=(a+bi)(a-bi)=a^2+b^2$$

であり，非負の実数になる．これより，$|z|=\sqrt{z\overline{z}}=\sqrt{a^2+b^2}$ を複素数 z の**絶対値**，あるいは**大きさ**とよぶ．

複素平面　実数を数直線の点として表したように，複素数 $z=a+bi$ に xy 平面上の点 $(x,\ y)=(a,\ b)$ を対応させることで，複素数は平面上の点として表すことができる．このとき，複素数を xy 座標上の点として表す平面を**複素平面**とよび，x 軸を**実軸**，y 軸を**虚軸**とよぶ．

複素数 z に対し，その**共役** $\overline{z}$ は複素平面上で z と実軸に対して対称な点に対応する．また，絶対値 $|z|$ は原点からの距離 r を表す．

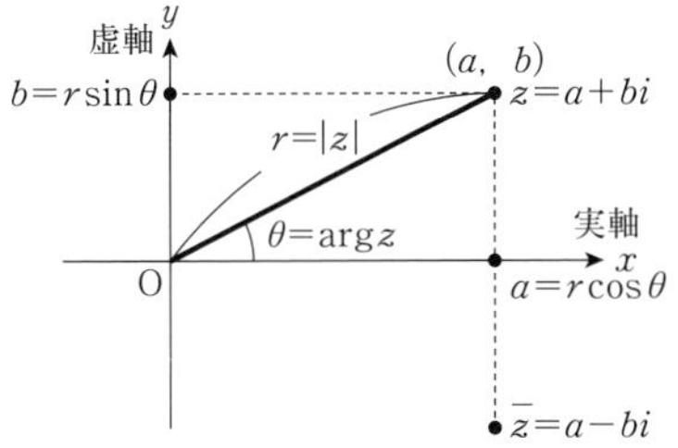

複素数 $z=a+bi$ に対し，複素平面上で原点Oと $(a,\ b)$ を結ぶ線分と実軸正部分のなす角 θ を z の**偏角**とよび，$\arg z$ と書く．偏角は通常 $-\pi<\theta\leqq\pi$ の範囲で考える．このとき，$a=r\cos\theta$，$b=r\sin\theta$ であるため，

$$z=a+bi=r(\cos\theta+i\sin\theta)$$

と，z の絶対値 r と偏角 θ によって表示ができる．この形を複素数の**極形式**とよぶ．

》》例題 1. $z=1-i$ を複素平面上に図示し，極形式で表せ．

《《解答 $|z|=\sqrt{1^2+(-1)^2}=\sqrt{2}$ であり，

$$z=1-i=\sqrt{2}\left(\frac{1}{\sqrt{2}}-\frac{1}{\sqrt{2}}i\right)=\sqrt{2}\left\{\cos\left(-\frac{\pi}{4}\right)+i\sin\left(-\frac{\pi}{4}\right)\right\}$$

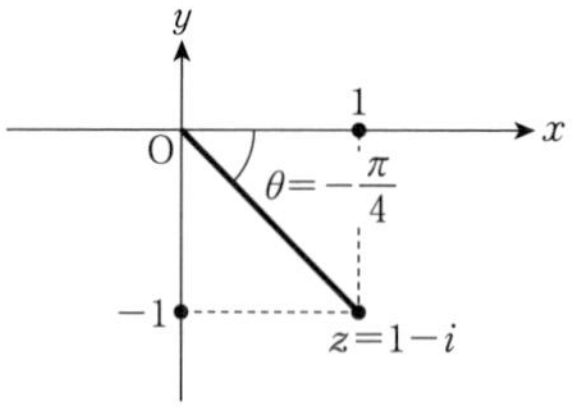

練習問題 2 次の複素数を複素平面上に図示し，極形式で表せ．

(1) $1+i$　(2) $2\sqrt{3}-2i$　(3) -2　(4) $-5i$

$z=r(\cos\theta+i\sin\theta)$ と極形式で表された複素数に対し，

$$\bar{z}=r(\cos\theta-i\sin\theta)=r\{\cos(-\theta)+i\sin(-\theta)\}$$

となり，z と $\bar{z}$ は同じ絶対値を持ち，偏角の符号が反転する．すなわち，$z=|\bar{z}|$ であり，$\arg\bar{z}=-\arg z$ となる．

2つの複素数 z と w に対し，複素平面上において，和 $z+w$ は，平面ベクトル $\vec{a}=\overrightarrow{Oz}$ と $\vec{b}=\overrightarrow{Ow}$ の和 $\vec{a}+\vec{b}$ に対応する．また，積 zw については，

$$z=r_1(\cos\theta_1+i\sin\theta_1),\qquad w=r_2(\cos\theta_2+i\sin\theta_2)$$

と極形式で表したとき，加法定理

$$\sin(\theta_1+\theta_2)=\sin\theta_1\cos\theta_2+\cos\theta_1\sin\theta_2$$

$$\cos(\theta_1+\theta_2)=\cos\theta_1\cos\theta_2-\sin\theta_1\sin\theta_2$$

により，

$$zw=r_1r_2(\cos\theta_1+i\sin\theta_1)(\cos\theta_2+i\sin\theta_2)$$
$$=r_1r_2(\cos(\theta_1+\theta_2)+i\sin(\theta_1+\theta_2))$$

となる．よって，複素平面上で zw は原点から r_1r_2 の距離で，偏角が $\theta_1+\theta_2$ である．すなわち，$|zw|=|z|\cdot|w|$ であり，$\arg(zw)=\arg z+\arg w$ となる．

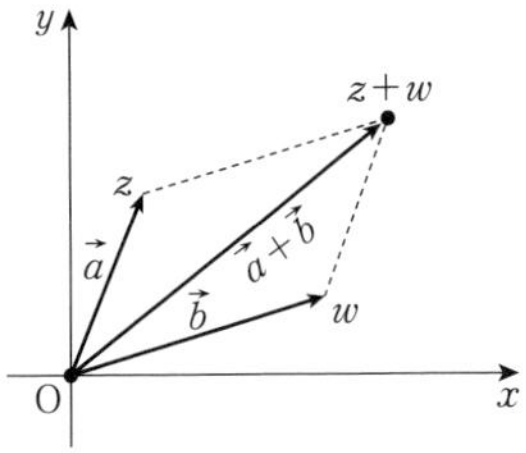

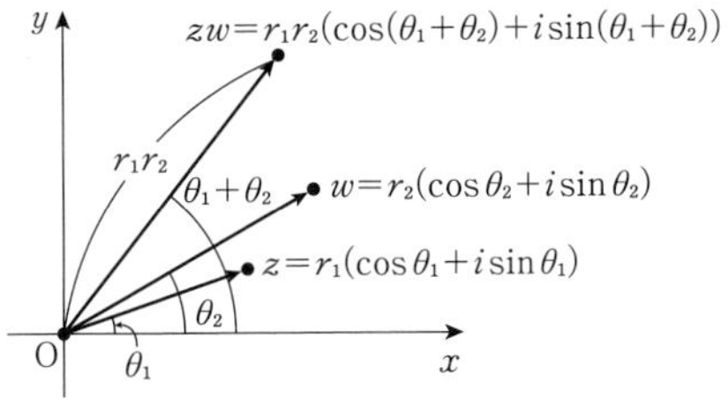

2 行列の固有値と固有ベクトル

これ以後，定数，ベクトル，行列については，複素数，複素ベクトル，複素行列を考えるものとする．いままで学習してきた行列の演算，トレース，逆行列，行列式，連立方程式，階数，基本変形，ベクトルの1次独立・1次従属などさまざまな概念が複素行列や複素ベクトルにおいても同様に行われることに留意したい．

固有値・固有ベクトル　正方行列に対し，固有値とそれに付随する固有ベクトルは行列の性質を考察するうえで重要な情報である．

> **定義 12.1.** A を n 次の正方行列とする．定数 λ と n 次のベクトル $\boldsymbol{x}\neq\boldsymbol{0}$ が，$A\boldsymbol{x}=\lambda\boldsymbol{x}$ を満たすとき，λ を A の**固有値**とよび，$\boldsymbol{x}$ を固有値 λ に対する A の**固有ベクトル**とよぶ．

上記の $A\boldsymbol{x}=\lambda\boldsymbol{x}$ の式を変形すると，

$$(\lambda E-A)\boldsymbol{x}=\boldsymbol{0}$$

となる．この $\boldsymbol{x}$ の方程式が，$\boldsymbol{x}=\boldsymbol{0}$ 以外の解（非自明解）を持つような λ が固有値である．定理 11.3 により，上記の同次連立1次方程式が非自明解を持つ場合は，

$\mathrm{rank}(\lambda E-A)<n$ であり，すなわち $|\lambda E-A|=0$ である．ここで λ の n 次多項式，

$$\phi_A(\lambda)=|\lambda E-A|$$

を A の**固有多項式**とよぶ．また，$\phi_A(\lambda)=0$ を A の**固有方程式**とよぶ．

固有方程式 $\phi_A(\lambda)=0$ は，λ の n 次方程式であり，複素数の範囲で（重複を込めて）n 個の解 λ_1，…，λ_n を持つ．これらが A の固有値である．よって，固有多項式 $\phi_A(\lambda)$ は，固有値を用いて次のように因数分解される．

$$\phi_A(\lambda)=(\lambda-\lambda_1)(\lambda-\lambda_2)\cdots(\lambda-\lambda_n)$$

さらに，固有値 λ に対する A の固有ベクトルは，$\boldsymbol{x}$ の連立1次方程式

$$(\lambda E-A)\boldsymbol{x}=\boldsymbol{0}$$

における非自明な解，つまり $\boldsymbol{x}\neq\boldsymbol{0}$ であるような解である．

》》例題 2. 次の行列 A の固有値と固有ベクトルを求めよ．

$$A=\begin{pmatrix}1 & 2 & 2\\ 1 & 2 & 0\\ 1 & -1 & 1\end{pmatrix}$$

《《 解答 固有多項式を求めると，7章の行列式の性質を用いて，

$$\phi_A(\lambda)=|\lambda E-A|=\begin{vmatrix}\lambda-1 & -2 & -2\\ -1 & \lambda-2 & 0\\ -1 & 1 & \lambda-1\end{vmatrix}\qquad (1)\leftrightarrow(2)$$

$$=-\begin{vmatrix}-1 & \lambda-2 & 0\\ \lambda-1 & -2 & -2\\ -1 & 1 & \lambda-1\end{vmatrix}\qquad (1)\times(-1)$$

$$=\begin{vmatrix}1 & -\lambda+2 & 0\\ \lambda-1 & -2 & -2\\ -1 & 1 & \lambda-1\end{vmatrix}\qquad \begin{matrix}(2)-(\lambda-1)\times(1)\\ (3)+(1)\end{matrix}$$

$$=\begin{vmatrix}1 & -\lambda+2 & 0\\ 0 & (\lambda-1)(\lambda-2)-2 & -2\\ 0 & -\lambda+3 & \lambda-1\end{vmatrix}\qquad (1,\ 1)\text{ 余因子展開}$$

$$=\begin{vmatrix}(\lambda-1)(\lambda-2)-2 & -2\\ -\lambda+3 & \lambda-1\end{vmatrix}$$

$$=\begin{vmatrix}\lambda^2-3\lambda & -2\\ -\lambda+3 & \lambda-1\end{vmatrix}$$

$$= \begin{vmatrix} \lambda(\lambda-3) & -2 \\ -(\lambda-3) & \lambda-1 \end{vmatrix}$$

$$= (\lambda-3)\begin{vmatrix} \lambda & -2 \\ -1 & \lambda-1 \end{vmatrix}$$

$$= (\lambda-3)\{\lambda(\lambda-1)-2\}$$

$$= (\lambda-3)(\lambda^2-\lambda-2)$$

$$= (\lambda-3)(\lambda-2)(\lambda+1)$$

$\phi_A(\lambda)=0$ を解くと，$\lambda=-1,\ 2,\ 3$ であり，これが A の固有値である．

次に，それぞれ固有値に対して固有ベクトルを求める．

(i) $\lambda=-1$ のとき：

$$(-E-A)\boldsymbol{x} = \begin{pmatrix} -2 & -2 & -2 \\ -1 & -3 & 0 \\ -1 & 1 & -2 \end{pmatrix}\begin{pmatrix} x_1 \\ x_2 \\ x_3 \end{pmatrix} = \begin{pmatrix} 0 \\ 0 \\ 0 \end{pmatrix}$$

を解く．係数行列 $-E-A$ の階数を求めると，

$$\begin{pmatrix} -2 & -2 & -2 \\ -1 & -3 & 0 \\ -1 & 1 & -2 \end{pmatrix} \xrightarrow{(1)\times\left(-\frac{1}{2}\right)} \begin{pmatrix} 1 & 1 & 1 \\ -1 & -3 & 0 \\ -1 & 1 & -2 \end{pmatrix} \xrightarrow[(3)+(1)]{(2)+(1)} \begin{pmatrix} 1 & 1 & 1 \\ 0 & -2 & 1 \\ 0 & 2 & -1 \end{pmatrix}$$

$$\xrightarrow{(3)+(2)} \begin{pmatrix} 1 & 1 & 1 \\ 0 & -2 & 1 \\ 0 & 0 & 0 \end{pmatrix}$$

より，$\mathrm{rank}(-E-A)=2$ であり，この同次連立 1 次方程式は自由度 1 の解を持つ．t を任意定数として，$x_3=2t$ とおくと，$x_2=t$，$x_1=-3t$ となり，固有値 $\lambda=-1$ に対する固有ベクトルは，

$$\boldsymbol{x} = t\begin{pmatrix} -3 \\ 1 \\ 2 \end{pmatrix} \quad (t \neq 0,\ t \text{ は任意定数})$$

(ii) $\lambda=2$ のとき：

$$(2E-A)\boldsymbol{x} = \begin{pmatrix} 1 & -2 & -2 \\ -1 & 0 & 0 \\ -1 & 1 & 1 \end{pmatrix}\begin{pmatrix} x_1 \\ x_2 \\ x_3 \end{pmatrix} = \begin{pmatrix} 0 \\ 0 \\ 0 \end{pmatrix}$$

を解くと，固有値 $\lambda=2$ に対する固有ベクトルは，$u=x_3$ を任意定数として，

$$\boldsymbol{x} = u\begin{pmatrix} 0 \\ -1 \\ 1 \end{pmatrix} \quad (u \neq 0,\ u \text{ は任意定数})$$

(iii) $\lambda=3$ のとき：

$$(3E-A)\boldsymbol{x}=\begin{pmatrix}2 & -2 & -2\\ -1 & 1 & 0\\ -1 & 1 & 2\end{pmatrix}\begin{pmatrix}x_1\\ x_2\\ x_3\end{pmatrix}=\begin{pmatrix}0\\ 0\\ 0\end{pmatrix}$$

を解くと，固有値 $\lambda=3$ に対する固有ベクトルは，$v=x_2$ を任意定数として，

$$\boldsymbol{x}=v\begin{pmatrix}1\\ 1\\ 0\end{pmatrix}\quad (v\neq 0,\ v \text{ は任意定数})$$

練習問題 3 次の行列の固有値と固有ベクトルを求めよ．

(1) $\begin{pmatrix}3 & 2\\ 5 & 6\end{pmatrix}$ (2) $\begin{pmatrix}1 & 2 & 1\\ 0 & 3 & 0\\ 1 & -1 & 1\end{pmatrix}$ (3) $\begin{pmatrix}1 & 1 & 0\\ 0 & 1 & 1\\ -6 & 5 & 3\end{pmatrix}$

上記の固有ベクトルはすべて自由度1の非自明解として現れたが，固有値が固有方程式の重解となっている場合，自由度が高くなることがある[3)]．

≫ 例題 3. 以下の行列 A の固有値と固有ベクトルを求めよ．

$$A=\begin{pmatrix}-1 & 1 & 1\\ 0 & 1 & 0\\ -2 & 1 & 2\end{pmatrix}$$

≪ 解答 固有多項式は，

$$\phi_A(\lambda)=\begin{vmatrix}\lambda+1 & -1 & -1\\ 0 & \lambda-1 & 0\\ 2 & -1 & \lambda-2\end{vmatrix}=(\lambda+1)(\lambda-1)(\lambda-2)+2(\lambda-1)=\lambda(\lambda-1)^2$$

よって，$\lambda=0,\ 1$ が固有値である．

(i) $\lambda=0$ のとき：

$$(-A)\boldsymbol{x}=\begin{pmatrix}1 & -1 & -1\\ 0 & -1 & 0\\ 2 & -1 & -2\end{pmatrix}\begin{pmatrix}x_1\\ x_2\\ x_3\end{pmatrix}=\begin{pmatrix}0\\ 0\\ 0\end{pmatrix}$$

を解くと，固有値 $\lambda=0$ に対する固有ベクトルは，$t=x_3$ を任意定数として，

3) 一般に，A の固有値 λ が固有方程式 $\phi_A(\lambda)=0$ の k 重解のとき，

$$1\leqq n-\mathrm{rank}(\lambda E-A)\leqq k$$

$$\boldsymbol{x} = t\begin{pmatrix}1\\0\\1\end{pmatrix} \quad (t \neq 0,\ t\text{ は任意定数})$$

(ii) $\lambda=1$ のとき：

$$(E-A)\boldsymbol{x} = \begin{pmatrix}2 & -1 & -1\\0 & 0 & 0\\2 & -1 & -1\end{pmatrix}\begin{pmatrix}x_1\\x_2\\x_3\end{pmatrix} = \begin{pmatrix}0\\0\\0\end{pmatrix}$$

を解くと，これは自由度 2 の解を持ち，t_1，t_2 を任意定数として，$x_2=2t_1$，$x_3=2t_2$ とおくと，

$$\boldsymbol{x} = t_1\begin{pmatrix}1\\2\\0\end{pmatrix}+t_2\begin{pmatrix}1\\0\\2\end{pmatrix} \quad ((t_1,\ t_2)\neq(0,\ 0),\ t_1, t_2\text{ は任意定数})$$

この例題では，2 重解の固有値 $\lambda=1$ に対し，固有ベクトルは自由度 2 の解であった．しかし，重解であっても自由度が上がるとは限らない．

》》例題 4. 以下の行列 A の固有値と固有ベクトルを求めよ．

$$A = \begin{pmatrix}1 & 1\\0 & 1\end{pmatrix}$$

《《解答　固有多項式は，$\phi_A(\lambda)=(\lambda-1)^2$ より，固有値は 1 のみである．この固有ベクトルを求めると，

$$\boldsymbol{x} = t\begin{pmatrix}1\\0\end{pmatrix} \quad (t \neq 0,\ t\text{ は任意定数})$$

という自由度 1 の非自明解である．

練習問題 4 以下の行列の固有値と固有ベクトルを求めよ．

(1) $\begin{pmatrix}0 & 1 & 1\\0 & 2 & 0\\-2 & 1 & 3\end{pmatrix}$　(2) $\begin{pmatrix}1 & 5 & -2\\3 & 3 & -2\\1 & 3 & -3\end{pmatrix}$　(3) $\begin{pmatrix}3 & 1 & 0\\0 & 3 & 0\\0 & 0 & 3\end{pmatrix}$

実行列において，トレースや行列式は実数値であるが，固有値は複素数になる場合もある．

》》例題 5. 以下の行列 A の固有値と固有ベクトルを求めよ．

$$A=\begin{pmatrix}1 & -1\\ 2 & -1\end{pmatrix}$$

《《解答 固有多項式は，$\phi_A(\lambda)=\lambda^2+1$ となり，固有値は $\lambda=\pm i$ である．

(i) $\lambda=i$ のとき：固有ベクトルは

$$\boldsymbol{x}=t\begin{pmatrix}1\\ 1-i\end{pmatrix}\quad (t\neq 0,\ t \text{ は任意定数})$$

(ii) $\lambda=-i$ のとき：固有ベクトルは

$$\boldsymbol{x}=u\begin{pmatrix}1\\ 1+i\end{pmatrix}\quad (u\neq 0,\ u \text{ は任意定数})$$

固有値・固有ベクトルの性質 すでに学んだ行列のトレースや行列式も，固有値を用いて表すことができる．

定理 12.2. n 次正方行列 A の固有値を λ_1, $\cdots$, λ_n とするとき，

(1) $\mathrm{tr}(A)=\lambda_1+\lambda_2+\cdots+\lambda_n$

(2) $|A|=\lambda_1\lambda_2\cdots\lambda_n$

証明 $A=(a_{ij})$ の固有多項式は以下のように因数分解される．

$$\phi_A(\lambda)=|\lambda E-A|=(\lambda-\lambda_1)(\lambda-\lambda_2)\cdots(\lambda-\lambda_n) \tag{12.1}$$

一方で，行列式の定義により，$\lambda E-A=(b_{ij})$ とおくと，

$$|\lambda E-A|=\sum_{\sigma\in S_n}\mathrm{sgn}(\sigma)b_{1\sigma(1)}b_{2\sigma(2)}\cdots b_{n\sigma(n)} \tag{12.2}$$

(1) 式 (12.1) と (12.2) において，λ^{n-1} の係数に着目する．式 (12.1) の展開式における λ^{n-1} の係数は，

$$-(\lambda_1+\lambda_2+\cdots+\lambda_n)$$

である．一方，$\lambda E-A=(b_{ij})$ において，λ を含むのは対角成分のみであり，$|\lambda E-A|$ の中に λ^{n-1} を含むのは $\sigma=e$（恒等置換）の項のみである．よって，

$$b_{11}b_{22}\cdots b_{nn}=(\lambda-a_{11})(\lambda-a_{22})\cdots(\lambda-a_{nn})$$

の中にのみ λ^{n-1} は現れる．よって，式 (12.2) における λ^{n-1} の係数は，

$$-(a_{11}+a_{22}+\cdots+a_{nn})=-\mathrm{tr}(A)$$

これより，$\mathrm{tr}(A)=\lambda_1+\lambda_2+\cdots+\lambda_n$

(2) 式 (12.1) と (12.2) において，定数項に着目する．すなわち，$\lambda=0$ を代入すればよいので，式 (12.1) の展開式における定数項は，

$$(-1)^n \lambda_1 \lambda_2 \cdots \lambda_n$$

である．一方，式 (12.2) における定数項は，$|-A|=(-1)^n|A|$ である．よって，

$$|A| = \lambda_1 \lambda_2 \cdots \lambda_n$$ □

上記の定理の(2)より，行列 A の行列式 $|A|$ は固有値の積として表される．A が正則である必要十分条件が，$|A| \neq 0$ であったことから，A の固有値に 0 が含まれていないことと同値である．

以上より，行列の固有値が一致していれば，トレースや行列式といった値も一致する．2 つの行列において，固有値が一致するのはどのような場合があるか考察しよう．

n 次正方行列 A と B が**相似**であるとは，ある正則行列 P が存在し，$A=P^{-1}BP$ となることである．このとき，$A \sim B$ と書くことにする．

定理 12.3. 行列の相似という関係について，以下のことが成り立つ．

(1) $A \sim A$

(2) $A \sim B$ ならば，$B \sim A$

(3) $A \sim B$，$B \sim C$ ならば，$A \sim C$

証明 (1) 単位行列を考えれば示せる．

(2) 示すべきことは，$B=Q^{-1}AQ$ となる正則行列が存在することである．今，仮定より $A \sim B$ なので，$A=P^{-1}BP$ となる正則行列 P が存在する．式変形すると，$B=PAP^{-1}$ である．このとき，$Q=P^{-1}$ と置くと，Q は正則であり，$B=Q^{-1}AQ$ となる．

(3) 章末問題とする． □

定理 12.4. 行列 A と B が相似のとき，それらの固有値は等しい．

証明 それぞれの固有多項式が一致することを示せばよい．定理 7.7 により，

$$\phi_A(\lambda)=|\lambda E-A|=|\lambda E-P^{-1}BP|=|P^{-1}(\lambda E-B)P|$$
$$=|P^{-1}|\cdot|\lambda E-B|\cdot|P|=|PP^{-1}|\cdot|\lambda E-B|=|\lambda E-B|=\phi_B(\lambda) \quad \square$$

上記の定理と定理 12.2 により，相似な行列は固有値のみならず，トレースや行列式も一致している．

》》例題 6. 正方行列 A の固有値を λ_1, …, λ_n とするとき，${}^tA$ および，$E+A$ の固有値をそれぞれ求めよ．

《《解答 ${}^tA$ の固有多項式は，定理 7.1 より，

$$\phi_{{}^tA}(\lambda)=|\lambda E-{}^tA|=|{}^t(\lambda E-A)|=|\lambda E-A|=\phi_A(\lambda)$$

となり，行列 A の固有多項式と一致することから，${}^tA$ の固有値は，もとの行列 A の固有値 λ_1, λ_2, …, λ_n と等しい．

次に $E+A$ の固有多項式は，

$$\phi_{E+A}(\lambda)=|\lambda E-(E+A)|=|(\lambda-1)E-A|=\phi_A(\lambda-1)$$

となるため，λ_1+1, λ_2+1, …, λ_n+1 が $E+A$ の固有値である．

練習問題 5 正方行列 A の固有値を λ_1, …, λ_n とするとき，次の行列の固有値を求めよ．

(1) $A-E$　　(2) A^{-1} （A は正則）　　(3) kA （k は定数）

3 確率行列と定常状態

確率行列 非負行列（定義 10.3）の例として，応用上しばしば使われるものとして確率行列とよばれる行列がある．最初に例をみてみよう．

いま，2 つの地域 A，B があり，この 2 つの地域では，毎期ごとに以下のような人口の移動があるとしよう．

・地域 A は人口の 90 %が地域 A に留まり，残りの 10 %が地域 B に転出する．
・地域 B は人口の 80 %が地域 B に留まり，残りの 20 %が地域 A に転出する．

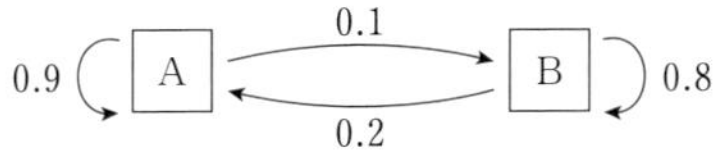

ここで，この2つの地域の人口がどのように推移するかを考えてみよう．ただし，議論を簡単にするため，これら2地域での出生や死亡については，考慮しないこととする．

いま，時点 n $(n=0, 1, \cdots)$ の地域Aの人口を a_n，地域Bの人口を b_n とすると，a_n と b_n には以下の関係が成立する．

$$a_{n+1} = 0.9a_n + 0.2b_n$$
$$b_{n+1} = 0.1a_n + 0.8b_n$$

すなわち，$n+1$ 期の地域Aの人口は，n 期の地域Aの人口の90％と n 期の地域Bの人口の20％からなり，$n+1$ 期の地域Bの人口は，n 期の地域Aの人口の10％と n 期の地域Bの人口の80％から構成される．この関係を行列を用いて表すと

$$\begin{pmatrix} a_{n+1} \\ b_{n+1} \end{pmatrix} = \begin{pmatrix} 0.9 & 0.2 \\ 0.1 & 0.8 \end{pmatrix}\begin{pmatrix} a_n \\ b_n \end{pmatrix} = P\begin{pmatrix} a_n \\ b_n \end{pmatrix} \quad (n=0, 1, \cdots)$$

となる．ここで，行列 P は

$$P = \begin{pmatrix} 0.9 & 0.2 \\ 0.1 & 0.8 \end{pmatrix}$$

である．この関係から，$n=1$ 期の人口は $n=0$ 期での人口を用いて

$$\begin{pmatrix} a_1 \\ b_1 \end{pmatrix} = \begin{pmatrix} 0.9 & 0.2 \\ 0.1 & 0.8 \end{pmatrix}\begin{pmatrix} a_0 \\ b_0 \end{pmatrix} = P\begin{pmatrix} a_0 \\ b_0 \end{pmatrix}$$

と表すことができる．また，$n=2$ 期の人口は $n=1$ 期での人口と $n=0$ 期での人口を用いて

$$\begin{pmatrix} a_2 \\ b_2 \end{pmatrix} = \begin{pmatrix} 0.9 & 0.2 \\ 0.1 & 0.8 \end{pmatrix}\begin{pmatrix} a_1 \\ b_1 \end{pmatrix} = \begin{pmatrix} 0.9 & 0.2 \\ 0.1 & 0.8 \end{pmatrix}^2\begin{pmatrix} a_0 \\ b_0 \end{pmatrix} = P^2\begin{pmatrix} a_0 \\ b_0 \end{pmatrix}$$

同様に

$$\begin{pmatrix} a_n \\ b_n \end{pmatrix} = \begin{pmatrix} 0.9 & 0.2 \\ 0.1 & 0.8 \end{pmatrix}^n\begin{pmatrix} a_0 \\ b_0 \end{pmatrix} = P^n\begin{pmatrix} a_0 \\ b_0 \end{pmatrix}$$

と n 期の人口を行列 P のべき乗で表すことができる．

ところで，上記の行列 P の各列はそれぞれ，2つの地域の住民がどれだけの割合（確率）で，移動または同じ地域に留まるかを表しており，すべての列の列和が1となるという性質を持っている．

定義 12.2. $P=(p_{ij})$ を m 次非負正方行列とする．P のすべての列の列和が1であるとき，すなわちすべての j に対し，$\sum_{i=1}^{m} p_{ij}=1$ であるとき，P を**左確率行列**または単に**確率行列**とよぶ[4)]．

確率行列は，また推移確率行列，遷移確率行列，マルコフ行列ともよばれる．確率行列の条件式 $\sum_{i=1}^{m} p_{ij}=1$（$j=1, \cdots, m$）は，すべての成分が1である行ベクトル ${}^t\boldsymbol{e}=(1 \ \cdots \ 1)$ を用いると

$$
{}^t\boldsymbol{e}P = {}^t\boldsymbol{e}
$$

と簡潔に表せることに注意する．

定理 12.5. P と Q を m 次の確率行列とするとき，その積 PQ も確率行列となる．

証明 P, Q が確率行列のときはすべての成分が非負なので，PQ の成分も非負になることに注意する．また，

$$
{}^t\boldsymbol{e}(PQ) = ({}^t\boldsymbol{e}P)Q = {}^t\boldsymbol{e}Q = {}^t\boldsymbol{e}
$$

となり，PQ もまた確率行列であることが示された． □

すべての成分の合計が1となる非負値ベクトル，すなわち ${}^t\boldsymbol{e}\boldsymbol{x}=1$ となる非負ベクトル $\boldsymbol{x}$ を**確率ベクトル**とよぶ．上の証明からわかるように，確率行列と確率ベクトルの積もまた確率ベクトルとなる．このことは，章末問題とする．

確率行列と固有値の間には，以下の関係が成立する．

4) すべての行について行成分の総和（行和）が1となる行列を（右）確率行列という．右と左は漸化式の右辺の表現において行列を左からかけるか右からかけるかによるもので，本質的な違いはない．

定理 12.6. P を m 次の確率行列とする．P の固有値について，以下が成立する．

(1) すべての固有値の絶対値は 1 以下である．

(2) 固有値 1 を持つ．

証明 (1) 例題 6 により，転置行列の固有値は，もとの行列の固有値と等しいことから，P の固有値を λ とすると，P の転置行列 ${}^tP$ の固有値も λ となり，対応する固有ベクトル $\boldsymbol{x}$ に対して

$$ {}^tP\boldsymbol{x} = \lambda\boldsymbol{x} $$

が成立することに注意する．

ここで，$\boldsymbol{x}=(x_i)$ の絶対値が一番大きな成分を x_ℓ とすると，${}^tP\boldsymbol{x}$ の第 ℓ 成分は

$$ ({}^tP\boldsymbol{x})_\ell = \sum_{i=1}^{m}({}^tP)_{\ell i}x_i = \sum_{i=1}^{m}p_{i\ell}x_i $$

となる．ここで，定理 1.4（三角不等式）を用いると

$$ |\lambda||x_\ell| = |\lambda x_\ell| = |({}^tP\boldsymbol{x})_\ell| = \left|\sum_{i=1}^{m}p_{i\ell}x_i\right| \leqq \sum_{i=1}^{m}p_{i\ell}|x_i| \leqq \left(\sum_{i=1}^{m}p_{i\ell}\right)|x_\ell| = |x_\ell| $$

よって，両辺を $|x_\ell|$ で割ることで $|\lambda|\leqq 1$ を得る．

(2) 行列 P の固有方程式は

$$ \phi_P(\lambda) = |\lambda E - P| = 0 $$

となる．ここで，行列 P が固有値 1 を持つことは

$$ |E-P| = 0 $$

となることに他ならない．以下では，この式を証明しよう．$|E-P|$ を成分で表すと

$$ |E-P| = \begin{vmatrix} 1-p_{11} & -p_{12} & \cdots & -p_{1m} \\ -p_{21} & 1-p_{22} & \cdots & -p_{2m} \\ \vdots & \vdots & \ddots & \vdots \\ -p_{m1} & -p_{m2} & \cdots & 1-p_{mm} \end{vmatrix} $$

となる．ここで，定理 7.6 から，1 つの行に他の行を加えても行列式の値は変わらないので，1 行目に 2 行目から n 行目までのすべての行を足すと，確率行列の定義から

$$\begin{vmatrix} 1-\sum_{i=1}^{m} p_{i1} & 1-\sum_{i=1}^{m} p_{i2} & \cdots & 1-\sum_{i=1}^{m} p_{im} \\ -p_{21} & 1-p_{22} & \cdots & -p_{2m} \\ \vdots & \vdots & \ddots & \vdots \\ -p_{m1} & -p_{m2} & \cdots & 1-p_{mm} \end{vmatrix} = \begin{vmatrix} 0 & 0 & \cdots & 0 \\ -p_{21} & 1-p_{22} & \cdots & -p_{2m} \\ \vdots & \vdots & \ddots & \vdots \\ -p_{m1} & -p_{m2} & \cdots & 1-p_{mm} \end{vmatrix}$$

となる．よって

$$|E-P|=0$$

を得る． □

ここで，上記の定理 12.6 の(2)に関連して，固有値 1 に対応するすべての成分が非負値の固有ベクトルが存在することを示すことができる[5]．したがって，その固有ベクトルの成分の総和で各成分を割ることで，固有値 1 に対応する固有ベクトルとして確率ベクトルを選ぶことができる．

その固有ベクトルを $\begin{pmatrix} a_0 \\ b_0 \end{pmatrix}$ とおくと，

$$P^n\begin{pmatrix} a_0 \\ b_0 \end{pmatrix} = \cdots = P\begin{pmatrix} a_0 \\ b_0 \end{pmatrix} = \begin{pmatrix} a_0 \\ b_0 \end{pmatrix}$$

の関係から，いつの時点になっても状態が変化しないことになる．このような状態を**定常状態**という．すなわち，確率行列 P の定常状態とは，$P\boldsymbol{\pi}=\boldsymbol{\pi}$ となる確率ベクトル $\boldsymbol{\pi}$ である．すべての確率行列に対し，定常状態は必ず存在するが，必ずしも一意的に定まるとは限らない．たとえば，確率行列が単位行列 E であるときは，すべての確率ベクトルが定常状態となる．

》》例題 7. 以下の確率行列の定常状態を求めよ．

$$P=\begin{pmatrix} 0.9 & 0.2 \\ 0.1 & 0.8 \end{pmatrix}$$

《《 解答 定常状態を $\boldsymbol{\pi}=(\pi_i)$ $(i=1,2)$ とすると，$P\boldsymbol{\pi}=\boldsymbol{\pi}$ なので，

5) 本書の水準を超えるので証明は取り上げないが，ペロン–フロベニウスの定理とよばれる定理の，一般に要素が非負の行列に対する拡張版を用いることで示すことができる．ペロン–フロベニウスの定理とその拡張版の内容と証明については，室田一雄・杉原正顯『東京大学工学教程 基礎系数学 線形代数 II』(2013，丸善出版) や古屋茂『行列と行列式［増補版］』(1959，培風館) を参照されたい．

$$\begin{pmatrix} 0.9 & 0.2 \\ 0.1 & 0.8 \end{pmatrix}\begin{pmatrix} \pi_1 \\ \pi_2 \end{pmatrix} = \begin{pmatrix} \pi_1 \\ \pi_2 \end{pmatrix}$$

これより，以下の連立方程式を得る．

$$\begin{cases} 0.9\pi_1+0.2\pi_2 = \pi_1 \\ 0.1\pi_1+0.8\pi_2 = \pi_2 \end{cases}$$

上記の連立方程式は結局 $0.1\pi_1-0.2\pi_2=0$ しか意味していないので，$\boldsymbol{\pi}$ を一意的に求めるには，$\pi_1+\pi_2=1$ という確率ベクトルの条件を忘れてはならない．よって，

$$\begin{cases} 0.1\pi_1-0.2\pi_2 = 0 \\ \pi_1+\pi_2 = 1 \end{cases}$$

を解けばよい．実際，$\pi_1=\dfrac{2}{3}$，$\pi_2=\dfrac{1}{3}$ である．よって，$\boldsymbol{\pi}=\begin{pmatrix} \dfrac{2}{3} \\ \dfrac{1}{3} \end{pmatrix}$ となる．

練習問題 6 以下の確率行列の定常状態を求めよ．

(1) $\begin{pmatrix} 0.5 & 0.5 \\ 0.5 & 0.5 \end{pmatrix}$　(2) $\begin{pmatrix} 0.6 & 0.1 \\ 0.4 & 0.9 \end{pmatrix}$　(3) $\begin{pmatrix} 0.8 & 0.1 & 0 \\ 0.2 & 0.8 & 0.1 \\ 0 & 0.1 & 0.9 \end{pmatrix}$

章末問題 I

1．次の行列の固有値と固有ベクトルを求めよ．

(1) $\begin{pmatrix} 5 & -2 \\ -6 & 6 \end{pmatrix}$　(2) $\begin{pmatrix} 0 & i \\ -i & 0 \end{pmatrix}$　(3) $\begin{pmatrix} -2 & 1 & 2 \\ -3 & -1 & 5 \\ -1 & 3 & -1 \end{pmatrix}$

(4) $\begin{pmatrix} 0 & 1 & 1 \\ 1 & 0 & 1 \\ 1 & 1 & 0 \end{pmatrix}$　(5) $\begin{pmatrix} 0 & 0 & 1 \\ 0 & 1 & 0 \\ 1 & 0 & 1 \end{pmatrix}$　(6) $\begin{pmatrix} -1 & -3 & 0 \\ 1 & 8 & 3 \\ 0 & 1 & -1 \end{pmatrix}$

2．次の三角行列の固有値 a に対する固有ベクトルを求めよ．

(1) $\begin{pmatrix} a & 1 & 0 & 0 \\ 0 & a & 1 & 0 \\ 0 & 0 & a & 1 \\ 0 & 0 & 0 & a \end{pmatrix}$　(2) $\begin{pmatrix} a & 1 & 0 & 0 \\ 0 & a & 1 & 0 \\ 0 & 0 & a & 0 \\ 0 & 0 & 0 & a \end{pmatrix}$　(3) $\begin{pmatrix} a & 1 & 0 & 0 \\ 0 & a & 0 & 0 \\ 0 & 0 & a & 0 \\ 0 & 0 & 0 & a \end{pmatrix}$

3．$A \sim B$，$B \sim C$ ならば，$A \sim C$ であることを示せ．

章末問題 II

1．A を n 次の確率行列とし，$\boldsymbol{p}$ を n 次の確率ベクトルとする．このとき，$A\boldsymbol{p}$ が確率ベクトルとなることを示せ．

2．ある産業について従業員の規模で 3 つの階級 A，B，C を考える．従業員規模 A については，1 年後 8 割が同じ階級に留まるが，2 割は規模 B となる．一方，従業員規模 B については，1 年後 8 割が同じ階級に留まるが，1 割は規模 A に，1 割は規模 C に移動する．従業員規模 C については，1 年後 9 割が同じ階級に留まるが，1 割は規模 B となる．
このとき，従業員規模の変化を表す確率行列 P を求め，もしそれぞれの従業員規模ごとの階級での初期時点での企業数が 10 万，5 万，1 万であったとき，3 年後の階級ごとの企業数を求めよ．

3．以下の確率行列の定常状態を求めよ．

(1) $\begin{pmatrix} 0.5 & 0.3 \\ 0.5 & 0.7 \end{pmatrix}$　(2) $\begin{pmatrix} 0.3 & 1 & 0.5 \\ 0.5 & 0 & 0.5 \\ 0.2 & 0 & 0 \end{pmatrix}$　(3) $\begin{pmatrix} 0.75 & 0.25 & 0.25 \\ 0.25 & 0.5 & 0.5 \\ 0 & 0.25 & 0.25 \end{pmatrix}$

第 13 章　行列の対角化

本章では，正方行列を対角行列で表現する対角化の方法と条件について紹介する．対角化を行うことで，行列のべき乗を明示的な形で表現することが可能となる．その応用として，前章で学んだ確率行列のべき乗を具体的に求め，確率行列によって変化する状態の極限を明らかにすることができる．

1 行列の対角化

行列の対角化　行列で扱いやすい形は，対角行列である．積，行列式，逆行列，固有値に至るまで，対角成分の計算により容易に求まる．本章では，与えられた行列と相似な対角行列を構成する方法および条件について調べる．表記を簡単にするため，対角行列を表す記号として，以下を導入しよう．

$$\Lambda(a_{11},\ a_{22},\ \cdots,\ a_{nn}) = \begin{pmatrix} a_{11} & 0 & \cdots & 0 \\ 0 & a_{22} & \cdots & 0 \\ \vdots & \vdots & \ddots & \vdots \\ 0 & 0 & \cdots & a_{nn} \end{pmatrix}$$

定義 13.1. 正方行列 A が対角行列と相似であるとき，A は**対角化可能**という．

n 次正方行列 A が対角化可能とすると，ある n 次の正則行列 P が存在し，

$$P^{-1}AP = \begin{pmatrix} \lambda_1 & 0 & \cdots & 0 \\ 0 & \lambda_2 & \cdots & 0 \\ \vdots & \vdots & \ddots & \vdots \\ 0 & 0 & \cdots & \lambda_n \end{pmatrix} = \Lambda(\lambda_1,\ \cdots,\ \lambda_n)$$

と表せる．このとき，A は P によって対角化されるといい，P を A の対角化行列とよぶ．両辺に左から P をかけると，$AP = P\Lambda(\lambda_1,\ \cdots,\ \lambda_n)$ である．このとき，

$$P = (\boldsymbol{p}_1 \quad \boldsymbol{p}_2 \quad \cdots \quad \boldsymbol{p}_n)$$

と列ベクトル表示して，両辺を計算すれば，

$$(A\boldsymbol{p}_1 \ \ A\boldsymbol{p}_2 \ \ \cdots \ \ A\boldsymbol{p}_n) = (\boldsymbol{p}_1 \ \ \boldsymbol{p}_2 \ \ \cdots \ \ \boldsymbol{p}_n)\begin{pmatrix} \lambda_1 & 0 & \cdots & 0 \\ 0 & \lambda_2 & \cdots & 0 \\ \vdots & \vdots & \ddots & \vdots \\ 0 & 0 & \cdots & \lambda_n \end{pmatrix}$$
$$= (\lambda_1\boldsymbol{p}_1 \ \ \lambda_2\boldsymbol{p}_2 \ \ \cdots \ \ \lambda_n\boldsymbol{p}_n)$$

すべての i について，$A\boldsymbol{p}_i=\lambda_i\boldsymbol{p}_i$ が成立するため，各 λ_i は A の固有値であり，$\boldsymbol{p}_i$ はその固有ベクトルである.

言い換えれば，正方行列 A を対角化する場合には，次のステップで計算すればよい.

(i) A の固有値 λ_1, λ_2, $\cdots$, λ_n を求める.

(ii) 固有値 λ_i に対する固有ベクトル $\boldsymbol{p}_i$ を1つずつ選ぶ（$i=1, 2, \cdots, n$).

(iii) これらの固有ベクトル $\boldsymbol{p}_1$, $\boldsymbol{p}_2$, $\cdots$, $\boldsymbol{p}_n$ をこの順で左から並べて n 次正方行列 P をつくる.

$$P = (\boldsymbol{p}_1 \ \ \boldsymbol{p}_2 \ \ \cdots \ \ \boldsymbol{p}_n)$$

(iv) P が正則であれば，P^{-1} を求めて，$P^{-1}AP$ を計算する．これは対角行列 $\Lambda(\lambda_1, \lambda_2, \cdots, \lambda_n)$ であり，(i, i) 成分には固有値 λ_i が並ぶ.

定理 10.3 と定理 9.6 により，P が正則であることと，列ベクトル $\boldsymbol{p}_1$, $\cdots$, $\boldsymbol{p}_n$ が1次独立であることは同値である．このことから，次の定理が従う.

定理 13.1. n 次正方行列 A に対し，次は同値である.

(1) A は対角化可能である.

(2) A は n 個の1次独立な固有ベクトルを持つ.

1次独立な固有ベクトルを選ぶ際には以下の固有値と固有ベクトルの性質が有用である.

定理 13.2. n 次正方行列の相異なる固有値に対する固有ベクトルは1次独立である.

証明 A の固有値の中で，λ_1, $\cdots$, λ_m はすべて異なる値とする．固有値 λ_i に対する固有ベクトルの1つを $\boldsymbol{x}_i$ として，ベクトル $\boldsymbol{x}_1$, $\cdots$, $\boldsymbol{x}_m$ が1次独立であることを示す．m に関する数学的帰納法で示そう．まず，$m=1$ のときは，$c_1\boldsymbol{x}_1=\boldsymbol{0}$ に

対し，$\boldsymbol{x}_1 \neq \mathbf{0}$ なので，$c_1=0$ が従う．いま，$\boldsymbol{x}_1, \cdots, \boldsymbol{x}_{m-1}$ が1次独立であるとする．このとき，$\boldsymbol{x}_m$ を加えた組が1次独立であることを示そう．

$$c_1\boldsymbol{x}_1+\cdots+c_{m-1}\boldsymbol{x}_{m-1}+c_m\boldsymbol{x}_m=\mathbf{0} \tag{13.1}$$

であるとする．両辺に左から A をかけると，

$$\begin{aligned} A(c_1\boldsymbol{x}_1+\cdots+c_{m-1}\boldsymbol{x}_{m-1}+c_m\boldsymbol{x}_m) &= c_1A\boldsymbol{x}_1+\cdots+c_{m-1}A\boldsymbol{x}_{m-1}+c_mA\boldsymbol{x}_m \\ &= c_1\lambda_1\boldsymbol{x}_1+\cdots+c_{m-1}\lambda_{m-1}\boldsymbol{x}_{m-1}+c_m\lambda_m\boldsymbol{x}_m=\mathbf{0} \end{aligned} \tag{13.2}$$

(13.2)$-\lambda_m\times$(13.1) を計算すると，

$$c_1(\lambda_1-\lambda_m)\boldsymbol{x}_1+\cdots+c_{m-1}(\lambda_{m-1}-\lambda_m)\boldsymbol{x}_{m-1}=\mathbf{0}$$

帰納法の仮定より，

$$c_1(\lambda_1-\lambda_m)=c_2(\lambda_2-\lambda_m)=\cdots=c_{m-1}(\lambda_{m-1}-\lambda_m)=0$$

を得る．$\lambda_j \neq \lambda_m$（$j=1, \cdots, m-1$）なので，$c_j=0$（$j=1, \cdots, m-1$）である．したがって，$c_m\boldsymbol{x}_m=\mathbf{0}$ が得られ，$\boldsymbol{x}_m \neq \mathbf{0}$ であることから $c_m=0$ を得る．よって，$\boldsymbol{x}_1, \cdots, \boldsymbol{x}_m$ は1次独立である． □

定理13.2と定理13.1から以下の結果を得る．

定理 13.3. 正方行列 A の固有値がすべて異なれば，対角化可能である．すなわち固有方程式 $\phi_A(\lambda)=0$ が重解を持たなければ，A は対角化可能である．

次の3つの行列について，対角化を考えよう．前章の例題2，3，4で固有値および固有ベクトルを求めたので，その結果を利用する．

》》》例題 1. 以下の行列が対角化可能かどうかを判断し，可能な場合には対角化せよ．

(1) $A=\begin{pmatrix}1&2&2\\1&2&0\\1&-1&1\end{pmatrix}$　(2) $B=\begin{pmatrix}-1&1&1\\0&1&0\\-2&1&2\end{pmatrix}$　(3) $C=\begin{pmatrix}1&1\\0&1\end{pmatrix}$

証明 (1) 固有値は $\lambda=-1, 2, 3$ であり，すべて異なることから，定理13.3により，対角化可能である．前章例題2において $t=1$ とした固有ベクトル（他の値でもかまわない）を並べると，以下の正則行列を得る．

$$P=\begin{pmatrix}-3 & 0 & 1\\ 1 & -1 & 1\\ 2 & 1 & 0\end{pmatrix}$$

これより，A を対角化すると，

$$P^{-1}AP=\begin{pmatrix}-1 & 0 & 0\\ 0 & 2 & 0\\ 0 & 0 & 3\end{pmatrix}$$

実際，P の逆行列を求めると，

$$P^{-1}=\frac{1}{6}\begin{pmatrix}-1 & 1 & 1\\ 2 & -2 & 4\\ 3 & 3 & 3\end{pmatrix}$$

であり，

$$P^{-1}AP=\frac{1}{6}\begin{pmatrix}-1 & 1 & 1\\ 2 & -2 & 4\\ 3 & 3 & 3\end{pmatrix}\begin{pmatrix}1 & 2 & 2\\ 1 & 2 & 0\\ 1 & -1 & 1\end{pmatrix}\begin{pmatrix}-3 & 0 & 1\\ 1 & -1 & 1\\ 2 & 1 & 0\end{pmatrix}=\begin{pmatrix}-1 & 0 & 0\\ 0 & 2 & 0\\ 0 & 0 & 3\end{pmatrix}$$

であることが確かめられる．

(2) 固有値は $\lambda=0,\ 1$ である．$\lambda=0$ に対する固有ベクトルの 1 つとして前章例題 3 より，

$$\boldsymbol{p}_1=\begin{pmatrix}1\\ 0\\ 1\end{pmatrix}$$

を選ぶ．また，$\lambda=1$ に対する固有ベクトルで，$(t_1,\ t_2)=(1,\ 0),\ (0,\ 1)$ をそれぞれ代入して，2 つの固有ベクトル

$$\boldsymbol{p}_2=\begin{pmatrix}1\\ 2\\ 0\end{pmatrix},\quad \boldsymbol{p}_3=\begin{pmatrix}1\\ 0\\ 2\end{pmatrix}$$

が得られ，$\boldsymbol{p}_1,\ \boldsymbol{p}_2,\ \boldsymbol{p}_3$ は 1 次独立である．よって，定理 13.1 により，B は対角化可能である．すなわち，B の対角化行列 P を求めると，

$$P=(\boldsymbol{p}_1\quad \boldsymbol{p}_2\quad \boldsymbol{p}_3)=\begin{pmatrix}1 & 1 & 1\\ 0 & 2 & 0\\ 1 & 0 & 2\end{pmatrix}$$

に対し，

$$P^{-1}BP=\begin{pmatrix}0 & 0 & 0\\ 0 & 1 & 0\\ 0 & 0 & 1\end{pmatrix}$$

(3) 固有値は1のみであり，固有ベクトルは

$$\boldsymbol{x} = t\begin{pmatrix}1\\0\end{pmatrix} \quad (t \neq 0,\ t\text{は任意定数})$$

と表される．tを変化させてどのような2つの固有ベクトルを選んでも，それらは1次従属となる．よって，1次独立な固有ベクトルは1つしか選べない．定理13.1により，Cは対角化不可能である． □

練習問題 1 以下の行列が対角化可能かどうかを調べ，可能な場合には対角化せよ．

(1) $\begin{pmatrix}1 & 4 & 6\\0 & 2 & 5\\0 & 0 & 3\end{pmatrix}$ (2) $\begin{pmatrix}0 & -1 & 1\\-1 & 0 & 1\\-3 & 3 & 0\end{pmatrix}$ (3) $\begin{pmatrix}1 & 0 & 0\\1 & 2 & 1\\0 & 0 & 1\end{pmatrix}$

行列の累乗 対角化を利用して行列の累乗を計算しよう．

》》》例題 2. 以下の行列Aについて，A^nを求めよ．

$$A = \begin{pmatrix}1 & 2 & 2\\1 & 2 & 0\\1 & -1 & 1\end{pmatrix}$$

《《《 解答 対角化については，例題1の(1)で行ったので，その結果を利用する．

$$P = \begin{pmatrix}-3 & 0 & 1\\1 & -1 & 1\\2 & 1 & 0\end{pmatrix}, \quad P^{-1} = \frac{1}{6}\begin{pmatrix}-1 & 1 & 1\\2 & -2 & 4\\3 & 3 & 3\end{pmatrix}$$

により，

$$P^{-1}AP = \begin{pmatrix}-1 & 0 & 0\\0 & 2 & 0\\0 & 0 & 3\end{pmatrix} = \Lambda(-1,\ 2,\ 3)$$

であった．これより，$A = P\Lambda(-1,\ 2,\ 3)P^{-1}$であるため，

$$\begin{aligned}A^n &= (P\Lambda(-1,\ 2,\ 3)P^{-1})(P\Lambda(-1,\ 2,\ 3)P^{-1})\cdots(P\Lambda(-1,\ 2,\ 3)P^{-1})\\&= P\Lambda(-1,\ 2,\ 3)^nP^{-1}\end{aligned}$$

対角行列をn乗すると，各対角成分がn乗される．

よって，$\Lambda(-1,\ 2,\ 3)^n = \Lambda((-1)^n,\ 2^n,\ 3^n)$なので，

$$A^n = \frac{1}{6}\begin{pmatrix} -3 & 0 & 1 \\ 1 & -1 & 1 \\ 2 & 1 & 0 \end{pmatrix}\begin{pmatrix} (-1)^n & 0 & 0 \\ 0 & 2^n & 0 \\ 0 & 0 & 3^n \end{pmatrix}\begin{pmatrix} -1 & 1 & 1 \\ 2 & -2 & 4 \\ 3 & 3 & 3 \end{pmatrix}$$

$$= \frac{1}{6}\begin{pmatrix} 3(-1)^n+3^{n+1} & 3(-1)^{n+1}+3^{n+1} & 3(-1)^{n+1}+3^{n+1} \\ (-1)^{n+1}-2^{n+1}+3^{n+1} & (-1)^n+2^{n+1}+3^{n+1} & (-1)^n-2^{n+2}+3^{n+1} \\ 2(-1)^{n+1}+2^{n+1} & 2(-1)^n-2^{n+1} & 2(-1)^n+2^{n+2} \end{pmatrix}$$

練習問題 2 対角化を利用して，以下の行列の n 乗を計算せよ．

(1) $\begin{pmatrix} 1 & 2 \\ 2 & 1 \end{pmatrix}$ (2) $\begin{pmatrix} 0 & 1 \\ -1 & 0 \end{pmatrix}$ (3) $\begin{pmatrix} 0 & -1 & -2 \\ 2 & 3 & 2 \\ 1 & 1 & 3 \end{pmatrix}$

2 確率行列と飽和状態

マルコフ過程 前章の人口移動の問題に戻ってみよう．時点 n での地域Aと地域Bの人口をそれぞれ a_n，b_n $(n=0, 1, 2, \cdots)$ としたとき，各時点の人口の間には以下の関係が成り立っていた．

$$\begin{pmatrix} a_{n+1} \\ b_{n+1} \end{pmatrix} = P\begin{pmatrix} a_n \\ b_n \end{pmatrix} = \begin{pmatrix} p_{11} & p_{12} \\ p_{21} & p_{22} \end{pmatrix}\begin{pmatrix} a_n \\ b_n \end{pmatrix} = \begin{pmatrix} p_{11}a_n+p_{12}b_n \\ p_{21}a_n+p_{22}b_n \end{pmatrix}$$

最初に確率行列の定義から，$p_{11}+p_{12}=1$，$p_{21}+p_{22}=1$ であるから

$$\begin{aligned} a_{n+1}+b_{n+1} &= (p_{11}a_n+p_{12}b_n)+(p_{21}a_n+p_{22}b_n) \\ &= (p_{11}+p_{21})a_n+(p_{12}+p_{22})b_n \\ &= a_n+b_n \end{aligned}$$

となり，各時点での地域Aと地域Bの人口の総数は一定であることに注意する．

そこで，この人口の総数を T とおき，上の人口の推移式の両辺を T で割ると，

$$\frac{1}{T}\begin{pmatrix} a_{n+1} \\ b_{n+1} \end{pmatrix} = P\frac{1}{T}\begin{pmatrix} a_n \\ b_n \end{pmatrix}$$

ここで，

$$\begin{pmatrix} \alpha_n \\ \beta_n \end{pmatrix} = \frac{1}{T}\begin{pmatrix} a_n \\ b_n \end{pmatrix} = \frac{1}{a_n+b_n}\begin{pmatrix} a_n \\ b_n \end{pmatrix} \quad (n=0, 1, \cdots)$$

と定義すると，

$$\begin{pmatrix} \alpha_{n+1} \\ \beta_{n+1} \end{pmatrix} = \frac{1}{T}\begin{pmatrix} a_{n+1} \\ b_{n+1} \end{pmatrix} = P\frac{1}{T}\begin{pmatrix} a_n \\ b_n \end{pmatrix} = P\begin{pmatrix} \alpha_n \\ \beta_n \end{pmatrix}$$

という関係式が成立する.

$\begin{pmatrix}\alpha_n\\ \beta_n\end{pmatrix}$ は，各時点における地域ごとの人口の割合であり，非負の成分を持ち総和が1のベクトル，すなわち確率ベクトルであることに注意しよう．上の推移式は，地域ごとの人口の割合がどのように変化していくかという推移式を表している.

このように，確率ベクトルで表された状態が，確率行列をかけることによって，状態が推移していく過程を**マルコフ過程**とよぶ.

人口に関する推移式と同様に，初期の状態を $\begin{pmatrix}\alpha_0\\ \beta_0\end{pmatrix}$ とおくと，n 時点での状態は

$$\begin{pmatrix}\alpha_n\\ \beta_n\end{pmatrix} = P\begin{pmatrix}\alpha_{n-1}\\ \beta_{n-1}\end{pmatrix} = P^2\begin{pmatrix}\alpha_{n-2}\\ \beta_{n-2}\end{pmatrix} = \cdots = P^n\begin{pmatrix}\alpha_0\\ \beta_0\end{pmatrix}$$

と表される．時間の推移を大きくしていくことで，上記がある一定の状態に収束するかどうか，あるいは収束するとしたらどこへ収束するだろうか，というのは自然な疑問であろう．第12章3節の冒頭における確率行列の例で見てみよう.

[例 1] 次の確率行列

$$P = \begin{pmatrix}0.9 & 0.2\\ 0.1 & 0.8\end{pmatrix}$$

と任意の初期状態の確率ベクトル $\begin{pmatrix}\alpha_0\\ \beta_0\end{pmatrix}$ に対し,

$$\lim_{n\to\infty}\begin{pmatrix}\alpha_n\\ \beta_n\end{pmatrix} = \lim_{n\to\infty}P^n\begin{pmatrix}\alpha_0\\ \beta_0\end{pmatrix}$$

を考えよう．P を対角化するために，固有値を求めると，P の固有方程式は

$$|\lambda E-P| = \begin{vmatrix}\lambda-0.9 & -0.2\\ -0.1 & \lambda-0.8\end{vmatrix} = (\lambda-1)(\lambda-0.7) = 0$$

となり，固有値は $\lambda=0.7$, 1 である．重解を持たないことから定理13.3により，対角化可能である．それぞれの固有値に対する固有ベクトルを並べて得られる行列を Q とし，その逆行列を Q^{-1} とすると,

$$Q = \begin{pmatrix}1 & 2\\ -1 & 1\end{pmatrix},\qquad Q^{-1} = \frac{1}{3}\begin{pmatrix}1 & -2\\ 1 & 1\end{pmatrix}$$

が選べ,

$$Q^{-1}PQ = \begin{pmatrix}0.7 & 0\\ 0 & 1\end{pmatrix}$$

と対角化される．ここで，両辺に左から Q，右から Q^{-1} をかけると

$$P=\frac{1}{3}\begin{pmatrix}1 & 2\\ -1 & 1\end{pmatrix}\begin{pmatrix}0.7 & 0\\ 0 & 1\end{pmatrix}\begin{pmatrix}1 & -2\\ 1 & 1\end{pmatrix}$$

となり，P^n を計算すると

$$P^n=\frac{1}{3}\begin{pmatrix}1 & 2\\ -1 & 1\end{pmatrix}\begin{pmatrix}0.7 & 0\\ 0 & 1\end{pmatrix}^n\begin{pmatrix}1 & -2\\ 1 & 1\end{pmatrix}=\frac{1}{3}\begin{pmatrix}2+0.7^n & 2-2\times0.7^n\\ 1-0.7^n & 1+2\times0.7^n\end{pmatrix}$$

となる．よって，$\alpha_0+\beta_0=1$を用いると

$$\lim_{n\to\infty}\begin{pmatrix}\alpha_n\\ \beta_n\end{pmatrix}=\lim_{n\to\infty}P^n\begin{pmatrix}\alpha_0\\ \beta_0\end{pmatrix}=\frac{1}{3}\begin{pmatrix}2 & 2\\ 1 & 1\end{pmatrix}\begin{pmatrix}\alpha_0\\ \beta_0\end{pmatrix}=\begin{pmatrix}\frac{2}{3} & \frac{2}{3}\\ \frac{1}{3} & \frac{1}{3}\end{pmatrix}\begin{pmatrix}\alpha_0\\ \beta_0\end{pmatrix}=\begin{pmatrix}\frac{2}{3}\\ \frac{1}{3}\end{pmatrix}$$

上記の例は，十分時間が経過した後，初期状態に関わらず，一定の人口割合（A市に2/3，B市に1/3）に落ち着くことを示唆している．このように，任意の確率ベクトル $\boldsymbol{\pi}$ に対し，$P^n\boldsymbol{\pi}$ が $n\to\infty$ において一定の確率ベクトルに収束するとき，その収束先を確率行列 P の**飽和状態**とよぶ．

しかし，飽和状態は常に存在するとは限らない．たとえば，

$$P=\begin{pmatrix}0 & 1\\ 1 & 0\end{pmatrix}$$

において，初期状態が $\begin{pmatrix}1\\ 0\end{pmatrix}$ であったとすると，$P^2=E$ であるため，

$$P^n\begin{pmatrix}1\\ 0\end{pmatrix}=\begin{cases}\begin{pmatrix}0\\ 1\end{pmatrix} & n\text{ が奇数}\\[2ex] \begin{pmatrix}1\\ 0\end{pmatrix} & n\text{ が偶数}\end{cases}$$

となり，$n\to\infty$ のとき一定のベクトルに収束することはない．

ここでは飽和状態が存在するための条件と，定常状態との関係を紹介する[2)]．確率行列 P が**強連結**であるとは，ある自然数 $m>0$ が存在し，P^m の成分がすべて正となる．すなわち，十分な時間が経過した後ならば，どの状態へも遷移できる可能性が生じることと解釈できる．たとえば，すでに全成分が正である確率行列は強連結である．

---

2) 詳細については，たとえば伏見正則『確率と確率過程』（2004，朝倉書店），S.カーリン著・佐藤健一・佐藤由身子訳『確率過程講義』（1974，産業図書）等を参照されたい．

[例 2]

$$P=\begin{pmatrix}0 & 0.5 & 0 & 0.5\\ 0.5 & 0 & 0.5 & 0\\ 0 & 0.5 & 0 & 0.5\\ 0.5 & 0 & 0.5 & 0\end{pmatrix}$$

とすると，

$$P^2=\begin{pmatrix}0.5 & 0 & 0.5 & 0\\ 0 & 0.5 & 0 & 0.5\\ 0.5 & 0 & 0.5 & 0\\ 0 & 0.5 & 0 & 0.5\end{pmatrix}$$

となる．しかし，$P^3=P$，$P^4=P^2$ となり，偶数乗と奇数乗で周期性を持つ．$P^{2n+1}=P$，$P^{2n}=P^2$ である．よって，どこかに 0 を含むため，強連結ではない．

さらに次の行列を考えてみよう．

$$Q=\begin{pmatrix}0 & 0.9 & 0 & 0.1\\ 0.8 & 0 & 0 & 0\\ 0 & 0.1 & 0 & 0\\ 0.2 & 0 & 1 & 0.9\end{pmatrix}$$

これは，

$$Q^2=\begin{pmatrix}0.74 & 0 & 0.1 & 0.09\\ 0 & 0.72 & 0 & 0.08\\ 0.08 & 0 & 0 & 0\\ 0.18 & 0.28 & 0.9 & 0.83\end{pmatrix}$$

となる．以下，計算すると，

$$Q^3=\begin{pmatrix}\bullet & \bullet & \bullet & \bullet\\ \bullet & 0 & \bullet & \bullet\\ 0 & \bullet & 0 & \bullet\\ \bullet & \bullet & \bullet & \bullet\end{pmatrix},\qquad Q_4=\begin{pmatrix}\bullet & \bullet & \bullet & \bullet\\ \bullet & \bullet & \bullet & \bullet\\ \bullet & 0 & \bullet & \bullet\\ \bullet & \bullet & \bullet & \bullet\end{pmatrix}$$

となる．ただし，$\bullet$ は $\bullet\neq 0$ となる成分を表している．そしてついに $Q^5=(a_{ij})$ は，任意の i，j に対し，$a_{ij}>0$ である．これより，Q は強連結である．

次はマルコフ過程における重要な事実である．証明は省略する．

定理 13.4. 強連結な確率行列 P に対し，以下が成り立つ．

(1) P の定常状態は一意的に存在する．

(2) P の飽和状態が存在し，定常状態と一致する．

章末問題I

1．次の行列が対角化可能かどうかを調べ，可能な場合には対角化せよ．

(1) $\begin{pmatrix} 0 & -1 & -1 \\ 2 & 3 & 2 \\ 0 & 0 & 1 \end{pmatrix}$ (2) $\begin{pmatrix} 0 & 1 & -i \\ -1 & 0 & -1 \\ i & 1 & 0 \end{pmatrix}$ (3) $\begin{pmatrix} 3 & 1 & -1 \\ 2 & 6 & 3 \\ -2 & -1 & 2 \end{pmatrix}$

2．対角化を利用して，次の行列の n 乗を計算せよ．

(1) $\begin{pmatrix} -1 & 0 \\ 1 & 2 \end{pmatrix}$ (2) $\begin{pmatrix} 1 & i \\ i & 1 \end{pmatrix}$ (3) $\begin{pmatrix} -1 & 1 & -1 \\ -4 & 3 & -2 \\ 2 & -1 & 2 \end{pmatrix}$

3．対角化可能な n 次正方行列 A の固有値を λ_1，…，λ_n としたとき，次の等式を示せ．

$$\mathrm{tr}(A^m) = \sum_{i=1}^{n} \lambda_i^m$$

章末問題II

1．確率行列

$$P = \begin{pmatrix} 0.8 & 0.2 \\ 0.2 & 0.8 \end{pmatrix}$$

について下記の問いに答えよ．

(1) 確率行列 P の固有値と固有ベクトルを求めよ．

(2) 確率行列 P の n 乗を求め，飽和状態を求めよ．

2．次の確率行列が強連結かどうかを調べよ．

(1) $\begin{pmatrix} 0 & 0.5 & 0.5 \\ 0.5 & 0 & 0.5 \\ 0.5 & 0.5 & 0 \end{pmatrix}$ (2) $\begin{pmatrix} 0.2 & 0 & 1 \\ 0.3 & 1 & 0 \\ 0.5 & 0 & 0 \end{pmatrix}$ (3) $\begin{pmatrix} 0.5 & 0 & 0.5 \\ 0.5 & 1 & 0 \\ 0 & 0 & 0.5 \end{pmatrix}$

3．$0<t<1$ に対し，次の行列の飽和状態を求めよ．

$$\begin{pmatrix} 1-t & t \\ t & 1-t \end{pmatrix}$$

第 14 章　行列の三角化

本章では，正方行列の三角化について紹介し，分散共分散行列などの対称行列の性質を紹介する．最後に 2 変数データに対する主成分分析を紹介する．

1 複素内積と随伴

複素行列と複素ベクトルについては，実行列と実ベクトルに対して今まで学んできたほぼすべての概念で全く同じ操作を考えることができるが，共役を考えるべき場面においては注意しなければならない．その代表として，複素ベクトルの内積が挙げられる．ここで，複素ベクトル $\boldsymbol{x}=(x_i)$ および複素行列 $A=(a_{ij})$ の共役とは，各成分に対し共役をとったものとして定義する．すなわち，$\overline{\boldsymbol{x}}=(\overline{x_i})$ および，$\overline{A}=(\overline{a_{ij}})$ というベクトルと行列を考える．

複素内積　2 つの n 次実ベクトル $\boldsymbol{x}$，$\boldsymbol{y}$ に対して，それらの内積 $\langle \boldsymbol{x},\ \boldsymbol{y}\rangle$ は次で定義されていた．

$$\langle \boldsymbol{x},\ \boldsymbol{y}\rangle = {}^t\boldsymbol{x}\boldsymbol{y} = \sum_{i=1}^{n} x_i y_i$$

ところが，複素ベクトルの場合には片方の共役をとって考える．

定義 14.1. 2 つの n 次複素ベクトル $\boldsymbol{x}$，$\boldsymbol{y}$ に対し，それらの内積 $\langle \boldsymbol{x},\ \boldsymbol{y}\rangle$ を次で定義する．

$$\langle \boldsymbol{x},\ \boldsymbol{y}\rangle = {}^t\boldsymbol{x}\overline{\boldsymbol{y}} = \sum_{i=1}^{n} x_i \overline{y_i}$$

[例 1]

$$\boldsymbol{x}=\begin{pmatrix}1+i\\1-2i\end{pmatrix},\qquad \boldsymbol{y}=\begin{pmatrix}3+i\\4-i\end{pmatrix}$$

に対し，

$$\langle \boldsymbol{x},\ \boldsymbol{y}\rangle = (1+i)\overline{(3+i)}+(1-2i)\overline{(4-i)}$$

$$= (1+i)(3-i)+(1-2i)(4+i) = 10-5i$$

複素ベクトルの内積における性質も，共役について注意すべき箇所がある．上記の定義に注意すると，次の性質が確かめられる．

定理 14.1. 複素ベクトルの内積について，次が成り立つ．

(1) $\langle \boldsymbol{x},\ \boldsymbol{y}\rangle = \overline{\langle \boldsymbol{y},\ \boldsymbol{x}\rangle}$

(2) $\langle \boldsymbol{x}+\boldsymbol{y},\ \boldsymbol{z}\rangle = \langle \boldsymbol{x},\ \boldsymbol{z}\rangle+\langle \boldsymbol{y},\ \boldsymbol{z}\rangle$，$\langle \boldsymbol{x},\ \boldsymbol{y}+\boldsymbol{z}\rangle = \langle \boldsymbol{x},\ \boldsymbol{y}\rangle+\langle \boldsymbol{x},\ \boldsymbol{z}\rangle$

(3) $\langle k\boldsymbol{x},\ \boldsymbol{y}\rangle = k\langle \boldsymbol{x},\ \boldsymbol{y}\rangle$，$\langle \boldsymbol{x},\ k\boldsymbol{y}\rangle = \overline{k}\langle \boldsymbol{x},\ \boldsymbol{y}\rangle$ （ただし，k は複素数）

(4) $\langle \boldsymbol{x},\ \boldsymbol{x}\rangle \geqq 0$ ただし，等号成立は $\boldsymbol{x}=\boldsymbol{0}$ に限る．

通常，複素ベクトルの内積は複素数になるが，上記の(4)が意味するのは，同じ複素ベクトルの内積は実数でありかつ非負であるということである．よって，複素ベクトル $\boldsymbol{x}$ に対しても，その大きさ（長さ）が次で与えられる．

$$\|\boldsymbol{x}\| = \sqrt{\langle \boldsymbol{x},\ \boldsymbol{x}\rangle}$$

[例 2]

$$\boldsymbol{x} = \begin{pmatrix} 1+i \\ 1-2i \end{pmatrix}$$

に対し，

$$\|\boldsymbol{x}\| = \sqrt{\langle \boldsymbol{x},\ \boldsymbol{x}\rangle} = \sqrt{(1+i)\overline{(1+i)}+(1-2i)\overline{(1-2i)}}$$
$$= \sqrt{(1+i)(1-i)+(1-2i)(1+2i)} = \sqrt{2+5} = \sqrt{7}$$

また，2つの複素ベクトル $\boldsymbol{x}$，$\boldsymbol{y}$ が $\langle \boldsymbol{x},\ \boldsymbol{y}\rangle=0$ となるとき，$\boldsymbol{x}$，$\boldsymbol{y}$ は直交するという．

随伴 複素行列でも行と列を入れ替える転置の操作が考えられるが，同時に共役を考える場合が多い．$A^*={}^t\overline{A}$ を A の随伴行列あるいは単に随伴とよぶ．共役と転置をとる順番はどちらが先でも一致することに注意する．A が実行列の場合には，$\overline{A}=A$ であり，$A^*={}^tA$ である．

[例 3]

$$A = \begin{pmatrix} 1 & 2i & 3+i \\ 4-i & 5+2i & 6-3i \end{pmatrix}$$

であるとき，

$$A^*=\begin{pmatrix}1 & 4+i\\ -2i & 5-2i\\ 3-i & 6+3i\end{pmatrix}$$

随伴に関しても，転置と同様の性質が成り立つ．

定理 14.2. 行列の随伴に関して次のことが成り立つ．

(1) $(A^*)^*=A$

(2) $(kA)^*=\bar{k}A^*$，ただし，k は定数

(3) $(A+B)^*=A^*+B^*$

(4) A を $(m,\ n)$ 行列，B を $(n,\ \ell)$ 行列とすると，$(AB)^*=B^*A^*$

第 3 章で学んだ実行列の転置と実ベクトルの内積の関係（定理 3.2）は，次の複素行列の随伴と複素ベクトルの内積の関係に拡張される．

定理 14.3. A を n 次の正方行列，$\boldsymbol{x}$，$\boldsymbol{y}$ を n 次のベクトルとする．このとき，次の等式が成り立つ．

$$\langle A\boldsymbol{x},\ \boldsymbol{y}\rangle=\langle \boldsymbol{x},\ A^*\boldsymbol{y}\rangle$$

エルミート行列・反エルミート行列　実行列においては，転置によって変わらない対称行列と，符号の変わる交代行列を紹介した．複素行列においては，随伴によって変わらない（$A^*=A$ となる）正方行列をエルミート行列とよび，符号が変わる（$A^*=-A$ となる）正方行列を反エルミート行列とよぶ．

[例 4]　次の行列はエルミート行列である．

$$\begin{pmatrix}1 & 1+i\\ 1-i & 2\end{pmatrix},\quad \begin{pmatrix}1 & 2+i & 0\\ 2-i & 2 & -i\\ 0 & i & 0\end{pmatrix}$$

また，次の行列は反エルミート行列である．

$$\begin{pmatrix}i & 1\\ -1 & i\end{pmatrix},\quad \begin{pmatrix}i & 1+i & 1\\ -1+i & 2i & i\\ -1 & i & 3i\end{pmatrix}$$

》》》**例題** 1. エルミート行列の対角成分は実数である.

《《《 **解答** $A=(a_{ij})$ をエルミート行列とする. $A^*=(b_{ij})$ とおくと, $b_{ij}=\overline{a_{ji}}$ である. 仮定より, $a_{ij}=b_{ij}=\overline{a_{ji}}$ である. よって対角成分については, $a_{ii}=\overline{a_{ii}}$ である. これより, 共役をとって変わらないのだから, a_{ii} はすべての i について実数である.

練習問題 1 反エルミート行列の対角成分は純虚数であることを示せ.

ユニタリ行列 実行列においては, ${}^tAA=A{}^tA=E$ となる正方行列 A を直交行列とよんだ. すなわち, $A^{-1}={}^tA$ となる正方行列である. 複素行列においては, 随伴を用いて, $A^*A=AA^*=E$ となる正方行列 A を, ユニタリ行列とよぶ. すなわち, $A^{-1}=A^*$ となる正方行列である.

[例 5] 次の行列はユニタリ行列である.

$$\frac{1}{\sqrt{3}}\begin{pmatrix} 1 & 1-i \\ 1+i & 1 \end{pmatrix}, \quad \frac{1}{\sqrt{2}}\begin{pmatrix} 1 & 1 \\ -i & i \end{pmatrix}, \quad \frac{1}{2}\begin{pmatrix} 2 & 0 & 0 \\ 0 & i & \sqrt{3} \\ 0 & \sqrt{3} & i \end{pmatrix}$$

練習問題 2 次の行列がユニタリ行列であることを示せ.

$$\begin{pmatrix} 1 & 0 & 0 \\ 0 & i\cos\theta & \sin\theta \\ 0 & \sin\theta & i\cos\theta \end{pmatrix}$$

直交行列どうしの積が再び直交行列になった (定理 3.4) のと同様に, ユニタリ行列どうしの積は再びユニタリ行列となる. 証明は定理 3.4 の証明を随伴で行えば示せるので省略する.

定理 14.4. A, B がユニタリ行列ならば, AB もユニタリ行列である.

次は直交行列の性質として定理 3.5 で紹介したものをユニタリ行列で読み替えたものである. 証明もほぼ同様なので省略する.

定理 14.5. A を n 次の正方行列としたとき，以下の条件は同値である．

(1) A はユニタリ行列である．

(2) 任意の n 次の複素ベクトル $\boldsymbol{x}$ に対し，$\|A\boldsymbol{x}\|=\|\boldsymbol{x}\|$

(3) 任意の n 次の複素ベクトル $\boldsymbol{x}$，$\boldsymbol{y}$ に対し，$\langle A\boldsymbol{x},\ A\boldsymbol{y}\rangle=\langle \boldsymbol{x},\ \boldsymbol{y}\rangle$

(4) $(\boldsymbol{a}_1\ \cdots\ \boldsymbol{a}_n)$ を A の列ベクトル表示としたとき，

$$\langle \boldsymbol{a}_i,\ \boldsymbol{a}_j\rangle = \begin{cases} 1 & (i=j\text{ のとき}) \\ 0 & (i\neq j\text{ のとき}) \end{cases}$$

上記の定理における(4)の条件は，A の各列ベクトルが，1 次独立な n 個の n 次複素ベクトル（$\mathbb{C}^n$ の基底[1]）であり，互いに直交し，大きさが 1 であることを意味している．すなわち，ユニタリ行列 $A=(\boldsymbol{a}_1\ \cdots\ \boldsymbol{a}_n)$ に対し，$\boldsymbol{a}_1,\ \cdots,\ \boldsymbol{a}_n$ は $\mathbb{C}^n$ の正規直交基底である．第 10 章で学んだグラム-シュミットの直交化法は複素ベクトルに対しても適用でき，任意の $\mathbb{C}^n$ の基底から正規直交基底を構成することができる．

2 行列の三角化

行列の三角化　前章で見たように，対角化が不可能な正方行列が存在する．

定理 14.6. O ではないベキ零行列 N は対角化できない．

証明　零行列ではないベキ零行列 $N\neq O$ が対角化可能であったとしよう．このとき，$P^{-1}NP$ が対角行列となる正則行列 P が存在する．N がベキ零行列なので，

$$(P^{-1}NP)^m = P^{-1}N^mP = O$$

となる $m\geqq 2$ が存在する．しかし，N は零行列ではないため，対角行列 $P^{-1}NP$ も零行列ではない．よって，その累乗 $(P^{-1}NP)^m$ も零行列ではないため矛盾する．すなわち，N は対角化できない．□

対角行列に次いで扱いやすい行列として，三角行列が挙げられる．

1) $\mathbb{C}$ は複素数（complex number）全体を表し，$\mathbb{C}^n$ で n 次複素ベクトル全体を表している．

定義 14.2. 正方行列 A が上三角行列と相似であるとき，A は**三角化可能**という．

n 次正方行列 A が三角化可能であるとき，ある正則行列 P が存在し，

$$P^{-1}AP=\begin{pmatrix}\lambda_1 & & & \\ 0 & \lambda_2 & * & \\ \vdots & \vdots & \ddots & \\ 0 & 0 & \cdots & \lambda_n\end{pmatrix}$$

と表すことができる．A の固有多項式は，

$$\phi_A(\lambda)=\phi_{P^{-1}AP}(\lambda)=(\lambda-\lambda_1)\cdots(\lambda-\lambda_n)$$

となり，$P^{-1}AP$ の対角成分に並ぶ λ_1，$\cdots$，λ_n は A の固有値である．

上三角行列は下三角行列に相似なので，下三角行列と相似な行列が三角化可能と考えてもよい．三角化に関して次の事実は重要である．

定理 14.7. 任意の正方行列 A は三角化可能である．特に，A に対して適当なユニタリ行列 U をとると，$U^{-1}AU$ が三角行列となる．

証明 n についての帰納法を用いる．$n=1$ のとき，$A=(a_{11})$ はすでに三角行列であるため，$U=(1)$ という単位行列により，$U^{-1}AU=A$ は三角行列である．次に，$(n-1)$ 次の正方行列はユニタリ行列によって三角化可能と仮定する．n 次正方行列 A の固有値 λ_1 に対する固有ベクトル $\boldsymbol{x}_1$ で $\|\boldsymbol{x}_1\|=1$ となるものを選ぶ．定理 10.5 と同様の方法で，$\boldsymbol{x}_1$ を含む形で，$\mathbb{C}^n$ の基底

$$\boldsymbol{x}_1,\ \boldsymbol{x}_2,\ \cdots,\ \boldsymbol{x}_n$$

を得ることができる．また，グラム-シュミットの直交化法を施せば，上記は正規直交基底と考えてよい．よって，

$$V=(\boldsymbol{x}_1\ \ \boldsymbol{x}_2\ \ \cdots\ \ \boldsymbol{x}_n)$$

はユニタリ行列である．$V^{-1}V=E$ の第 1 列に着目すると，$V^{-1}\boldsymbol{x}_1=\boldsymbol{e}_1$ より，

$$\begin{aligned}V^{-1}AV&=(V^{-1}A\boldsymbol{x}_1\ \ V^{-1}A\boldsymbol{x}_2\ \ \cdots\ \ V^{-1}A\boldsymbol{x}_n)\\&=(V^{-1}\lambda_1\boldsymbol{x}_1\ \ V^{-1}A\boldsymbol{x}_2\ \ \cdots\ \ V^{-1}A\boldsymbol{x}_n)\\&=(\lambda_1V^{-1}\boldsymbol{x}_1\ \ V^{-1}A\boldsymbol{x}_2\ \ \cdots\ \ V^{-1}A\boldsymbol{x}_n)\\&=(\lambda_1\boldsymbol{e}_1\ \ V^{-1}A\boldsymbol{x}_2\ \ \cdots\ \ V^{-1}A\boldsymbol{x}_n)\end{aligned}$$

$$
=\begin{pmatrix} \lambda_1 & * & \cdots & * \\ 0 & & & \\ \vdots & & B & \\ 0 & & & \end{pmatrix}=\begin{pmatrix} \lambda_1 & * \\ 0 & B \end{pmatrix}
$$

となる．ただし，最後の表記は，(1，1)成分を1つのブロックとした 2×2 個のブロック分割として表している．$(n-1)$ 次の正方行列 B について，帰納法の仮定よりユニタリ行列 W が存在し，

$$
W^{-1}BW=\begin{pmatrix} \lambda_2 & & & \\ 0 & \lambda_3 & & * \\ \vdots & \vdots & \ddots & \\ 0 & 0 & \cdots & \lambda_n \end{pmatrix}
$$

となる．このとき，

$$
U=V\begin{pmatrix} 1 & 0 & \cdots & 0 \\ 0 & & & \\ \vdots & & W & \\ 0 & & & \end{pmatrix}=V\begin{pmatrix} 1 & 0 \\ 0 & W \end{pmatrix}
$$

とおくと，U はユニタリ行列である．ブロック分割された行列の積の性質（定理2.3）および逆行列の性質（定理5.2）により，

$$
\begin{aligned}
U^{-1}AU &= \begin{pmatrix} 1 & 0 \\ 0 & W^{-1} \end{pmatrix} V^{-1}AV \begin{pmatrix} 1 & 0 \\ 0 & W \end{pmatrix} \\
&= \begin{pmatrix} 1 & 0 \\ 0 & W^{-1} \end{pmatrix}\begin{pmatrix} \lambda_1 & * \\ 0 & B \end{pmatrix}\begin{pmatrix} 1 & 0 \\ 0 & W \end{pmatrix} \\
&= \begin{pmatrix} \lambda_1 & * \\ 0 & W^{-1}BW \end{pmatrix}=\begin{pmatrix} \lambda_1 & & & \\ 0 & \lambda_2 & & * \\ \vdots & \vdots & \ddots & \\ 0 & 0 & \cdots & \lambda_n \end{pmatrix}
\end{aligned}
$$

よって任意の正方行列 A はユニタリ行列 U により，三角化可能である． □

定理 14.8. 正方行列 A の成分がすべて実数で，固有値もすべて実数ならば，実直交行列 P が存在し，$P^{-1}AP$ が三角行列となる．

証明　行列の成分と固有値がすべて実数ならば，実係数の連立1次方程式の解として求める固有ベクトルも実ベクトルとしてとれる．定理14.7の証明と同様に，実ベクトルの正規直交基底を並べた直交行列 P により，$P^{-1}AP$が 三角行列とな

る. □

》》例題 2. 次の行列を直交行列を用いて三角化せよ.

$$A=\begin{pmatrix}1 & -9\\ 1 & -5\end{pmatrix}$$

《《解答 A の固有値は -2 のみである（ちなみに1次独立な固有ベクトルは1つしかとれないため，対角化は不可能である）．固有値 -2 に対応する固有ベクトルのうち大きさが1のものとして，

$$\frac{1}{\sqrt{10}}\begin{pmatrix}3\\ 1\end{pmatrix}$$

を選ぶ．また，このベクトルに直交して大きさが1のベクトルとして，

$$\frac{1}{\sqrt{10}}\begin{pmatrix}-1\\ 3\end{pmatrix}$$

が考えられ，これらを並べてできた直交行列

$$P=\frac{1}{\sqrt{10}}\begin{pmatrix}3 & -1\\ 1 & 3\end{pmatrix}$$

を考えると，

$$P^{-1}AP=\frac{1}{10}\begin{pmatrix}3 & 1\\ -1 & 3\end{pmatrix}\begin{pmatrix}1 & -9\\ 1 & -5\end{pmatrix}\begin{pmatrix}3 & -1\\ 1 & 3\end{pmatrix}=\begin{pmatrix}-2 & -10\\ 0 & -2\end{pmatrix}$$

標準分散共分散行列などに代表される実対称行列に対しては，次の事実が重要である．

定理 14.9. A を実対称行列とすると，その固有値は実数であり，その固有ベクトルも実ベクトルとなる．

証明 A の固有値を λ とすると，その固有ベクトル $\boldsymbol{x}$ に対し，$A\boldsymbol{x}=\lambda\boldsymbol{x}$ が成り立つので次の式が得られる．

$$\langle A\boldsymbol{x},\ \boldsymbol{x}\rangle=\langle\lambda\boldsymbol{x},\ \boldsymbol{x}\rangle=\lambda\|\boldsymbol{x}\|^2$$

一方で定理 3.3 と，A が実対称行列であることの仮定から，$A^*=\overline{{}^tA}=A$ であることより，

$$\langle A\boldsymbol{x},\ \boldsymbol{x}\rangle=\langle\boldsymbol{x},\ A^*\boldsymbol{x}\rangle=\langle\boldsymbol{x},\ A\boldsymbol{x}\rangle=\langle\boldsymbol{x},\ \lambda\boldsymbol{x}\rangle=\overline{\lambda}\|\boldsymbol{x}\|^2$$

$\boldsymbol{x}$ は固有ベクトルであり，零ベクトルではないため，$\|\boldsymbol{x}\| \neq 0$ である．これより，$\lambda = \overline{\lambda}$ となり，λ が実数であることがわかる．また，$A\boldsymbol{x} = \lambda\boldsymbol{x}$ の実係数の連立1次方程式を解いて得られる固有ベクトル $\boldsymbol{x}$ も実ベクトルである． □

定理 14.10. 任意の実対称行列は対角化可能である．特に，A を実対称行列としたとき，適当な実直交行列 P をとると，$P^{-1}AP$ が対角行列となる．

証明　定理 14.9 と定理 14.8 により，A は実直交行列 P を用いて三角化可能である．

$$P^{-1}AP = \begin{pmatrix} \lambda_1 & & & \\ 0 & \lambda_2 & * & \\ \vdots & \vdots & \ddots & \\ 0 & 0 & \cdots & \lambda_n \end{pmatrix} \tag{14.1}$$

一方，両辺の転置を考えると，

$$^t(P^{-1}AP) = \begin{pmatrix} \lambda_1 & 0 & \cdots & 0 \\ & \lambda_2 & \cdots & 0 \\ & & \ddots & \\ & * & & \lambda_n \end{pmatrix} \tag{14.2}$$

である．このとき左辺は，直交行列 P が $^tP = P^{-1}$ より，

$$^t(P^{-1}AP) = {^tP}{^tA}{^t(P^{-1})} = P^{-1}AP$$

行列（14.1）と（14.2）の成分を比べると，対角成分以外はすべて 0 であることが従い，これは対角行列である．よって，A は実直交行列により対角化可能である． □

定理 14.11. 実対称行列 A の異なる固有値 λ_1，λ_2 に対する固有ベクトル $\boldsymbol{x}_1$ と $\boldsymbol{x}_2$ は直交する．

証明　$A\boldsymbol{x}_i = \lambda_i\boldsymbol{x}_i$（$i=1,\ 2$）より，

$$\lambda_2\langle\boldsymbol{x}_1,\ \boldsymbol{x}_2\rangle = \lambda_2{^t\boldsymbol{x}_1}\boldsymbol{x}_2 = {^t\boldsymbol{x}_1}A\boldsymbol{x}_2 = {^t(A\boldsymbol{x}_1)}\boldsymbol{x}_2 = {^t(\lambda_1\boldsymbol{x}_1)}\boldsymbol{x}_2 = \lambda_1\langle\boldsymbol{x}_1,\ \boldsymbol{x}_2\rangle$$

となる．$(\lambda_1 - \lambda_2)\langle\boldsymbol{x}_1,\ \boldsymbol{x}_2\rangle = 0$ なので $\lambda_1 \neq \lambda_2$ より，$\langle\boldsymbol{x}_1,\ \boldsymbol{x}_2\rangle = 0$ となる． □

》》》例題 3. 次の対称行列を直交行列によって対角化せよ．

(1) $A=\begin{pmatrix}1 & 2\\ 2 & 1\end{pmatrix}$　　(2) $B=\begin{pmatrix}-2 & 1 & 2\\ 1 & -2 & 2\\ 2 & 2 & 1\end{pmatrix}$

《《《解答 (1) A の固有値は $\lambda=3,\ -1$ である．定理 14.11 により，それぞれの固有値に対応する固有ベクトルは直交するため，これらの固有値に対する大きさが 1 の固有ベクトルを選んで並べると，

$$P=\frac{1}{\sqrt{2}}\begin{pmatrix}1 & -1\\ 1 & 1\end{pmatrix}$$

は直交行列であり，$P^{-1}AP=\Lambda(3,\ -1)$ である．

(2) B の固有値は 3 と -3（重解）である．固有値 3 に対する固有ベクトルのうち，大きさが 1 のものとして

$$\boldsymbol{p}_1=\frac{1}{\sqrt{6}}\begin{pmatrix}1\\ 1\\ 2\end{pmatrix}$$

を選ぶ．一方，固有値 -3 に対する固有ベクトルは

$$\begin{pmatrix}x_1\\ x_2\\ x_3\end{pmatrix}=t_1\begin{pmatrix}2\\ 0\\ -1\end{pmatrix}+t_2\begin{pmatrix}0\\ 2\\ -1\end{pmatrix}\quad ((t_1,\ t_2)\neq(0,\ 0),\ t_1,\ t_2 \text{ は任意定数})$$

であるから，1 次独立なものとして，たとえば，

$$\boldsymbol{x}=\begin{pmatrix}2\\ 0\\ -1\end{pmatrix},\ \boldsymbol{y}=\begin{pmatrix}0\\ 2\\ -1\end{pmatrix}$$

が考えられる．片方の $\boldsymbol{x}$ の大きさを 1 にするように正規化して，

$$\boldsymbol{p}_2=\frac{\boldsymbol{x}}{\|\boldsymbol{x}\|}=\frac{1}{\sqrt{5}}\begin{pmatrix}2\\ 0\\ -1\end{pmatrix}$$

を考える．グラム-シュミットの直交化法を思い出し，$\boldsymbol{y}$ を $\boldsymbol{p}_2$ に直交するように変形するには，まず

$$\boldsymbol{z}=\boldsymbol{y}-\langle \boldsymbol{y},\ \boldsymbol{p}_2\rangle \boldsymbol{p}_2=\frac{2}{5}\begin{pmatrix}-1\\ 5\\ -2\end{pmatrix}$$

を考え，正規化して

$$\boldsymbol{p}_3 = \frac{\boldsymbol{z}}{\|\boldsymbol{z}\|} = \frac{1}{\sqrt{30}}\begin{pmatrix}-1\\5\\-2\end{pmatrix}$$

を得る．よって，これらを並べた $P=(\boldsymbol{p}_1 \quad \boldsymbol{p}_2 \quad \boldsymbol{p}_3)$ は直交行列であり，

$$P^{-1}BP = \Lambda(3,\ -3,\ -3)$$

練習問題 3 次の対称行列を直交行列によって対角化せよ．

$$\begin{pmatrix}0 & 1 & 1\\1 & 0 & 1\\1 & 1 & 0\end{pmatrix}$$

3 2変数の主成分分析

主成分分析とは，いくつかの変数の全体的な動きを少ない数の変数でとらえようとする手法である．このような少数の変数で全体の動きを表現する手法は，特に変数の数（次元）が大きいときに，その威力を発揮するが，本章ではアイデアを理解するために2変数のデータについて主成分の考え方を学ぼう．3変数以上の場合の主成分分析については，次章で取り上げる[2]．

主成分分析の考え方を紹介する前に，主成分の構成で用いる1つの定理を紹介しよう．

定理 14.12. m 次対称行列 A は固有値 λ_1，…，λ_m と，対応する固有ベクトル $\boldsymbol{p}_1$，…，$\boldsymbol{p}_m$ を用いて，以下の形で表される．

$$A = \sum_{i=1}^{m} \lambda_i \boldsymbol{p}_i {}^t\boldsymbol{p}_i$$

この表現を**スペクトル分解**とよぶ．

証明 A が対称行列のとき，定理 14.10 より直交行列 P が存在し，固有値を対角成分に持つ対角行列 Λ によって，${}^tPAP=\Lambda$ と対角化することができる．

この式の両辺に，左側から P，右側から ${}^tP$ をかけると直交行列の性質より

2）主成分分析などの記述的多変量解析については，さまざまな良書が存在する．本章と次章では特に竹内清・佃良彦（編）『経営統計学』（1990，有斐閣）を参考にさせていただいた．

$P{}^tP = {}^tPP = E$ となることから

$$A = P\Lambda{}^tP = \sum_{i=1}^{m} \lambda_i \boldsymbol{p}_i{}^t\boldsymbol{p}_i$$

と表すことができる. □

また, 次章で紹介する定理より, 正定値行列（次章参照）である分散共分散行列はすべての固有値が正であることに注意する.

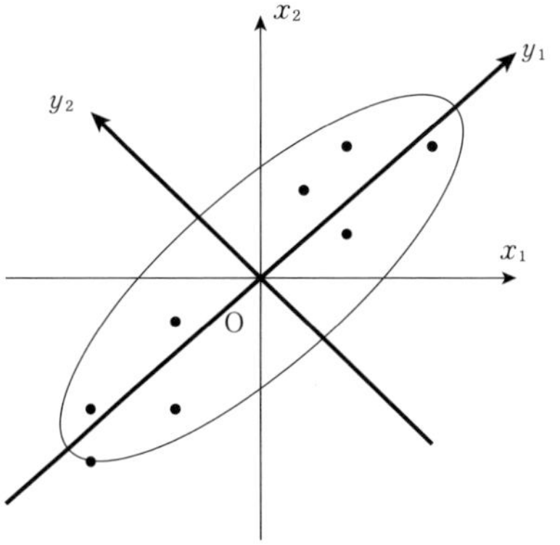

上の図は2つの変数 X_1 と X_2 についての散布図と, x_1 軸と x_2 軸を回転した座両軸 y_1 と y_2 の関係を表したものである. 上の図を見ると, データは主に y_1 に沿って変動しており, y_2 に関する変動は y_1 に比べると比較的少ないことがみてとれる. このデータについては, y_1 についての変動をとらえることで, データの主要な動きを捉えることができると言えよう. このように, データの変動を把握するための新しい変数（主成分）を求め, データの構造を明らかにしようとするのが主成分分析である.

以下で2変数の場合について, 主成分分析の考え方を紹介する. いま, 2変数のデータ $\boldsymbol{x}_i = {}^t(x_{1i} \quad x_{2i})$ $(i = 1, 2, \cdots, n)$ があり, 標本分散共分散行列 S が次のように表されるとする[3].

3) 分散共分散行列がデータの測定単位に依存することから, 現実のデータ解析ではデータを標準化（基準化）し, 相関係数行列での主成分分析を行うことが多い.

$$S = \begin{pmatrix} s_{11} & s_{12} \\ s_{21} & s_{22} \end{pmatrix}$$

ここで，x_{1i} と x_{2i} の1次結合によって，新しい変数

$$y_{1i} = a_1 x_{1i} + a_2 x_{2i} = {}^t\boldsymbol{a}\boldsymbol{x}_i, \quad \boldsymbol{a} = \begin{pmatrix} a_1 \\ a_2 \end{pmatrix}$$

を作ろう．ただし，$\boldsymbol{a}$ はノルム1の単位ベクトルとして正規化をする．すなわち，$\|\boldsymbol{a}\|=1$ を満足するベクトルとする．第3章で学んだように，y_{1i} の分散は $s_{y1}={}^t\boldsymbol{a}S\boldsymbol{a}$ となる．ここで，x_{1i} と x_{2i} の1次結合 ${}^t\boldsymbol{a}\boldsymbol{x}_i$ において，データ $\boldsymbol{x}_i={}^t(x_{1i} \quad x_{2i})$ の変動を最もよく説明できるものとして，分散 $s_{y_1}={}^t\boldsymbol{a}S\boldsymbol{a}$ が最も大きくなるように $\boldsymbol{a}$ を選んだものを，**第1主成分**とよぶ．

$(\lambda_i,\ \boldsymbol{v}_i)$ $(i=1,2)$ を分散共分散行列 S の固有値と対応する正規化した固有ベクトルの組としよう．ただし，$\lambda_1>\lambda_2>0$ とする．定理14.11より，$(\boldsymbol{v}_1 \quad \boldsymbol{v}_2)$ は直交行列となり，

$$\boldsymbol{v}_1{}^t\boldsymbol{v}_1 + \boldsymbol{v}_2{}^t\boldsymbol{v}_2 = (\boldsymbol{v}_1 \quad \boldsymbol{v}_2){}^t(\boldsymbol{v}_1 \quad \boldsymbol{v}_2) = E$$

となる．この式の両辺に左から ${}^t\boldsymbol{a}$，右から $\boldsymbol{a}$ をかけることで，

$$({}^t\boldsymbol{a}\boldsymbol{v}_1)^2 + ({}^t\boldsymbol{a}\boldsymbol{v}_2)^2 = {}^t\boldsymbol{a}\boldsymbol{a} = 1 \tag{14.3}$$

を得る．ここで，分散共分散行列 S のスペクトル分解（定理14.12）は

$$S = \lambda_1 \boldsymbol{v}_1{}^t\boldsymbol{v}_1 + \lambda_2 \boldsymbol{v}_2{}^t\boldsymbol{v}_2 \tag{14.4}$$

となり，この式の両辺に左から ${}^t\boldsymbol{a}$，右から $\boldsymbol{a}$ をかけると

$${}^t\boldsymbol{a}S\boldsymbol{a} = \lambda_1({}^t\boldsymbol{a}\boldsymbol{v}_1)^2 + \lambda_2({}^t\boldsymbol{a}\boldsymbol{v}_2)^2$$

となる．この式に（14.3）を代入すると

$${}^t\boldsymbol{a}S\boldsymbol{a} = \lambda_1 - (\lambda_1 - \lambda_2)({}^t\boldsymbol{a}\boldsymbol{v}_2)^2$$

となる．ここで，$\lambda_1>\lambda_2>0$ に注意すると，上の式が最大となるのは ${}^t\boldsymbol{a}\boldsymbol{v}_2=0$ の場合であり，このとき

$${}^t\boldsymbol{a}S\boldsymbol{a} = \lambda_1, \quad {}^t\boldsymbol{a}\boldsymbol{v}_1 = 1$$

となり，$\boldsymbol{a}=\boldsymbol{v}_1$ が求める解となる．よって，第1主成分は S の最大固有値に対応する固有ベクトルを係数とする $\boldsymbol{x}_i$ の1次結合

$$y_{1i} = {}^t\boldsymbol{v}_1\boldsymbol{x}_i$$

となり，y_{1i} の分散は λ_1 となる．

次に，第1主成分と無相関でデータの説明力が最大となる，x_{1i} と x_{2i} の1次結

合を**第 2 主成分**という[4)].

いま，x_{1i} と x_{2i} の 1 次結合

$$y_{2i} = b_1x_{1i} + b_2x_{2i} = {}^t\boldsymbol{b}\boldsymbol{x}_i, \qquad \boldsymbol{b} = \begin{pmatrix} b_1 \\ b_2 \end{pmatrix}$$

の中で，第 1 主成分とは無相関で，分散が最大になるものを考える．ただし，$\boldsymbol{b}$ はノルム 1 の単位ベクトルと正規化をする．すなわち，以下の条件を満足する．

$$\|\boldsymbol{b}\|^2 = {}^t\boldsymbol{b}\boldsymbol{b} = b_1^2 + b_2^2 = 1$$

第 1 主成分と第 2 主成分が無相関であるという条件は $y_{1i} = {}^t\boldsymbol{a}\boldsymbol{x}_i$ と $y_{2i} = {}^t\boldsymbol{b}\boldsymbol{x}_i$ の共分散を第 3 章で紹介したように求め，$\boldsymbol{v}_1$ が S の固有値 λ_1 に対応する，正規化された固有ベクトルであることに注意すると

$$\boldsymbol{v}_1 S\boldsymbol{b} = \lambda_1 {}^t\boldsymbol{v}_1\boldsymbol{b} = 0$$

となる．いま，(14.4) の両辺に左から ${}^t\boldsymbol{b}$ を右から $\boldsymbol{b}$ をかけ，上記の第 1 主成分との直交条件 ${}^t\boldsymbol{v}_1\boldsymbol{b}=0$ に注意し，コーシー-シュワルツの不等式（定理 1.3）を用いると，$\boldsymbol{b}$ のノルムが 1 で，$\boldsymbol{v}_2$ が正規化された固有ベクトルであることから

$${}^t\boldsymbol{b}S\boldsymbol{b} = \lambda_1({}^t\boldsymbol{b}\boldsymbol{v}_1)^2 + \lambda_2({}^t\boldsymbol{b}\boldsymbol{v}_2)^2 = \lambda_2({}^t\boldsymbol{b}\boldsymbol{e}_2)^2 \leqq \lambda_2 {}^t\boldsymbol{b}\boldsymbol{b} {}^t\boldsymbol{v}_2\boldsymbol{v}_2 = \lambda_2$$

が成立する．

よって，${}^t\boldsymbol{b}S\boldsymbol{b}$ を最大にする $\boldsymbol{b}$ は $\boldsymbol{b}=\boldsymbol{v}_2$ となり，第 2 主成分は $y_{2i} = {}^t\boldsymbol{v}_2\boldsymbol{x}_i$ となり，その分散は λ_2 となる．

ここで $(\boldsymbol{v}_1 \ \ \boldsymbol{v}_2) = (v_{ij})$ として，分散共分散行列 S のスペクトル分解の式 (14.4) の両辺の対角成分をすべて加える（トレースをとる）と

$$s_{11} + s_{22} = \lambda_1(v_{11}^2 + v_{21}^2) + \lambda_2(v_{12}^2 + v_{22}^2) = \lambda_1 + \lambda_2$$

となり，変数 x_{1i} と x_{2i} $(i=1, 2, \cdots, n)$ の分散の総和（これを**全変動**という）と，変数 y_{1i} と y_{2i} $(i=1, 2, \cdots, n)$ の分散の総和（全変動）がともに固有値の和に等しいことを示している．

このことから，x_{1i} と x_{2i} $(i=1, 2, \cdots, n)$ の全変動に占める第 1 主成分の変動の割合

4) 第 1 章で紹介したように，無相関であることを直交するといい，第 1 主成分と直交する $\boldsymbol{x}_i$ の 1 次結合を作成することに相当する．2 次元のデータの場合は，平面上で第 1 主成分と直交する軸を作成することに相当する．

$$\frac{\lambda_1}{\lambda_1+\lambda_2}$$

を**第1主成分の寄与率**とよび，第1主成分のデータ全体に対する説明力と考える．同様に

$$\frac{\lambda_2}{\lambda_1+\lambda_2}$$

を**第2主成分の寄与率**とよび，第2主成分のデータ全体に対する説明力と考える．

また，第1主成分の寄与率から第2主成分の寄与率まで順に足していった値を**累積寄与率**とよび，第1主成分からその主成分まで合わせたときのデータ全体に対する説明力と考える．第1主成分の累積寄与率の値は第1主成分の寄与率そのものと一致し，2変数データのときは第2主成分の累積寄与率は上の寄与率の定義から1（100 %）となることがわかる．これは，2次元データの変動が2つの軸によって，完全に説明が可能であることに対応している．

》》》例題 4. いま，標準化（基準化）した2変数のデータ $\boldsymbol{x}_i={}^t(x_{1i}\quad x_{2i})$ $(i=1, 2, \cdots, n)$ の標本分散共分散行列が以下であるとする．

$$S=\begin{pmatrix} 1 & 0.6 \\ 0.6 & 1 \end{pmatrix}$$

このとき，第1主成分，第2主成分とそれぞれの寄与率を求めよ．

《《《 解答　行列 S の特性方程式は

$$|S-\lambda E|=\begin{vmatrix} 1-\lambda & 0.6 \\ 0.6 & 1-\lambda \end{vmatrix}=(1-\lambda)^2-0.6^2=(\lambda-1.6)(\lambda-0.4)=0$$

より，固有値は $\lambda_1=1.6$, $\lambda_2=0.4$ となる．

$\lambda_1=1.6$ に対応する大きさ1の固有ベクトルは

$$\frac{1}{\sqrt{2}}\begin{pmatrix} 1 \\ 1 \end{pmatrix}$$

となり，第1主成分は

$$y_{1i}=\frac{1}{\sqrt{2}}x_{1i}+\frac{1}{\sqrt{2}}x_{2i} \quad (i=1, \cdots, n)$$

となる．同様に，$\lambda_2=0.4$ に対応する大きさ1の固有ベクトルは，

$$\frac{1}{\sqrt{2}}\begin{pmatrix} 1 \\ -1 \end{pmatrix}$$

となり，第2主成分は

$$y_{2i}=\frac{1}{\sqrt{2}}x_{1i}-\frac{1}{\sqrt{2}}x_{2i}\quad(i=1,\cdots,n)$$

となる．

また，それぞれの主成分の寄与率は

$$\frac{1.6}{1.6+0.4}=0.8,\qquad \frac{0.4}{1.6+0.4}=0.2$$

となる．

上の例題の例では，第1主成分は2つの変数の和，第2主成分は2つの変数の差と解釈される．寄与率から，第1主成分によって，データ全体の80％が説明できていることがわかる．

章末問題 I

1．次の行列を直交行列によって三角化せよ．

(1) $\begin{pmatrix} 3 & 4 \\ -1 & -1 \end{pmatrix}$　　(2) $\begin{pmatrix} 4 & -1 \\ 1 & 2 \end{pmatrix}$

2．次の対称行列を直交行列によって対角化せよ．

(1) $\begin{pmatrix} 2 & 2 \\ 2 & -1 \end{pmatrix}$　　(2) $\begin{pmatrix} 1 & 0 & 2 \\ 0 & 2 & 0 \\ 2 & 0 & 1 \end{pmatrix}$　　(3) $\begin{pmatrix} 1 & 2 & 2 \\ 2 & 1 & 2 \\ 2 & 2 & 1 \end{pmatrix}$

3．U を n 次のユニタリ行列とする．このとき，

$$\begin{pmatrix} 1 & \mathbf{0} \\ \mathbf{0} & U \end{pmatrix}$$

は $n+1$ 次のユニタリ行列であることを示せ．

章末問題 II

1．標準化（基準化）した 2 変数のデータ $\boldsymbol{x}_i = {}^t(x_{1i} \quad x_{2i})$ $(i=1, 2, \cdots, n)$ の分散共分散行列が以下であるとする．

$$S = \begin{pmatrix} 1 & -0.8 \\ -0.8 & 1 \end{pmatrix}$$

このとき，第 1 主成分，第 2 主成分とそれぞれの寄与率を求めよ．

第15章 2次形式

本章では，2次の多項式の1つである2次形式の行列による取り扱いを紹介する．2次形式は，すでに分散共分散行列に関連して，これまでの章で何度か取り扱っており，広範な応用を持つ．本章の最後では，p 変数の場合の主成分分析について紹介する．

1 2次形式の標準化

定義 15.1. n 個の変数 x_1, x_2, $\cdots$, x_n に関する実係数の2次多項式

$$f(x_1,\ x_2,\ \cdots,\ x_n) = \sum_{i=1}^{n}\sum_{j=1}^{n} a_{ij}x_ix_j$$

を x_1, x_2, $\cdots$, x_n の **2次形式**とよぶ．

上記の2次形式の係数行列 $A=(a_{ij})$ と，変数ベクトル $\boldsymbol{x}=(x_i)$ を用いて，

$$f(\boldsymbol{x}) = f(x_1,\ x_2,\ \cdots,\ x_n) = {}^t\boldsymbol{x}A\boldsymbol{x}$$

と表すことができる．また，$a_{ij}x_ix_j+a_{ji}x_jx_i=(a_{ij}+a_{ji})x_ix_j$ であるため，a_{ij}, a_{ji} をともに $(a_{ij}+a_{ji})/2$ と置き換えても，2次形式の形は変わらない．よって，係数行列 $A=(a_{ij})$ は実対称行列として考えることができる．

[例 1]

$$\begin{aligned} f(x_1,\ x_2,\ x_3) &= x_1^2+2x_2^2+x_3^2+2x_1x_2+2x_2x_3+4x_1x_3 \\ &= {}^t\boldsymbol{x}\begin{pmatrix} 1 & 1 & 2 \\ 1 & 2 & 1 \\ 2 & 1 & 1 \end{pmatrix}\boldsymbol{x} \end{aligned}$$

実対称行列は，ある直交行列 U により対角化可能（定理14.10）であるため，$\boldsymbol{y}=U^{-1}\boldsymbol{x}$ と変数変換することにより，

$$\begin{aligned} f(\boldsymbol{x}) &= f(U\boldsymbol{y}) = {}^t(U\boldsymbol{y})A(U\boldsymbol{y}) = {}^t\boldsymbol{y}(U^{-1}AU)\boldsymbol{y} \\ &= (y_1\ \ y_2\ \ \cdots\ \ y_n)\begin{pmatrix} \lambda_1 & & & \\ & \lambda_2 & & O \\ & & \ddots & \\ & O & & \lambda_n \end{pmatrix}\begin{pmatrix} y_1 \\ y_2 \\ \vdots \\ y_n \end{pmatrix} \end{aligned}$$

$$= \lambda_1 y_1^2 + \lambda_2 y_2^2 + \cdots + \lambda_n y_n^2$$

と表すことができる．この形を2次形式の**標準形**とよぶ．

例題 1. 例1における2次形式の標準形を求めよ．

解答

$$f(x_1,\ x_2,\ x_3) = {}^t\boldsymbol{x}A\boldsymbol{x} = {}^t\boldsymbol{x}\begin{pmatrix} 1 & 1 & 2 \\ 1 & 2 & 1 \\ 2 & 1 & 1 \end{pmatrix}\boldsymbol{x}$$

において，A の固有値は4，1，-1 であり，正規化した固有ベクトルを並べた直交行列

$$P = \begin{pmatrix} 1/\sqrt{3} & 1/\sqrt{6} & -1/\sqrt{2} \\ 1/\sqrt{3} & -2/\sqrt{6} & 0 \\ 1/\sqrt{3} & 1/\sqrt{6} & 1/\sqrt{2} \end{pmatrix}$$

により，$P^{-1}AP = \Lambda(4,\ 1,\ -1)$ となる．よって，$\boldsymbol{y} = (y_i) = P^{-1}\boldsymbol{x}$ とおけば，以下の標準形を得る．

$$f(x_1,\ x_2,\ x_3) = {}^t\boldsymbol{x}A\boldsymbol{x} = {}^t\boldsymbol{y}\Lambda(4,\ 1,\ -1)\boldsymbol{y} = 4y_1^2 + y_2^2 - y_3^2$$

練習問題 1 次の2次形式の標準形を求めよ．

(1) $3x_1^2 + 2x_1x_2 + 3x_2^2$　　(2) $2x_1^2 + 3x_2^2 + 2x_3^2 + 2x_1x_2 + 2x_2x_3 + 4x_1x_3$

2次形式 ${}^t\boldsymbol{x}A\boldsymbol{x}$ において，A の固有値 λ_i の正負の符号が2次形式の特徴をとらえるうえでも重要になる．

定義 15.2. 2次形式 $f(\boldsymbol{x}) = {}^t\boldsymbol{x}A\boldsymbol{x}$，あるいは実対称行列 A に対し，

(1) すべての $\boldsymbol{x} \neq \boldsymbol{0}$ に対し，$f(\boldsymbol{x}) > 0$ が成り立つとき，A は**正定値**または**正値定符号**とよぶ．

(2) すべての $\boldsymbol{x}$ に対し，$f(\boldsymbol{x}) \geqq 0$ が成り立つとき，A は**非負定値**または**非負値定符号**とよぶ．

(3) すべての $\boldsymbol{x} \neq \boldsymbol{0}$ に対し，$f(\boldsymbol{x}) < 0$ が成り立つとき，A は**負定値**または**負値定符号**とよぶ．

(4) すべての $\boldsymbol{x}$ に対し，$f(\boldsymbol{x}) \leqq 0$ が成り立つとき，A は**非正定値**または**非正値定符号**とよぶ．

実対称行列が，正定値，非負定値，負定値，非正定値であることを知るには，固有値を調べればよい．

定理 15.1. 実対称行列 A の固有値を λ_1，…，λ_n とする．

(1) A が正定値である必要十分条件は，すべての i に対し，$\lambda_i > 0$ である．

(2) A が非負定値である必要十分条件は，すべての i に対し，$\lambda_i \geqq 0$ である．

(3) A が負定値である必要十分条件は，すべての i に対し，$\lambda_i < 0$ である．

(4) A が非正定値である必要十分条件は，すべての i に対し，$\lambda_i \leqq 0$ である．

証明 (1)のみ示す．A を正定値とし，固有値 λ_i の固有ベクトルの1つを $\boldsymbol{x}_i$ とする．

$$\lambda_i \|\boldsymbol{x}_i\|^2 = {}^t\boldsymbol{x}_i \lambda_i \boldsymbol{x}_i = {}^t\boldsymbol{x}_i A \boldsymbol{x}_i > 0$$

であり，$\|\boldsymbol{x}_i\| > 0$ なので，$\lambda_i > 0$ がすべての i について成り立つ．

逆に，A の固有値がすべて正と仮定する．実対称行列は直交行列 U により対角化可能（定理 14.10）なので，$U^{-1}AU = \Lambda(\lambda_1, \lambda_2, \cdots, \lambda_n)$ となる．任意のベクトル $\boldsymbol{x} \neq \boldsymbol{0}$ に対し，$\boldsymbol{y} = (y_i) = {}^tU\boldsymbol{x}$ とおくと，

$$\begin{aligned} {}^t\boldsymbol{x}A\boldsymbol{x} &= {}^t\boldsymbol{x}(U\Lambda(\lambda_1, \lambda_2, \cdots, \lambda_n)U^{-1})\boldsymbol{x} = {}^t({}^tU\boldsymbol{x})\Lambda(\lambda_1, \lambda_2, \cdots, \lambda_n)({}^tU\boldsymbol{x}) \\ &= {}^t\boldsymbol{y}\Lambda(\lambda_1, \lambda_2, \cdots, \lambda_n)\boldsymbol{y} = \sum_{i=1}^{n} \lambda_i y_i^2 \end{aligned}$$

$\boldsymbol{x} \neq \boldsymbol{0}$ より，$\boldsymbol{y} \neq \boldsymbol{0}$ に注意すると，上記の値は正であり，A は正定値である．

(2)，(3)，(4)も同様に示せる． □

統計学で扱う行列は正定値あるいは非負定値である場合が多い．それは，これまでもたびたび登場した ${}^tXX$ という形の行列が非負定値であることの必要十分条件だからである．

定理 15.2. 実対称行列 A が非負定値である必要十分条件は，$A = {}^tXX$ となる正方行列 X が存在することである．

証明 実対称行列は直交行列 U により対角化可能（定理 14.10）なので，$U^{-1}AU = \Lambda(\lambda_1, \lambda_2, \cdots, \lambda_n)$ となる．A を非負定値とすると，固有値 $\lambda_i \geqq 0$ であるため，

$$X = U\Lambda(\sqrt{\lambda_1},\ \sqrt{\lambda_2},\ \cdots,\ \sqrt{\lambda_n})U^{-1}$$

とおくと，${}^tXX = A$ を満たす．逆にある正方行列 X によって，$A = {}^tXX$ と表せたとしよう．任意のベクトル $\boldsymbol{x}$ に対し，

$${}^t\boldsymbol{x}A\boldsymbol{x} = {}^t\boldsymbol{x}({}^tXX)\boldsymbol{x} = {}^t(X\boldsymbol{x})(X\boldsymbol{x}) = \|X\boldsymbol{x}\|^2 \geqq 0$$

であるため，A は非負定値である． □

2次曲線　2変数 x，y の2次形式の応用として，2次曲線を考えてみよう．2次曲線とは，

$$Q(x,\ y) = ax^2 + bxy + cy^2 + px + qy + r = 0$$

という方程式で表される曲線である．本章では簡単のため，1次の項がない，つまり，$p=0$ かつ $q=0$ の場合を考える．定数項 r（$\neq 0$）を右辺へ移項して，$-r$ で両辺を割ると，

$$-\frac{a}{r}x^2 - \frac{b}{r}xy - \frac{c}{r}y^2 = 1$$

であり，$a_{11} = -\dfrac{a}{r}$，$a_{12} = a_{21} = -\dfrac{b}{2r}$，$a_{22} = -\dfrac{c}{r}$ とおくことで，

$$(x \quad y)\begin{pmatrix} a_{11} & a_{12} \\ a_{21} & a_{22} \end{pmatrix}\begin{pmatrix} x \\ y \end{pmatrix} = 1$$

と「2次形式＝1」の形に変形できる．このような2次曲線の代表として，楕円と双曲線が挙げられる．

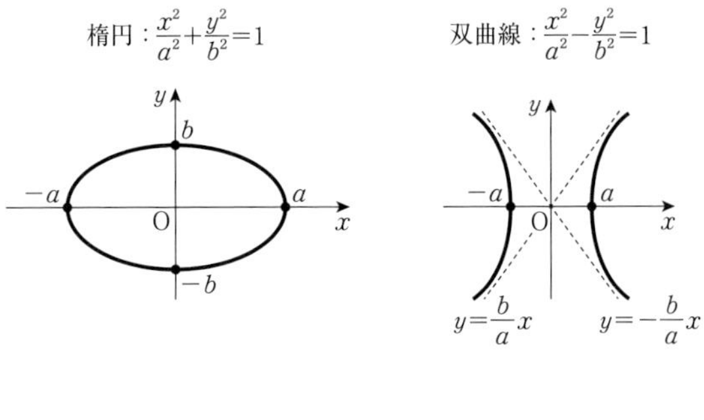

これらはいずれも左辺に xy の項が現れない特別な場合であるが，一般的な場合を考えてみよう．

》》例題 2. 2次曲線 $Q(x,\ y)=x^2+4xy+y^2=1$ の曲線の概形を求めよ．

《《解答 まず，左辺の2次形式の標準形を求めよう．

$$Q(x,\ y)=(x\ \ y)\begin{pmatrix}1 & 2\\ 2 & 1\end{pmatrix}\begin{pmatrix}x\\ y\end{pmatrix}=(x\ \ y)A\begin{pmatrix}x\\ y\end{pmatrix}$$

に対し，直交行列

$$U=\frac{1}{\sqrt{2}}\begin{pmatrix}1 & -1\\ 1 & 1\end{pmatrix}=\begin{pmatrix}\cos\frac{\pi}{4} & -\sin\frac{\pi}{4}\\ \sin\frac{\pi}{4} & \cos\frac{\pi}{4}\end{pmatrix}$$

により，A を対角化して，$U^{-1}AU=\Lambda(3,\ -1)$ である．

$$\begin{pmatrix}X\\ Y\end{pmatrix}=U^{-1}\begin{pmatrix}x\\ y\end{pmatrix}=\frac{1}{\sqrt{2}}\begin{pmatrix}1 & 1\\ -1 & 1\end{pmatrix}\begin{pmatrix}x\\ y\end{pmatrix}$$

とおくことで，

$$Q(x,\ y)=(X\ \ Y)\begin{pmatrix}3 & 0\\ 0 & -1\end{pmatrix}\begin{pmatrix}X\\ Y\end{pmatrix}=3X^2-Y^2=1$$

よって，下の左図のように，XY 平面上で双曲線を描く．

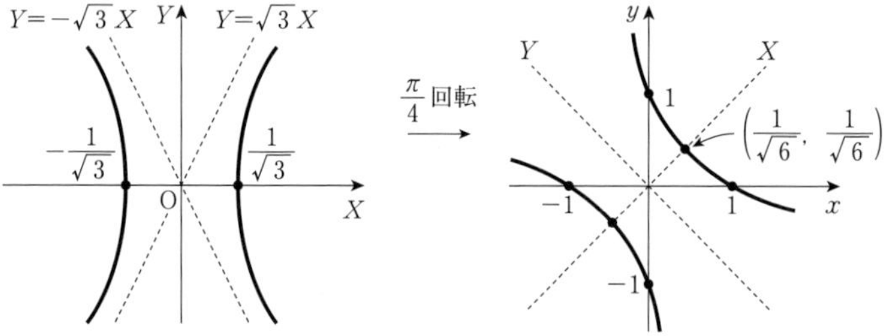

xy 平面上では，U によって変換された曲線として現れるので，X 軸，Y 軸はそれぞれ xy 平面上では，

$$U\begin{pmatrix}1\\ 0\end{pmatrix}=\frac{1}{\sqrt{2}}\begin{pmatrix}1\\ 1\end{pmatrix},\ U\begin{pmatrix}0\\ 1\end{pmatrix}=\frac{1}{\sqrt{2}}\begin{pmatrix}-1\\ 1\end{pmatrix}$$

の方向ベクトルによって与えられる．すなわち，この2次曲線は xy 平面上では，上の右図のように，左図の双曲線を45°回転させた曲線である．

練習問題 2 2次曲線 $7x^2+4xy+4y^2=1$ を xy 平面上に描け．

2 主成分分析

前章で取り扱った2次元のデータの主成分分析を，多次元の変数について紹介しよう．p 次元の変数ベクトルで表される n 個のデータ $\boldsymbol{x}_i={}^t(x_{1i} \ \cdots \ x_{pi})$ $(i=1, \cdots, n)$ があり，標本分散共分散行列を $S=(s_{ij})$ とする．S は p 次の非負定値（多くの場合，正定値）の行列であり，定理 15.1 より，すべての固有値が非負（多くの場合は正）となることに注意する（章末問題とする）．

ここで，x_{1i}, $\cdots$, x_{pi} の1次結合によって，新しい変数

$$y_{ki} = a_{k1}x_{1i}+\cdots+a_{kp}x_{pi} = {}^t\boldsymbol{a}_k\boldsymbol{x}_i, \quad \boldsymbol{a}_k = \begin{pmatrix} a_{k1} \\ \vdots \\ a_{kp} \end{pmatrix} \quad (k=1, \cdots, p)$$

をつくる．ただし，係数ベクトル $\boldsymbol{a}_k$ は正規化した単位ベクトルとし，$\|\boldsymbol{a}_k\|=1$ とする．y_{ki} の標本分散は ${}^t\boldsymbol{a}_kS\boldsymbol{a}_k$ となり，y_{ki} と $y_{\ell i}$ の標本共分散は ${}^t\boldsymbol{a}_kS\boldsymbol{a}_\ell$ となる．

このとき，$\boldsymbol{x}_i$ の変動を互いに無相関な x_{1i}, $\cdots$, x_{pi} の1次結合，すなわち主成分 y_{ki} で表現することを考える．**第 k 主成分**を係数ベクトルが単位ベクトルである x_{1i}, $\cdots$, x_{pi} の1次結合で，第 $k-1$ 主成分までのすべての主成分と無相関で，かつ分散が最大になるものと定義する．

このとき，以下の定理が成り立つ．

定理 15.3. 標本分散共分散行列 S を持つ p 次元のデータを

$$\boldsymbol{x}_i = (x_{1i} \ \cdots \ x_{pi}) \quad (i=1, \cdots, n)$$

とする．S の固有値と正規化した固有ベクトルの組を $(\lambda_1,\ \boldsymbol{v}_1)$, $\cdots$, $(\lambda_p,\ \boldsymbol{v}_p)$（ただし，$\lambda_1>\cdots>\lambda_p>0$）とする．このとき，第 k 主成分は $y_{ki}={}^t\boldsymbol{v}_k\boldsymbol{x}_i$ となり，第 k 主成分の標本分散は ${}^t\boldsymbol{v}_mS\boldsymbol{v}_m=\lambda_k$ となる．

証明 $(\boldsymbol{v}_1 \ \cdots \ \boldsymbol{v}_p)$ が直交行列であることから，

$$\boldsymbol{v}_1{}^t\boldsymbol{v}_1+\cdots+\boldsymbol{v}_p{}^t\boldsymbol{v}_p = E$$

となることから，両辺にベクトル ${}^t\boldsymbol{a}_k$ と $\boldsymbol{a}_k$ を，それぞれ左と右からかけると

$$({}^t\boldsymbol{a}_k\boldsymbol{v}_1)^2+\cdots+({}^t\boldsymbol{a}_k\boldsymbol{v}_p)^2 = {}^t\boldsymbol{a}_k\boldsymbol{a}_k = 1$$

となることに注意する．証明は数学的帰納法によって行う．

分散共分散行列をスペクトル分解すると，

$$S = \lambda_1 \boldsymbol{v}_1 {}^t\boldsymbol{v}_1 + \cdots + \lambda_p \boldsymbol{v}_p {}^t\boldsymbol{v}_p$$

となる．ここで，上の式の両辺にベクトル ${}^t\boldsymbol{a}_1$ と $\boldsymbol{a}_1$ を，それぞれ左と右からかけると，$\lambda_1 > \cdots > \lambda_p > 0$ より

$${}^t\boldsymbol{a}_1 S \boldsymbol{a}_1 = \lambda_1 ({}^t\boldsymbol{a}_1 \boldsymbol{v}_1)^2 + \cdots + \lambda_p ({}^t\boldsymbol{a}_1 \boldsymbol{v}_p)^2 \leqq \lambda_1$$

となり，等号は $\boldsymbol{a}_1 = \boldsymbol{v}_1$ のとき，かつそのときのみ成立する．よって，第1主成分は，係数ベクトル $\boldsymbol{a}_1$ を S の最大固有値に対応した固有ベクトル $\boldsymbol{v}_1$ とおいた，$y_{1i} = {}^t\boldsymbol{v}_1 \boldsymbol{x}_i$ のとき，分散の値 ${}^t\boldsymbol{a}_1 S \boldsymbol{a}_1$ を最大の値 λ_1 とする．

いま，第 $k-1$ 主成分までが

$$y_{\ell i} = {}^t\boldsymbol{v}_\ell \boldsymbol{x}_i \quad (\ell = 1, \cdots, k-1)$$

で，対応する標本分散の値が λ_ℓ と求まったと仮定しよう．

第 k 主成分は第 ℓ 主成分（$\ell \leqq k-1$）と無相関である（直交している）ので

$${}^t\boldsymbol{v}_\ell S \boldsymbol{a}_k = \lambda_\ell {}^t\boldsymbol{v}_\ell \boldsymbol{a}_k = 0$$

となる．この条件の下では

$${}^t\boldsymbol{a}_k S \boldsymbol{a}_k = \lambda_1 ({}^t\boldsymbol{a}_k \boldsymbol{v}_1)^2 + \cdots + \lambda_p ({}^t\boldsymbol{a}_k \boldsymbol{v}_p)^2 = \lambda_k ({}^t\boldsymbol{a}_k \boldsymbol{v}_2)^2 + \cdots + \lambda_p ({}^t\boldsymbol{a}_k \boldsymbol{v}_p)^2 \leqq \lambda_k$$

となり，等号は $\boldsymbol{a}_k = \boldsymbol{v}_k$ のとき，かつそのときのみ成立する．よって，第 k 主成分は $y_{ki} = {}^t\boldsymbol{v}_k \boldsymbol{x}_i$ となり，分散は λ_k となる． □

ここで，スペクトル分解の式（定理 14.12）の両辺のトレースをとると

$$\mathrm{tr}(S) = \mathrm{tr}(\lambda_1 \boldsymbol{v}_1 {}^t\boldsymbol{v}_1 + \cdots + \lambda_p \boldsymbol{v}_p {}^t\boldsymbol{v}_p) = \lambda_1 + \cdots + \lambda_p$$

となり，データ $\boldsymbol{x}_i$（$i = 1, \cdots, n$）の各変数の標本分散の合計（**全変動**）は，固有値の和 $\lambda_1 + \cdots + \lambda_p$ に等しいことがわかる．

したがって，第 k 主成分の寄与率は

$$\frac{\lambda_k}{\lambda_1 + \cdots + \lambda_p}$$

と定義される．また，第 k 主成分までの累積寄与率は

$$\sum_{\ell=1}^{k} \frac{\lambda_\ell}{\lambda_1 + \cdots + \lambda_p}$$

と定義され，第1主成分から第 k 主成分まで合わせたときのデータ全体に対する説明力と考える．

現実のデータ分析では，累積寄与率が 0.7～0.9（70 ％から 90 ％）となるように，主成分を選び解釈することがしばしば行われる．

章末問題 I

1． 次の 2 次形式の標準形を求めよ．

(1) $3x_1^2-4x_1x_2$　　(2) $x_1^2+x_2^2-x_3^2+2x_1x_2-2x_2x_3+2x_1x_3$

2． 次の 2 次曲線を xy 平面上に描け．

(1) $x^2-6xy+y^2=1$　　(2) $3x^2-4xy=1$　　(3) $x^2+2\sqrt{3}\,xy-y^2=1$

章末問題 II

1． p 次元の変数ベクトルで表される n 個のデータ $\boldsymbol{x}_i={}^t(x_{1i}\ \cdots\ x_{pi})$ $(i=1,\cdots,n)$ の標本分散共分散行列 $S=(s_{ij})$ は非負定値行列であることを示せ．

索引

あ

か

さ

●本書の関連データが web サイトからダウンロードできます。

https://www.jikkyo.co.jp/download/ で

「経済学をまなぶための線形代数」を検索してください。

提供データ：問題の解答

■編修

田中康平（たなかこうへい）　信州大学准教授

元山　斉（もとやま ひとし）　青山学院大学教授，統計数理研究所客員教授

■協力

坂東桂介（ばんどうけいすけ）　慶應義塾大学准教授

福島國光（ふくしまくにみつ）

安田智之（やすだ ともゆき）　奈良工業高等専門学校教授

山口誠一（やまぐちせいいち）　立教大学助教

●表紙デザイン――エッジ・デザインオフィス

●本文基本デザイン―ディテールラボ

●組版データ作成――㈱四国写研

経済学をまなぶための線形代数　2023年 2 月25日　初版第 1 刷発行

●著作者　元山　斉，田中康平

●発行者　小田良次

●印刷所　中央印刷株式会社

●発行所　実教出版株式会社

〒102-8377

東京都千代田区五番町 5 番地

電話［営　　業］(03) 3238-7765

［企画開発］(03) 3238-7751

［総　　務］(03) 3238-7700

https://www.jikkyo.co.jp/

ISBN 978-4-407-35252-8 C3033　Printed in Japan